U0663226

武斌，历史文化学者、研究员，北京外国语大学“长青学者”，北京外国语大学中华文化国际传播研究院特聘教授。曾任辽宁社会科学院副院长、沈阳故宫博物院院长、中国中外关系史学会副会长、辽宁省文联副主席等。

主要从事中华文化史和中外文化交流史研究，已出版著作数十种。近年出版的主要有:《沈阳故宫四百年——一部叙事体的文化史记》《中华传统文化传承史纲》《中华文明养成记》《丝绸之路文明史》《文明的力量——中华文明的世界影响力》《孔子的世界——儒家文化的世界价值》《新编中华文化海外传播史》《中国接受海外文化史》《望东方——从古希腊到1800年的西方中国报告》以及随笔集《从歌德的书房向外望去》《柏拉图的夜宴》等。

前言

中华文化诞生于欧亚大陆的东方。这是一片广袤的大地，也是一片古老的大地。在这片古老的大陆上，我们的先民，从远古走来，创榛辟莽、筚路蓝缕，用勤劳的双手，托举起人类文明初升的太阳。

这片古老的大陆，具有复杂的地貌环境和丰富的生物多样性。北边的万顷草原，东南面的无垠大海，更多的是广阔的平原和山地。不同的地理和自然环境，形成了不同的生产方式、生活方式，形成了不同的民族文化品格、民族精神和艺术风格。多样性和多元性，最后都如条条溪河，汇入中华文明的大江大河，使得中华文明有了色彩缤纷、丰富辉煌的壮丽图景。中华文化哺育了世世代代的中华儿女，而且为世界文化增添了光彩。

历史上中国人所进行的文化创造是相当辉煌和壮观的。如果我们略而不计上古初民创造的原始文化，仅从夏、商、周“三代”起，直到19世纪中叶，即我们现在称之为“传统社会”的那个历史时期，中国人的文化创造，无论是在物质文化层面，还是在制度文化层面和精神文化层面，都取得了令人叹为观止的巨大成就，成为世界文化宝库中一个极为重要的组成部分，成为世界文明发展史上的主要源流之一。古代中国人不仅创造了发达的科技文化和物质文化，而且在哲学、艺术、政治等许多领域，也取得了辉煌的成就。在人类文化所发展出来的各个方面，中华文化都有巨大的成就、丰富的内容，达到了光辉的顶点。

中华文化绵延不绝、生生不息，已经走过了一万年的历程。这一点正表现出中华文化强大的生命力。中华文化不仅是世界文化的重要发源地之一，而且是其中得到最为连贯的继承和发展的文化。

中华文化是一个绵延不断的生命体。中华文化的传承史，也就是中华文化生命体的发生、成长和发展的历史。我们现在把自夏、商、周“三代”至近代以前这几千年的中国历史文化称为“中华传统文化”。这是一个相当笼统的说法。因为在这几千年的历史跨度中，文化始终处在流动、发展和演变的过程中。朝代的更迭、生产的发展、科学的进步、民族之间的交融，以及其间与外域文化的交流，都在不断地开拓着人们的生活空间和视界，不断地激发着人们的文化创造力。所以，夏、商、周“三代”文化与秦汉文化不能同日而语，盛唐文化也与明清文化大异其趣。历史是进步的，文化也是在历史中发展着的。在文化发展的每一特殊的历史阶段，都有其不同于其他阶段的质的规定性。但是，虽然中华文化经过了几千年的演变，但这几千年中的中华文化基本上属于同一文化形态，是一种文化形态自身的演变和发展，始终没有突破和超越在初始阶段设定的观念框架和意义网络，始终保持着相同的文化模式和文化主题。传统是一个过程，是一个动态的流向，是贯穿于民族文化中的一种精神原型。现代中华文化是在中华传统文化的基地上成长起来的，无论它与传统文化多么不同，仍然属于中国的“传统”，仍然是“中华文化”，仍然带有中华传统文化的气派和风貌。现代中华文化是“传统”的“现代化”，是“传统”在现代的更新、开拓和发展。我们现在建设中华现代文明的任务，就是要开出“传统”的现代走向，在“过去”与“现在”之间建立起有意义的承续。

关于中华文化能够延绵不绝、生生不息的原因，有一些前辈学者，比如，钱穆先生等人，从中华文化形成和发展的客观因素上都做过比较充分的分析。他们认为，其根本原因在于中华文化是一种独立发生发展

的文化。中华民族生活的东亚大陆，远离其他文明中心，中华文化在未受到或很少受到其他文化影响的情况下独自完成文化发生与创建的过程，确立了自己的文字、思维方式、社会结构的基本风格和定式，在此以后才渐次与其他文化相接触、交汇和碰撞。虽然这种接触和交流对双方都会产生很大的影响，但中华文化的系统和态势已经确立了。由于中华文化发生和发展的独立性，使其具有无与伦比的延续力，并得到最为连贯的继承和发展。在世界各文明古国中，中国是唯一未曾中断的文明古国。中华文化经历数千年而持续不断，没有其他文化中频繁出现的“中绝”现象，这在世界文化史上是极为罕见的。

除了中华文化传承发展的外部客观因素外，还应该注意到中华文化内部的、主观的因素。也就是说，中华文化在其产生和发展的过程中，一直存在着注重其传承的自觉意识，也具有完善的文化传承的机制。这些机制是有效的和成功的。作为文化传承主体的我们，所做的有关文化传承的工作，是自发自觉的活动，也是我们的文化责任和文化使命。而这一过程，也就是中华文化创新发展的过程。因为传承，文化创新和发展才有了强大的动力；因为创新，中华文化才获得了顽强的生命力。

中华文化强大的生命力塑造了它强大的创新能力。“周虽旧邦，其命维新。”中华文化的发展历史，一脉相承，不断出新。所以，我们才会看到一幅幅波澜壮阔、日新月异的精彩历史画面。以儒学为例，孔子创立的儒学思想，奠定了中华民族的精神基础，但在2000多年的历史中，也是一个不断创新和发展的过程。汉武帝独尊的“儒术”，已经不是孔子的原始儒学，而是董仲舒的“新儒学”。汉代有古文经学与今文经学之争，实际上是对如何解释儒学的讨论。到了宋代，又有了理学。一代一代的儒家学者都对儒家思想的发展创新作出了自己的贡献。正是因为不断地讨论、争辩，突破旧的思维模式，实现思想观念上的创新，才使得儒家思想生生不息，保持着强大的生命力。创新是中华文化生生不息的源泉和动力。中华文化的创造性、创新性，使得中华文明如滔滔江水奔流不息，永葆旺盛的生命活力，从而描画出中华文化辉煌灿烂、色彩斑斓、大气恢宏的发展历史。

传承传统，开拓创新，就是中华文化千百年来生生不息、永葆旺盛生命力的内在动力和秘密。

中华文化生生不息，源于自身强大的生命力，还在于中华文化的开放性和包容性。中华文化在自身的成长过程中，形成了健全的传播和接受机制，具有全面开放的广阔胸襟和兼容世界文明的恢宏气度，与世界各国、各民族进行了范围广泛的交通往来和文化交流。在漫长的文明历史进程中，中外文化的交流从来没有停止过，引进、接受和吸收外来文化从来没有停止过，向海外的传播也没有停止过。在文化的开放交流中，大规模地引入、接受和融合世界各民族文化，使中华文化系统处于一种“坐集千古之智”“人耕我获”的佳境，使整个机体保持旺盛的生命力，为中华文化发展提供了源头活水和刺激动力。

近代以来，西方发展起来的工业文明对中华文化造成强烈冲击。但是，在这样强烈的冲击面前，中华文化没有被摧毁，没有被西方文明所取代，而是更加激发了自身变革和发展的动力。通过重整反应，中华文化实现了自我改造和自我更新。中华文化的核心价值、文化理想，以及它所锻造的思维方式和精神力量，开辟出新的境界、新的气象，以新的姿态、新的生命力在世界文化总体对话中塑造着自己的新形象。

党的十八大以来，以习近平同志为核心的党中央站在新的历史高度上推进文化建设，指路明向、正本清源，推动我国宣传思想文化事业取得历史性成就、发生历史性变革。习近平新时代中国特色社会主义思想深入人心，全国各界广泛践行社会主义核心价值观，党对意识形态工作领导权更加牢固，文化建设法治化水平明显提高，公共文化服务体系日益健全，中华优秀传统文化创造性转化、创新性发展取得巨大进展，中华文明的传播力和影响力显著增强。伟大实践催生伟大理论，习近平文化思想在新时代全面推进中华民族伟大复兴的历史实践中应运而生，标

志着中国共产党对文化建设规律的认识达到历史新高度。

习近平文化思想以大历史观、大文化观、大时代观研究和破解当代中国文化问题，为我们增强历史自觉、坚定文化自信、建设中华民族现代文明、创造人类文明新形态提供了新的思想和精神动力。我们要以习近平文化思想为指导，把握建设社会主义文化强国的基本内涵，不断增强历史文化传承力、核心价值凝聚力、共同价值引领力、先进文化创造力、国家形象展示力，做到明体达用、体用贯通，以“七个着力”为实践路径，在新的历史起点上继续推动文化繁荣、建设文化强国、建设中华民族现代文明。

目 录

第一讲　中华文化曙光初现

第二讲　中华文化的奠基

第三讲　春秋：雅致的时代

第四讲　战国与百家争鸣

第五讲　文化统一与盛世情怀

第六讲　魏晋文明之风度

第十讲　风雅的宋代文化

第十一讲　激荡中发展的元代文化

第十二讲　极致博大的明代文化

第十三讲　中华古典文化的最后高峰

第十四讲　冲击、变革与传承

第十五讲　中华文化的更新与重建

第十六讲　建设中华民族现代文明

第一讲

中华文化曙光初现

一、“满天星斗”与多元聚合

我们讲中华文化的传承发展，首先要讲的是中华文化的起源和发生，讲中华文化的发明和创造。传承是在现有文化成果基础上的传承，传承的同时也包含着新的文化创造。

在人类早期发展史上，发生过两次重大转折，改变了人类的生存方式。一次是学会控制火，从此人类便获得了光明、温暖和熟食。另一次则是食物的生产，从此人类社会由攫取型经济向生产型经济转变，进入了改造自然、征服自然的新时代。第一次转折发生在旧石器时代早期阶段；第二次转折则发生在新石器时代。新石器时代指的是一种经济变革，即人们开始采取与狩猎采集者群体不同的食物获取方式，其中尤其包括对植物和动物的驯化。这一新的经济方式伴随着一系列在工具技术、聚落形态和社会组织方面的变化。因此，可以认为，新石器时代人类已经具备了文明社会的各项条件，特别是最为重要的社会生产方式的变化具有实质意义的差异，人类实际上进入了早期文明社会。

新石器时代的遗存在世界各地都有出现。中国的新石器时代文化遗存非常丰富，迄今已经发现有 7000 多处，遍布全国各地，年代大约起于距今 4000—8000 年。

中华文化并非是单一的起源。在广阔的中华大地上，分布着各种类型的新石器时代文化，它们位于不同的区域，有着不同的来源和发展关系，从而形成各具特色的灿烂文化。由于我国幅员辽阔，各个地区的气候和生态环境的差异较大，因而人们生产活动的内容和生活习俗存在较大差别。这就导致了不同地区的人们所使用的生产工具、生活用具、住屋等遗存的不同，即物质文化的不同。这是形成不同文化具有不同的区域特征的根本原因。

考古学家苏秉琦以“满天星斗”形容新石器文化的多元起源。他指出：“中华大地文明火花，真如满天星斗，星星之火已成燎原之势。”[1] 他认为：“从中原到北方再折返到中原这样一条文化连结带，它在中华文化史上曾是一个最活跃的民族大熔炉，六千年到四五千年间中华大地如满天星斗的诸文明火花，这里是升起最早也是最光亮的地带，所以，它是中华文化总根系中最重要的直根系。”[2]

在广袤的中华大地上，新石器文化多元区域性地发展，各个区域文化都有连续的年代序列和独特的文化特征，是自成体系的文化谱系。各区域文化不仅是独立发展、自成体系的，而且还不断地碰撞、渗透和融合。灿烂的中华文化正是在这些新石器文化的孕育下诞生的。

中华文化的“多元源头”是年代久远的，因此是具有历史深度的。多元起源，而后不是各自独立、分道扬镳，而是逐渐融合，互相取长补短，以某一种或几种强大文化为核心，广受博取，而形成一个文化统一体，这个统一体既为全体文化单元所认同，而各文化单元又保持自己的相对独立性和自身大同中的小异以至中异。

这种漫长的融合的文化史迹表明了中华文化的两个特点：

第一，各个文化单元的开放性，实质上也反映了文化的开放性，所以能够各个向附近延伸、展开、开拓，然后相遇、交叉、碰撞，然后交汇融合，提升结晶出文化共性和文化共同体。文化的多元起源，在源头上决定了中华文化的一个基本特质，就是它的开放性与融合性，为中华文化在以后漫长的发展历史中吸收、接受、融合域外文化提供了原始的文化基因。再强调一点，开放性和融合性是中华文化在形成的开始阶段就已经具备了的根本属性和特性。

第二，中华文化的凝聚力。这样分布于东南西北广袤土地上的多元文化源头和文化的多元分支，却能够逐渐凝聚起来，形成整体文

[1] 苏秉琦：《中国文明起源新探》，辽宁人民出版社 2009 年版，第 99 页。
[2] 苏秉琦：《中国文明起源新探》，辽宁人民出版社 2009 年版，第 105—106 页。

化，这表现了强大的文化内聚力。这种内聚力和聚合过程，源自如此久远的历史而又流经如此长远的历史时期，自然越发展越强大，而形成中华文化的一种不同于其他文明的强大的凝聚力。凝聚力也就是吸收、融合的能力，是文化的创造力。本土文化多元发生的凝聚力，形成了中华文化强大的本体，而面对域外其他民族文化，也同样具有强大的吸收和融合能力。

所以，在中华文化的源头，在中华文化最初的多元发生的机制中，已经包含了中华文化开放、大规模接受和吸收外来文化的能力和吸收力。或者说，中华文化多元发生的机制也就蕴含了对外来文化的接受、吸收、融合的机制。这正是中华文化保持有强大的生命力的源泉之一。

在新石器时代，人类开始从事农业和畜牧业，将植物结实加以播种，把野生动物驯服以供食用，人类食物来源变得稳定。农业革命最显著的影响是产生了“定居”这种新的生活方式，以及制陶、纺织、建房等新的生产方式。人类生活开始关注文化的发展，使人类开始出现了文明。

中国自古讲究“五谷丰登”和“六畜兴旺”，作为生活富足和社会繁荣的基本条件。“五谷”和“六畜”基本上奠定了中华民族生存和发展的生活基础。随着农业和畜牧业的发展，由制造生产工具发展起来的手工业劳动，在种类和规模上都出现了新局面，出现了制陶、制玉、编织、骨牙器和装饰品的生产等，引起了历史上的第一次技术革命，产生了制陶、养蚕制丝、制玉和冶铜技术的发明。

二、最初的文化记忆形式

在新石器时代，人们已经发展出比较复杂的生产技术，农业生产已经普及，并创造了新的手工业门类，因此形成了相应的生产生活

群体。人们需要共同生活，就需要彼此之间的交流；积累起来的生活知识，包括对自然的知识，以及一代一代人积累的生产技术，都需要传承下去。所以，在原始时代，人们就已经创造了一系列文化传承的方法、技术和模式。人类社会的特点就在于有记忆，这就是文化。文化是通过记忆来一代一代传承的，所以就有了人类的进步、文化的进步。农业的出现与发展，制陶、制玉、冶铜、缫丝织绸等技术，都是世世代代沿袭相传下来的。每一点新的发明和进步，都是在原来的文化积累基础上进行的。

所以，没有积累就没有文化，没有传承就没有文化。

积累和传承是通过语言、文字、交流、仪式、艺术系统来进行的。这些形式在新石器时代已经有了比较成熟的形式。

据语言学家研究，人类语言在旧石器时代就产生了。人们无论是在生活中、生产中，还是交往中，都要进行思想交流，表达一定的意思。或者在生产中传授经验、协调动作，或者交流感情，或者在与外人的交往中交涉事务、表明意图，或者在狩猎、战斗中奋勇搏杀、呐喊呼叫，等等，都需要有一定的音节来表达，于是就产生了语言。首先出现的是手势语言，然后出现口头语言。手势语言和口头语言都只能在一定距离范围之内使用，当人们的彼此距离远到听不见和看不见的时候，语言就失去作用。于是人们又借助于一些彼此约定的信号来传达信息。随着原始农业的发明和发展，这些手势、口语和信号也更加完善和丰富多彩。

语言和信号都是即时性的，先民们还发明了许多记事的方法，主要有结绳、刻木和刻划等，便于文化的记忆和传承。

结绳记事（计数）是被原始先民广泛使用的记录方式之一。在很长的一段时间里人们可能都是用结绳记事，而神农氏时代是使用结绳记事的最后时代。《周易集解》引虞郑《九家易》，解释了结绳记事的方法："古者无文字，其有誓约之事，事大，大结其绳；事小，小结其绳。结之多少，随物众寡，各执以相考。"即根据事件的性质、规模或所涉数量的不同结系出不同的绳结。后世所见的氏族社会的结绳习俗，其所打的绳结，有颜色及大小不同的种种形式，以代表不同的事类与数量。

在结绳记事基础上产生了刻划符号记事，即在陶器、竹片、石或骨器上刻划符号作为标记，也有刻在劳动工具或劳动产品上的。在仰韶文化遗址中就有 7 处发现在彩陶盆上刻划的符号，其中西安半坡遗址有 100 多件、32 种。在陕西省临潼县姜寨遗址中也发现 100 多件彩陶上绘有符号达 40 多种。这些记号几乎都刻在相同的部位。这充分说明它们不是任意的刻划，而是具有某种作用的。有些符号还趋向规范化，多次重复出现，说明当时对某些符号的意思已有一定的共识。有不少学者相信，那些陶器上简单而似文字的刻划就是中国初期的文字。

用一些符号来记事，在新石器时代不是孤立的个别现象，而是具有一定的普遍性。刻划记事方法时间上略晚于结绳，功能比结绳大。它主要用于契约和交换，在超越空间限制传递信息方面起到一定的作用。

在符号记事的基础上向前发展就是图画记事，然后再发展为象形文字。图画记事是以图画和一些符号组成的画面来表达一定意思，但不是一图一音，尚不具有真正的文字性质。比如，有些陶器上绘有单独的画面，应该具有或者是表达一定的意思，具有图画记事的性质。图画记事的内容主要有：动物、狩猎、放牧、战争、舞蹈、巫术仪式等。河南出土的彩陶缸上的鹳鸟衔鱼石斧图，就是由鹳鸟、鱼和石斧组成的一个独立画面，显然是表达一定意思。半坡彩陶上的人面鱼纹，也是一种独立的画面，似乎也可以这样看。

象形文字是按事物的形体绘出想象的图形，用事物的本来名称，进而确定象形字的读音。它是在图画文字基础上发展而成的，已不再是用整个画面来表示意思，而是文字的雏形。在山东大汶口文化晚期作为祭器的陶尊上有刻划而成的象形文字，主要是日、月、山、斧、

锛等图形。斧、锛等字为象形文字，有的则是日月与山组成的会意字，与商代甲骨文中的一些字已很接近，虽然不能说它就是甲骨文的前身，但至少可以表明在新石器时代晚期已经产生了表意的文字，为文明时期真正文字（汉字）的诞生奠定了基础，这是原始农业文明中的一项具有划时代意义的成就。

语言、结绳记事、刻划符号，以及图画记事和象形文字，就是新石器时代逐渐发展起来的文化记忆和文化传承的基本工具。正是通过这些形式，人类早期发展起来的文化得以发展、流传下来，并为后代的文化发展奠定了基础。而这些形式的发展和深化，为后世的文化传承提供了基本的载体和形式。

三、远古时代的教育活动

结绳记事、刻划符号等都是保存文化记忆和传承这些记忆的重要形式，是早期人类为文化传承所作出的最初的探索和努力。此外，文化传承的最重要的形式是教育活动。

所谓教育，就是一个社会中把已有的知识、技能等传播给下一代，使新的一代成长为适合社会生活的成员，使世代积累的文化代代相传下去。在人类社会的发展进程中，教育既是推动社会进步并维系人类生存繁衍的必要手段，同时也是人类生存活动本身的直接后果。人类社会的文明及其传承的方式，是在人类谋求生存的创造性的劳动中滋生出来的。远古时代的教育，也正是这种创造性劳动手段的再生和生存手段的延续。

教育作为人类传播知识文化及生产、生活技能的主要手段，在原始人类开始制作出第一件劳动工具并将这种工具的制作操作技术传授给他人，或对于他人的劳动过程通过观察目击而有所感悟，教育的现象便自然产生了。

教育活动与人类文明的出现与发展是同步的。有了人类的生产生活活动，就有了最初的教育和文化传承。人们为了使人类能够生存并得到延续和发展，就必须把生存的本领教给下一代。因此，一个人从孩提时起，就要接受社会常识方面的训练。这种训练主要包括取得社会成员资格的训练，接受家庭传统和部落传统的训练，了解维系氏族社会群体生活的规则和共同观念。这就是当时的生活习俗教育、原始宗教教育和原始艺术教育，这种教育是与当时的社会活动、宗教、艺术活动紧密联系在一起的。随着语言思维的发展，歌谣、谚语、故事、神话、游戏、舞蹈、雕刻、绘画等文艺活动形式产生了，这些都是对后代进行教育的好形式。

此外，还有生存技能和生产劳动的训练，学会并掌握生产、生活所必需的个人技能。在旧石器时代，人们以采集狩猎为主要生存方式。而采集活动的发展推动了关于植物方面的知识积累与传播，这关乎原始人群的食物来源和生命安全。经过长期的实践，人类会对各种植物的形态、性能，包括能否食用、是否有毒性、口味如何等，甚至关于某些植物的若干药性都会积累相关的知识。这些知识对于人类的生存具有重要意义，必须通过生产劳动传授给下一代。

在新石器时代，人们已经有了定居的生活，有了农业和畜牧业生产技术，也有了制造陶器、玉器、铜器以及养蚕缫丝和丝织等技能，还有了对于外部自然界的一些认识和知识。这些都是需要通过学习来获得的。这时候，日益复杂的氏族社会组织就有了专门的教育职责。南宋理学家朱熹在《大学章句序》中说，在远古时代，上天降生人民，赋之以完善的人性，但由于人民后天气质所偏，造成了人性的缺陷，于是上天便命伏羲、神农、黄帝、尧、舜等聪明睿智的圣人担任“亿兆之君师”，教育人民，帮助人民回复本性，进而设立司徒、典乐这类教官，承担起具体的教化责任，由此便产生

了教育。根据朱熹的这个描述，像黄帝、神农、伏羲、尧、舜这样的社会领袖或部落首领便被赋予了主持社会教化的责任，并且有了像司徒、典乐这样具有特定教育职能的官职。这种责任和分工的演变，便最终成为中国古代“政教合一”和“君师一体”传统的渊薮，而早期的国家机构，也同样被赋予广泛的教育职能。《尚书·尧典》说，尧命羲和观测日月星辰之象，制定历法，教导人民依时令季节稼穑耕种。舜任命周的始祖弃担任农师，教给人民种植庄稼的技术；任命商的始祖契担任司徒，专门掌管道德伦理的教化；同时任命夔为典乐之官，负责乐舞教育。《史记·五帝本纪》记黄帝的孙子颛顼理四时五行之气，教化万民；尧的父亲帝喾教导万民取财节用，迎日推策，敬奉鬼神。

最初的文化创造同时也是文化传播传授的过程，是文化传承的过程。如关于农业的发明，《易·系辞》说：“神农氏作，斫木为耜，揉木为耒，耒耨之利，以教天下。”《孟子·滕文公上》说：“后稷教民稼穑，树艺五谷，五谷熟而民人育。”除了农耕教育，还有关于育蚕治丝技术传播情况的记载，如《路史·后纪》卷五记载：“嫘祖始教民育蚕，治丝茧以供衣服。”这些古籍中关于“教民农耕”“教民稼穑”“教民育蚕”等，都说那些创造发明的文化英雄同时也是教育者、传授者。任何一项生产技术或生存技能的发明或发现，都需要借助教育活动去传播和传承。

至于制作石器、陶器、玉器、铜器等手工技艺，更为复杂和专业，需要专门的学习和训练才能掌握。比如冶炼和铜器制作，需要多人协作，是十分复杂的有组织的活动，而且其技术含量也相当高，需要具备现在看来属于物理学、化学方面的相关知识以及熟练的工艺操作能力，这必须经过一定时期的培训和学习才能够掌握。这些技术涉及原始人类的生产、生活、战争等各个方面，不经过一定时间的教与学是无法掌握的。尤其是养蚕缫丝、炼铜制兵器、建造城郭宫殿等更是当时的尖端科学技术，因此更需要培养一批专门人才。

在新石器时代晚期，已经出现了学校的萌芽。在古代文献中所记载的“成均”，被认为是传说中五帝时代的“大学”。相传先王在成均用酒款待地位低贱的“郊人”，并宣讲教令，举行一些集体性的祭祀活动。“成均”的本义是指平坦宽阔的场地，并且是经过人工作用的，很可能是指原始氏族部落居住区内的广场。这类广场在夏秋收获季节用于打场或堆积收获物，同时也是全体氏族成员聚会、娱乐、举行某种规模较大的宗教祭祀活动，或向氏族成员宣告氏族首领教令及决定的场所。这类场所通常位于氏族居住区的中央。古代学者将先民们一系列有助于文明开化的社会活动，看作是社会教化的形式，并将举行这类活动的场合称为“大学”。由此进一步推断：远古之圣人必使治天下之具皆出于学校，发布政令、养老、恤孤、审讯俘虏、出征前誓师、集合众人共议狱讼、祭祀天地山川日月鬼神与祖先，均在所谓的“学校”举行。

相传在虞舜时代就出现了专门从事教育的公职人员。《尚书·舜典》记载，舜任命夔“典乐，教胄子”，任命契“作司徒，敬敷五教”。夔和契就是领导教育工作的专门人员。契的职责是用“五教”教育人民，纠正“百姓不亲，五品不驯”的状况。夔的职责是对贵族子弟进行专门教育。

《礼记·明堂位》记载：“米廪，有虞氏（舜）之庠也。”“庠”又称“米廪”，是贮藏谷物的地方。按照汉代学者的解释：米廪“藏养人之物”，庠则“以善养人，期于充实”。传说中虞舜时代的所谓学校“庠”具有双重职能：一是先民集体贮存粮食、畜养动物和储藏剩余猎物的地方；二是集体赡养失去劳动力的老人和没有劳动力的儿童的场所。老人与儿童朝夕相处，进而在他们之间衍生出教育与被教育的关系，由老人将有关生产生活的经验及有关部落内部的规则或祖先的传说讲授给儿童。因而“庠”成为近似学校的教育场所。

四、原始信仰与艺术形式

由于农业生产的发展，形成人类的聚居形式，出现了村落的定居地，因此也就出现了一定的社会组织，甚至可能是比较复杂的社会组织。有的学者认为，在新石器时代晚期，已经开始形成早期的国家，或称为“古国”时期，比如在红山文化那里，有大型的祭坛、神庙、墓冢，显然已经具有国家形态了。

学者们普遍认为，在旧石器时代晚期，已经出现了最初的宗教观念和形式，突出地表现在墓葬仪式、女性雕像、男女图案、绘制狩猎场面，等等。这些都是在一定观念信仰支配下的宗教文化行为。各地盛行以石器工具和装饰物为随葬品，他们肯定为死者设想了另一个可以生活的世界，有了灵魂不死的意识。北京周口店的山顶洞人死后安葬在专有的墓地，周围撒赤铁矿粉末，说明当时已有灵魂不死的信仰。小雕像和塑像，多数为女性，有的绘制在日常用品上，表明他们有了神像，开始为女性神，即母神；狩猎的绘画、特殊物品上的人形图案、猎人的舞蹈画，等等；说明当时应该有了巫术之类的活动。

进入新石器时代以后，原始宗教也得到很大发展，各地遗址出土了许多鬼神偶像、占卜工具、随葬器物，还发现了一些规模不小的祭坛、神庙的建筑遗迹，可以看出原始宗教发生、发展的明显轨迹。

在新石器时代，以血缘为纽带联系起来的氏族部落普遍有自己共同的墓地，在埋葬亡灵之前要举行隆重的仪式，亡者身躯有严格处理方式并有贵重的随葬品，之后还要按一定日期祭祀亡灵。这时他们肯定有天神界和地狱界的简单区分，众多的亡灵为地狱界之鬼，个别的首领人物为天神界之神，有人死后受地狱之神的惩罚，有人受到奖励又回到人间。这种宗教观念与宗教行为成了氏族部落的凝聚力。

在新石器遗址考古中，发现了多处神庙或祭坛的遗址。这是原

舞蹈纹彩陶盆，青海同德宗日遗址出土，青海博物馆藏

始人眼中的神的住所。这类宗教建筑，表明当时存在着比较复杂的宗教礼仪。祭祀神灵是新石器时代所有原始民族普遍采取的一种宗教形式。各地新石器时代遗址出土的陶器上经常有光芒四射的太阳纹和日月星辰的图案，这种器物可能与祭天活动有关。在考古发掘中也发现了不少女性造型的文物，除了含有生殖崇拜之外，由于当时的原始农业的发展已有相当水平，应该还含有祈求丰收富饶的意义。

原始宗教的祭祀活动最早都是简单地以祭天、敬神为主要内容的“礼”。这些祭祀活动在历史发展中逐步完善了相应的规范和制度，正式形成祭祀礼仪。随着人类对自然与社会各种关系认识的逐步深入，仅以祭祀天地鬼神祖先为礼，已经不能满足人类日益发展的精神需要和调节日益复杂的现实关系。于是，人们将事神致福活动中的一系列行为，从内容和形式扩展到了各种人际交往活动中，从最初的祭祀之礼扩展到社会各个领域的各种各样的礼仪。内容包括：制定了明确血缘关系的婚嫁礼仪；区别部族内部尊卑等级的礼制；为祭天敬神而确定的一些祭典仪式；制定一些在人们的相互交往中表示礼节和表示恭敬的动作。

当时，氏族内部已经有了执行宗教仪式的人士，这些人士有专门的称呼，在祭祀中起着重要作用，但一般应是氏族首领主持全氏族的祭祀。历史学家认为，新石器时代还没有专职的祭司。“随着宗教信仰及宗教行为的日益复杂，先是为了祭祀等宗教活动临时推举出的‘巫师’，后来，祭祀等宗教行为成了某些人的专门活动，乃至出现了专业巫师。巫师是半人半神，是沟通人与天地诸神的桥梁。”[1]这些巫师一般都是当时最有智慧的人，随着社会的发展，他们逐渐负起不断增加的管理社会的各种职责。伴随社会宗教活动的增加与繁多，巫师在社会中的活动也日益专门化，他们主要从事占卜、医疗、祭祀方面的活动。

文化人类学的研究表明，人类社会普遍存在过一个巫术文化时代。巫实际上成为人类最早独立的社会阶层，巫术则成为人类最早的分工专业。巫师的职责对一个日益复杂化的社会来说，是必不可少的。巫是最早脱离物质生产的知识分子，他们成为掌管宗教、巫术、医药、天文历法和文字记录的专业人才。因此，他们也是最早从事文化保存和文化传承的专门人才。在早期文化的传承方面，巫起到了很大的作用。巫的职业在原始社会以世袭的方式存在，培养巫的职业教育以家庭教育的形式存在，成为一种非常重要的教育形式。

艺术也是保存和传承信息的一种形式。原始时代的艺术，多数情况还不是为艺术而艺术，都具有保存和传承文化的实际功能。

中国新石器时代的艺术创作往往与日常用品相结合，具有手工艺品的鲜明特点。在各地的新石器时代中早期的遗址中已经发现了一些原始绘画作品。原始绘画的种类甚多，如按绘画对象分有陶画、木画、石画、壁画、地画、岩画等。

绘画主要表现在彩陶和彩绘陶上。彩陶是一种艺术品，是绘画与造型完美结合的一类艺术创作。仰韶文化时期绘在彩陶上的图案，其中又以几何形纹图案最为丰富多彩，它们以横、竖、斜、弧、涡、曲、折形的色线，通过平行、交叉、重复、叠压、连续、间隔、粗细、疏密等变化组合的手法，构成对称图案，有的还在色线之间填上

[1] 白寿彝:《远古时代》，中国友谊出版公司2010年版，第136页。

红、赭、黑、白等颜色，使得图案色彩对比强烈而又和谐，画面线条流畅，构图严谨，技法成熟。这时的彩陶花纹，已经不是纯粹原始地对实物的摹写，而是由写实到抽象的构图。彩陶上的这些图案，并不是单一地出现在器物上，经常是几种图案出现在器物的不同部位上，形成统一和谐的艺术效果。除了几何纹外，还有一些图案是由植物花纹或动物（如鱼等）图案变形而来，可以看出与人们的生产生活的渊源关系。据学者研究，鱼纹、蛙纹、鹿纹、龟纹、人物等图案可能具有一定的宗教意义，有些可能是祭祀或巫师施巫的产物，实际上都表达了一定的含义。

岩画是指在岩石上绘画的图案。有用颜色在岩壁上绘画，称之为岩壁画；有用雕刻工具在岩石上凿刻的，称之为岩刻划；统称之为岩画。中国是世界上岩画分布最丰富的国家之一，目前全国已有 18 个省区约 80 个县、旗发现了岩画，遗址总数有数百个，记录下来的岩画大概不下几十万幅。这些岩画题材内容丰富多彩，有人物、动物、日月星辰、房屋、武器、神灵、符号、人面像、手足印迹、兽蹄印迹、车辆、帐篷等。多方面地反映了当时人们的狩猎、放牧、战争、舞蹈、祭祀、生殖崇拜等物质与精神生活。在岩石上刻划各种形象，除有敬畏、崇拜、祈求目的以外，最直接的效果就是传授知识：或在深山幽谷转折处，或于放牧必经之地，刻划动物形象以指示方向；或于猛兽经常出没之所，刻上虎、豹、狼等形象，以示警戒（或祈求）；或在山洪暴发、山崖崩裂给人畜造成重大伤亡之处，刻划山神水怪形象以示敬畏（或祈求保祐）；或在两部落经常发生纠纷的地方，刻划各自的图腾标记以示界线；或在本部落取得战争胜利之后，刻划押解俘虏凯旋的场面，以示纪念；或在祈求丰收之地，刻划神灵图像，以示崇拜；或在急流险滩、陡峭崖壁上，刻划祭祀舞蹈场面，以求水神保佑，如此等等。

雕塑有雕刻和陶塑两类。雕刻是以坚硬的雕刻工具在各种材料上进行加工。陶塑是用陶土捏塑成各种造型，其中有时也会使用雕刻手

法。目前发现的木雕最早的是沈阳市新乐遗址出土的距今7300年的鸟形木雕。在浙江省余姚市河姆渡遗址也发现了木雕蝶形器等建筑构件，还出土了2件木雕鱼。陶雕是指在陶坯上阴刻图案花纹，在河姆渡文化、赵宝沟文化、大汶口文化、龙山文化和良渚文化诸遗址中都有出土，以河姆渡文化遗址出土得最多，主要在陶器上刻划猪纹、鸟纹、猪穗纹、五叶纹、芽叶纹、鱼藻水珠纹以及几何纹等，许多图案的形象都相当准确、生动，反映了雕刻者的艺术功力。另外，还有骨雕、牙雕、石雕和玉雕等不同材料的雕刻艺术品。

原始音乐歌舞更充分展现出先民们丰富的情感世界。《尚书·尧典》记载，舜命夔典乐，教导胄子，“直而温，宽而栗，刚而无虐，简而无傲。诗言志，歌永言，声依永，律和声。八音克谐，无相夺伦，神人以和”。于是夔“击石拊石，百兽率舞”。帝舜命夔主持乐教，通过乐教，使年轻一代正直、温和，宽容而谨慎，刚正而不凌人，简约而不傲慢。歌诗与音乐可以陶冶人的心性与情趣，抒发人的志向。不同的乐律与节拍可以演奏出和谐的乐曲，使人不相乱伦，神人听到都会感到愉快和融。

最早的诗歌是咏唱生产劳动内容的，推想原始的歌曲应该是非常简单的短句。如赵晔《吴越春秋·勾践阴谋外传》中记录了一首据说是黄帝时期的歌谣《弹歌》，歌词就极为简短，每句只有两个字，共有四个短句：“断竹，续竹。飞土，逐肉。”意思是砍下竹子，做成弹弓，射出弹丸，逐杀禽鸟。反映的是狩猎的具体情形，而狩猎的产生又早于农业生产，因而《弹歌》有可能是最古老的歌谣。相传为帝尧时代的《击壤歌》是四字一句：“日出而作，日入而息。凿井而饮，耕田而食。帝力于我何有哉。”

诗歌当初都是用一定的曲调来歌唱。人们往往借助口头传说、神话故事及歌谣，记载并传播以往的知识或经验。因此，乐舞在一定程度上也是知识传播和文化传承的组成部分，其内容丰富多彩，涉及社会生活的各个领域。《礼记·乐记》说：“诗，言其志也；歌，咏其声也；舞，动其容也；三者本于心，然后乐器从之。”表明诗歌与乐、舞是合为一体的。

古籍中关于乐器创制的记载和彩陶上集体舞蹈的图形，说明原始音乐、舞蹈已经成为先民生活的一部分。原始舞蹈的最大特征就是群众性、参与性，而非表演性。因为当时的舞蹈不是单纯为了观赏，而是宗教（如巫术）性、欢庆性或者狂欢性的群众活动，即没有专业的表演者，最多是在有人（如巫师）带领下的集体起舞。集体舞蹈还必须有一定的节拍和音乐伴奏，才能步伐一致、互相配合。最简单的方法是以踏步、击掌或装饰品摩擦发出响声。它们就是中华民族舞蹈的源头。

五、神话传说：民族文化的原始记忆

各民族都有关于创世和民族起源的神话。

神话是在文字创造之前，保持民族文化记忆、实现文化传承的一种普遍的形式。对于遥远的祖先们所进行的文化创造和文化成果，用神话的形式保存下来，并且传承下去，是神话的主要功能。神话是远古的祖先想要传给后人的某种信息。所以，有文字记载的历史文化主要是通过这些文字记载来了解，而对于史前的，即有文字记载以前的历史文化，除了依靠考古发掘，通过神话去了解，是一个重要的途径。

按照现代神话学的看法，神话并不是史前时代或原始时代的个人创造，也不是个人某种想象力的产物，而是在一个种族或民族中经过世世代代长期流传和加工而成的。虽然神话的许多内容在我们今天已被判定为不可能发生的事情，但在当时却是初民们对世界的原始理解和解释，并成为他们的“生活世界”的一部分。神话是人类意识发展的一个特定的阶段，它表示着民族文化的初始选择，是民族精神的最

初记录，或如瑞士心理学家荣格（Carl Gustav Jung，1875—1961）所说的，是那种“原始意象”的最重要的表现方式。

神话是一个民族童年生活的写照。因此，在神话传说中，就已经孕育了一个民族的文化精神和传统。每个民族的神话，都既体现了人类原始社会和原始心理的共性，又有自己的文化特色。各民族的生存环境不同、发展经历不同，自然有着不同的文化性格。这种文化性格上的差异，在各民族的童年就有表现，在后来的历史传承中又不断强化，形成所谓的“民族传统”和“民族性格”。

考古学的发展，揭示了人类早期生产生活的现实图景；而丰富多彩的上古神话传说，则曲折地反映出中华民族童年时代的生活故事。

从盘古开天辟地、女娲抟土造人，到炼石补天、精卫填海、后羿射日、大禹治水、阪泉之战、涿鹿之战，如此等等，这些神话都表现了中华民族的祖先探索自然奥秘的浓厚兴趣、征服自然的顽强斗志和丰富的想象力，表现了向自然斗争的磅礴气势和不屈不挠、自强不息的精神。神话中的英雄们面临着一系列艰难险阻，从事着相当艰辛的事业，同时也铸就了顽强、执着、不屈不挠的性格特征。在这些神话中，体现了中国原始初民在与恶劣的自然环境所进行的顽强抗争中锤炼出来的自强不息的生命意志、坚毅果决和奋斗精神。

神话与传说是两个有联系但又不同的部分。神话偏重于指关于人神起源、万物初始的来历，传说偏重于口头流传的关于世界来源及英雄故事的说法。

和世界上其他许多民族一样，我国古史上也有一个“传说时代”。我们习惯于说的一句话是“有文字记载以来的历史”，但在“有文字”以前，人类已经有过一个漫长的历史过程。所以，有的学者将“有文字记载以来的历史”称为“狭义的历史时代”。而在早期发展的各民族中，他们最初的历史总是用“口耳相传”的方法流传下来的。由于人类活动的历史很长，人们不能详细地、完全地记住每一事件，自然就选取与本身关系较密切的事件记忆下来，而逐渐忘记其他关系较疏远的事件，形成了内容丰富的古史传说系列，即“历史神话体系”。传说是原始人类的“历史学”。古代人已经认识到神话传说的这种作用。比如，韩非将“构木为巢”的有巢氏和“钻燧取火”的燧人氏时代，称作“上古之世”；将“鲧、禹决渎”时代，称作“中古之世”；将“汤、武征伐”时代，称作“近古之世”。现代历史科学证明，我国神话传说中，“有巢氏”“燧人氏”的故事，大体反映了开始穴居生活和用火的旧石器时代的状况；“伏羲氏”“神农氏”的故事，大体反映了农业萌芽的新石器时代早期的状况；“黄帝、尧、舜、禹”的故事，则昭示了新石器时代晚期人类的生活情景。

唐代伏羲女娲帛画，新疆吐鲁番阿斯塔纳古墓出土

中国古史上的传说，和其他民族的传说，比如古希腊的神话传说一样，也有一个英雄的谱系，有一批担负着“创造”文明责任的“文化英雄”。“文化英雄是一种具有神性的人物，他为人类获取或首先创制作了各种文化器物，例如火的使用、植物栽培、工具发明，等等；

他消灭了横行大地的妖魔鬼怪；教人以各种生活技艺，为人类制定社会组织、婚丧习俗、礼仪节令，等等；有时还参与世界的创造与自然秩序的制定；他是初民集体力量的集中体现，是人类原始文化成果的集中代表。”[1]或者说是“历史力量的代表者。”[2]

到了有文字记载的时候，已经对神话传说进行了一番选择和加工。这样，我国古代传说和古代歌谣一样，有不少都失传了。在较晚的文献中记载下来一些，往往只保留了简单的梗概和片段，还时而掺进一些后代人的观念。对于原先的神话材料，根据自己的需要进行取舍，如此造成了神话材料的人为改造和散失。但是，尽管如此，这些保存下来的传说，还是反映了史前人类生产生活的一些基本面貌，反映了那个时代社会进化发展的历史，尽管是比较模糊的。

中国古史传说还创造了一个“三皇”“五帝”的传世谱系。通常是把伏羲、神农、燧人称为“三皇”，“五帝”是黄帝、颛顼、帝喾、尧、舜。中华文化一般认为始自“三皇五帝”时期。有的研究者认为“五帝”的年代应从公元前6000年左右到公元前2000年左右。这大体上相当于中国新石器文化时期。所以人们把新石器时期的仰韶文化作为与炎帝、黄帝时代相对应的考古学文化，认为尧舜时代相当于新石器晚期。“三皇五帝”时代作为中国文明早期阶段的称呼，符合我国历来的认识，又大体符合考古发现的上古文化面貌。

学术界普遍倾向认为，“三皇五帝”是史前氏族部落的首领，或者是氏族部落的象征物（图腾），或者是氏族部落的名号。这些“三皇五帝”，也都是创造物质文明和制度文明的“文化英雄”。传说中把许多文化发明都归功于他们，特别是把黄帝时代作为中华文化的源头。而黄帝时代的许多创造和发明，奠定了中华文明的基础。

中国上古神话是中华民族童年时代的文化创造，也是关于童年生

[1] 陈建宪:《神祇与英雄——中国古代神话的母题》，生活·读书·新知三联书店1994年版，第143—144页。

[2] 《马克思恩格斯选集》第3卷，人民出版社1973年版，第355页。

活的故事，是上古初民们辉煌的文化遗留物。在这些神话中，蕴含着民族的哲学、艺术、宗教、风俗、习惯以及整个价值体系的起源。中国上古神话以其庄严的气氛和自强不息的精神蕴含，以其鲜明的伦理化和历史化特征，区别于其他民族的原始文化，形成了自己的特殊风格和魅力，成为中华文化发展的最初“意象”和“文化脚本”，并深深地影响着中华文化的发展和历史进程。

六、史前时代的文化遗产

考古学家李济说：“若从中国现代的文化向古时推，则到了新石器时代显然是一个大分划的开始。换句话说，传到现代的中华文化中若干最重要的成分方开始出现于新石器时代至青铜时代这一期间。”[1]

新石器时代离现在已经是相当久远的过去。但是，即便是在那个时候，东亚大陆已非茫茫荒原、漫漫长夜，而是展露出东方文明的曙光。在那个久远的过去，上古初民们筚路蓝缕，以启山林，在顽强的生存斗争中，创造了绚丽壮观的原始文化，并逐渐凝结成最初的文化共同体。正是在中华初民的文化创造中，蕴含了民族历史文化的源泉，成为中国人智慧的起点。中国新石器时代主要文化中已经具有一些带有中国特色的文化因素，中国文明的形成过程就是在这些因素基础上展开和发展起来的。

新石器时代创造的文化，就是我们今天所说的中华文化的起点。文明的兴起、文化的传承，要从新石器时代开始说。

对于石器时代的文化遗产，需要特别强调以下几点：

第一，中国原始文化的多元性。新石器时代的遗址遍布现在中国境内各地，从南到北都有分布。苏秉琦的“满天星斗”假说形象地说

[1] 李济：《中国文明的开始》，江苏教育出版社 2005 年版，第 74 页。

明了中华文化起源的多样性和丰富性。苏秉琦把中国新石器文化分为六大区系，强调中华文化的产生不仅仅是以中原为中心的，而是“满天星斗”，遍布各地，这些文化遗址都因为所在地的地理、气候等环境而形成了自己的特点，这就为以后的地域文化的形成奠定了基础。另外，每一个区系都不是封闭的，各地区之间还有着相互的交流和影响，这就为中华文化注入了开放的性格。新石器中期以后，随着各文化不断地发展，地域的扩张和人口的迁徙越来越频繁，各文化之间的交流也越来越密切，而这些文化都是自成体系、各有特色的，交流之后必有冲突和对立，对立之后必是征服与同化，于是以黄河下游为核心汇聚，逐渐融为一体，形成了多元一体的中华文化。

新石器文化的多样性、多元性和开放性，就决定了中华文化从起源上的丰富性特征和强大的生命力。这些不同区系的文化一起，汇聚成体量巨大的中华文化体系。苏秉琦先生以新石器时代的多元性论证中华民族的兼容性和凝聚力，他说：“史前不同文化区系的居民，通过不断组合、重组，百川汇成大江大河，逐步以华夏族为中心融合为一个几乎占人类四分之一的文化共同体——汉族。它固然幅员辽阔，方言众多，但在文化上却呈现出明显的认同趋势。大约就是在这个基础上，以形、意为主又适应各地方言的方块字被大家所接受，成为其后数千年间维系民族共同体的文化纽带，产生了极强的凝聚力。”[1]

第二，农业在新石器文化中的决定性作用。中国是世界上三大农业起源地之一。农业的出现是从旧石器时代向新石器时代跃进的根本性原因。农业不仅仅是解决食物来源的问题，而是形成了一种新的生产方式和生活方式，形成了新的社会组织形式和新的精神状态，因而形成了一种新的文化。正是从新石器时代开始就以农业为根本，像在世界其他地区一样，农业是中华文明起源的经济基础。

[1] 苏秉琦：《中国文明起源新探》，辽宁人民出版社 2009 年版，第 155 页。

黄帝陵里的柏树

农业决定了中华文化的根本特质，决定了中华文化的发展方向。因而，也就决定了中国人的集体人格和文化精神，决定了中国人的精神气质和思考方式。进一步说，农业文明孕育了中国人和中华文化的基因，孕育了中华文化形成和发展的文化密码。这一点，对于了解中华文化的本质和内涵，是具有决定性的、关键性的。而这种特质、方向，是在新石器时代农业文明发生的时候就已经决定了的。

第三，在原始时代就已经形成了文化积累和传承的形式与机制，而且到新石器时代，已经比较成熟了。石器时代很遥远、很漫长，就是新石器时代，距今也有近万年了。那么，那个时候的文化是怎样发展的呢？关键就是有了文化的传承形式和机制。语言和结绳记事以及简单的原始的文字，都是文化传承的工具。不仅如此，还有比较复杂的社会组织形式，都承担着文化传承的责任。比如像在新石器发展起来的制陶技术、养蚕缫丝和丝织技术、制玉技术，以及更复杂的采矿、冶炼和制铜技术，还有许多其他生产技术的发明，比如制作漆器

技术、建筑技术，更主要的还有农业生产技术，等等，都是比较复杂的技术，而且在许多情况下需要多人的合作，形成一定规模的团队。这就需要上一代的专业技术人员向下一代传授专业的知识和技能。虽然我们没有直观的材料去了解这样的传授过程，但可以肯定有这样的过程，并且是很成熟很完备的。

在生产生活的其他方面，在宗教信仰和艺术创作方面，远古先民们都有很好的传承机制。而且，信仰、宗教仪式、美术音乐等艺术形式，本身就是文化传承的载体。所以，才有一代一代人享受前辈文化创造的成果，才有了文化的发展。还有更值得注意的，就是世代相传的内容丰富的神话传说，对远古文化的记忆和流传起到了相当大的作用。神话传说是文字记载以前历史阶段的“历史学”，是那个时代的人们有意识地要向后人传达的文化信息，而且神话传说都含有不同程度的教育因素。从这点上来看，远古先民们已经有了传承文化的自觉意识。

第二讲 中华文化的奠基

一、中国的原生文明

在史前文明充分发展的基础上，特别是在新石器时代农业文明发展的基础上，人类迈开走向文明的巨大步伐，进入到“原生文明”的时代。在中国，就是进入了夏、商、周“三代”那个时代。

夏、商、周“三代”是中国历史上特殊的阶段：华夏文明的各源流开始汇聚，中国最早的王朝诞生并定鼎中原，中华文明和华夏传统的若干基本特征渐趋成熟，中国古代文明由兴起到繁盛。这是我国文明国家的形成时期，也是我国文化底蕴的发展奠定时期，中国古代的经济形态、政治制度、官僚体制、宗教信仰、社会结构以及生活观念等各方面都在这一时期奠定了基础。这一时期的文明成果影响了中国几千年。

自古以来，人们对夏、商、周这三个王朝的存在都无疑问，因而有“三代”之说，并公认夏、商、周是我国王朝体系的开端。但是，关于这三个朝代的纪年问题一直没有得到解决，文献中可依据的绝对年代只能追溯到西周晚期的共和元年，即公元前 841 年，这以前的年代则无公论。1996 年 5 月，国家正式启动“夏商周断代工程”，就是通过人文、社会科学和自然科学的结合，采用现代科技手段，进行多学科交叉研究，解决夏商周年代问题的科研课题。2003 年 4 月，正式公布了这项研究的重要成果《夏商周年表》。这个年表为我国公元前 841 年以前的历史，建立起 1200 多年的“三代”年代框架。根据这个年表，我国夏代始年约为公元前 2070 年，夏、商分界约为公元前 1600 年，商、周分界为公元前 1046 年。年表还排出西周 10 王具体在位年，排出商代后期从盘庚到帝辛（纣）的 12 王大致在位年。“夏商周断代工程”的研究成果为深入研究我国的古史奠定了坚实的基础。

古史学家依据文献资料，提出有两个地区可能是夏人的活动地

区：一个是河南西部嵩山附近的登封、禹州市和洛阳平原；另一个是山西南部的汾水下游地区。因为传说中夏代的都邑和一些重要的历史事件，大多同这两个地区有关。目前，多数学者认为，以偃师二里头遗址命名的“二里头文化”就是夏文化。

夏、商、周“三代”，是中国的原生型文明。它们对于后代中国的历史和文化有着深远的影响。甲骨卜辞、钟鼎彝铭，奠定了汉字发展的基础;《诗经》《尚书》《周易》，开中华文化的先河。它们都是“三代”的科学文化成就。“三代”的典章制度、礼乐政刑、思想观念，给予后世的影响更是很直接的。因而可以说，中华文化在商周时代就已经大体上完成了它的发生期。特别是西周时期，是中国古代社会发展史上的一个重要时期，是中华古典文明的全盛时期，它的物质文明和精神文明确定了中华文化的基本方向，对于后来历史的发展曾产生过广泛而深刻的影响。

在世界文化的初创时期，栖息在不同地区的上古初民，各自独立地创造出具有自己特色的原生文化形态，发展起各自的地区性文明。这种在不同地区独立地产生出来的文化被称为“第一代文明”或“原生型文化”。这些原生的文化形态是以后世代人类文化进化发展的历史性起源和基础。当时世界上存在着几个彼此互相独立的文化形态或文化区域，处于不同的地理自然环境的各个文化都有其独特的历史过程。而由于人类在初级阶段就表现出来的趋同性，不同民族发展到一定的阶段，当需要某些发明的时候，许多重大的文化成就可以在彼此距离遥远的地区、间隔漫长的时间，一次又一次地被不同民族创造出来。

在世界文化史上，中国和古埃及、古巴比伦、古印度合称为“四大文明古国”。所谓“文明古国”，指的是产生原生型文化的国度。这四个国家在欧亚大陆和非洲北部。此外，在中南美洲还有玛雅（Mayas）、阿兹忒克（Aztecs）与印加（Incas）等属于印第安文明的原生型文化，但直到 15 世纪哥伦布“发现”新大陆以前，印第安文明大体是在隔绝于东半球诸文明之外的情况下发展起来的。所以在讨论人类文明的起源和早期世界文化格局的时候，一般都忽略印第安文明而只谈欧亚大陆的“四大文明古国”。

那么，这样的文化格局中，与古埃及、古巴比伦和古印度文化相比，中华文化有哪些特点呢？

首先，而且是最重要的，中华文化初创时期的活动区域要比其他几个古老文化都更为广阔。古埃及和巴比伦文化的活动区域都不过几万平方公里，古印度文化的范围基本上限于印度半岛之内。中华文化最重要的发祥地黄河流域则有七八十万平方公里的黄土高原和冲积平原。而中华文化的发源地又不限于黄河流域，长江流域、辽河流域乃至西南的崇山峻岭之间，都有长达四五千年的文明史，这些区域的总面积在500万平方公里左右。

这样广大的领域作为中华文化繁衍滋生地，既使它具有多元发生的丰富性，也使它在遇到异族入侵的情况下，仍有广阔的回旋空间。中华文化绵延不辍与这种地理形势很有关系。

这种特殊的地理环境形成了中华文化的最初品格。正是由于中华文化是在一个广大的地域展开的，与其他文化相比，中华文化具有无与伦比的延续力，得到最为连贯的继承和发展。其他原生型文化，如古埃及文化早已后继无人，古巴比伦文化和古印度文化，经过多次的异族入侵，深深叠压在后起文明世代的底层，基本上成为考古学研究的对象。唯有中华文化没有出现这样的中绝现象，经历数千年而持续不断，这在世界文化史上是极为罕见的。中华文化是世界文化的重要发源地之一，并且是其中得到最为连贯的继承和发展的文化。

中华文化的发生期大体上是与其他文明区少有联系的情况下度过的，中华文化在未受到或很少受到其他文化影响的情况下独自完成文化发生过程的。这种情况与其他几大文明也有所不同。例如，古埃及和古巴比伦相距不过1000公里，也没有难以逾越的地理障碍，这两个古老的文明历来声息相通，彼此之间形成繁复的文化传播—接受

机制，农业和手工业技术、数学、天文历法知识等多有交汇。古印度文化与古巴比伦文化、古埃及文化也很早就有直接的交流。它们之间虽有伊朗高原相隔，但其间通道纵横，交通还算方便。公元前 6 世纪的希腊和波斯间的战争，公元前 4 世纪亚历山大大帝的东征以及其后建立的亚历山大帝国，更加强了从地中海到南亚次大陆之间的文化交流和融合。与之不同的是，在文化的发生期，中华文化很少与其他文化有直接的或实质性的来往。亚历山大东征时至印度河而向南折返，因为再往东就是巨大的地理屏障帕米尔高原。中国人生活的东亚大陆，远离其他文明中心，周边又多有难以逾越的地理屏障，因而很少可能与其他文化相接触或获得有关的文化信息。中华文化的发生期大体是在与其他几种古老文化相隔绝的情况下独自完成的。

而正是在这一时期的文化创造，决定了中华文化的文化特性和文化风格。在中国人的生活方式的形成过程中，当地的、土生土长的文化传统发挥了更为主要的作用。因而，中华民族是一个颇具原初性的民族，中华文化有着鲜明的独特性和自主性。

但是，这并不是说，中华文化的发生期是完全封闭的，与其他文化完全隔绝的。实际上，中华先民很早就开始寻找与其他民族的文化沟通和联系，试图打破地理的屏障，参与早期世界文化总体格局中的对话。积极向海外开拓，发展与其他民族文化的接触、对话与交流，是中华文化在其发生期就形成的一种传统（这一点又是与中南美洲玛雅文化等印第安文化不同的，它们完全与外部隔绝，因而最后湮没在丛林和荒原之中）。从考古发现来看，商代的青铜文化乃至更早的彩陶文化，都与欧亚大陆其他一些文化有某种联系和相似之处。但就实质性的文化交流而言，中华文化是在大体完成文化发生过程，文字、思维方式、社会结构的基本风格和定式确立以后，才渐次与其他古老文化有比较实质性的接触、交汇和碰撞。虽然这种接触和交流对双方都会产生很大的影响，但中华文化的系统和态势已经确立了。

二、甲骨与青铜

文字的发明，是人类文化史上具有划时代意义的界标性事件，正如恩格斯所说，人类社会正是“由于文字的发明及其应用于文献记录而过渡到文明时代”。[1] 中国文字的起源相当久远。在古代传说中，有黄帝时代的“仓颉造字”。这个传说认为汉字大约产生黄帝时代，这个时代与考古发掘所证实的新石器时代晚期大体吻合。早期的陶器刻划符号和刻划文字是汉字的起源。夏代也应当有了文字记录的典册，例如先秦典籍中就经常引用一些不见于今本《尚书》的《夏书》或《夏训》。因此，中国最早的成形文字，约出现于夏代初期。到商代后期，则出现了成系统的文字——甲骨文。甲骨文是商代后期书写或契刻在龟甲、兽骨上的占卜、记事文字。安阳殷墟出土的 15 万片甲骨卜辞，记录了商代社会中发生的许多事情，使商代的存在无可争议，使商代历史成为信史。

甲骨文与新石器时代的一些刻划符号有一定的渊源关系，但不能同日而语，两者之间横亘着一个漫长的发展阶段，有人估计这个阶段可能有 2000 年之久。因此，甲骨文是发展到一定阶段的文字。我国古代学者总结汉字结构规律，提出所谓“六书”，即依据常用汉字归纳出的六种常用造字条例，包括象形、会意、指事、形声、假借、转注。甲骨文已经具备了“六书”的种种造字、用字方法，具备了汉字的各种形式。甲骨文的文字虽然形体上与今字大异，但已识的字都可依照一定规则译成今字，其意义及用法大体上与今字不殊。

甲骨文的意义是无与伦比的，它标志着中国历史进入了有文字可考的时代。甲骨文有 5000 多个单字，字义已比较固定，词汇也比较

[1] 《马克思恩格斯选集》第 4 卷，人民出版社 1972 年版，第 21 页。

丰富，同时已有较为系统的语法，可以准确地表达语言和思想。后此文字的发展，只是在其基础上的提高，而没有质的变化。商朝的文字在当时世界上是进步的，而且后来发展成为世界上使用时间最长和空间最广的一种文字。

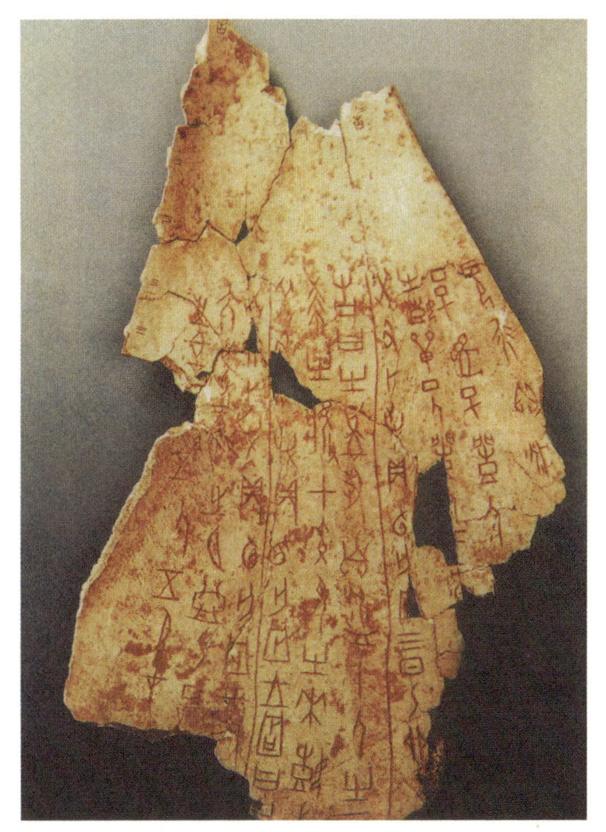

祭祀狩猎涂朱牛骨刻辞（河南安阳殷墟出土）

甲骨文之后，又有金文出现。青铜器在内壁、内底或其他部位铸造或镌刻的文字，在考古学上叫青铜铭文，也称金文或钟鼎文。西周时期是金文大发展的时期，这时铸铭之器骤然增多，两周青铜器中有铭文传世的约3000余件，其中一半以上属西周。从文字结构本身看，金文已较甲骨文字有所进步，造字方法比甲骨文更加规范化，形声字的使用也比甲骨文大为增加。从金文语句分析，它的用词也较甲骨文丰富。金文的辞章规模也达到一个新的水平，上百字、数百字的铭文则比比皆是。现藏台北“故宫博物院”的属西周晚期的《毛公鼎》铭文，长达497字，称得上是金文的鸿篇巨制，表明人们驾驭语言文字的能力已经有了很大的进步。

金文的出现发展是和青铜器的发明与广泛应用紧密相关的。历史学家一向以“青铜时代”称殷商西周，说明那时青铜器的应用是很广

殷墟出土商代晚期后母戊鼎

泛的。金属加工是新石器时代晚期的一项突出成就。那时的铜业主要是红铜。到了夏代开始，已经出现了青铜，制铜业有了一定的发展。“青铜”是相对红铜而言的。红铜是纯铜，其矿石有天然存在。红铜器比石器耐用，但硬度低于燧石，所以还不能完全取代石器。青铜是红铜与锡的合金，其色青灰，熔点低于红铜，硬度高于红铜，具有更好的化学稳定性，坚韧耐用。所以青铜出现后，便逐渐取代了石器和红铜器，成为社会广泛应用的材料。

商代晚期至西周前期（约公元前13—前10世纪），中国青铜时代达于鼎盛，青铜铸造工艺相当成熟，出土大量的精美青铜礼器、武器与工具。这时的青铜文化以安阳殷墟为代表，这里是商王朝的政治统治中心，也是青铜铸造业的中心。以后母戊鼎为代表的殷墟青铜器，采用独有的片范铸造法和复杂的铸铜工艺，达到了古代东方青铜铸造技术的高峰。

中国古代青铜器的生产代表了当时社会生产力的最高水平，其器物的组合、造型、装饰与当时的生活习俗、社会风尚、文化特质、民族审美心理等密切相关，种类繁多、形制瑰丽、花纹繁缛、制作精湛，充分体现了中国青铜器特有的艺术魅力和鲜明的民族风格，构成了中国无与伦比的青铜文化。

青铜业的发明和发展，是社会生产力的一个巨大进步，对于社

会文化发展有着多方面的影响。正是因为青铜器，特别是青铜工具较为普遍地使用，社会生产力得到了高度发展和提高，农艺、手工业技术和艺术都有空前发展。或许可以说，正是由于有了这些青铜手工工具，才使商代的宫殿一座座拔地而起；使由许多部件组合而成的一辆辆马车能奔驰在首都与各地之间；使精美的白陶、玉器和巧夺天工的象牙杯等工艺品的制作成为可能；使织机的制作得以改进，能织造出各种柔软光滑而有多种花纹的丝绸；能制作各种器械，使天象观测更加精确；使契刻在龟甲与兽骨上的甲骨文字能够出现，给后人留下了研究商代政治、经济、文化、科学等诸多方面的文字资料。青铜工具的出现，还使陶轮的制作、陶窑结构得以改进；甚至给青铜器的铸造等也都带来了益处，因为它使模型的制作更加精细、模具的组装更加紧密，从而大大提高了铸件的质量。而随着各个行业的发展，也促进了天文、历法、数学、医学以及其他科学技术的发展。到了西周晚期，中原地区已出现人工冶制的铁器，并开始向早期铁器时代过渡。

三、神巫的世界

夏、商、周“三代”的宗教，产生于原始社会之后的私有制和国家建立的初期。原始宗教中的自然崇拜和祖先崇拜被直接保留下来，并被赋予了宗教等级性，形成了由国家直接掌握的以天神崇拜、祖先崇拜为核心的宗法性国家宗教，是社会唯一的意识形态。

中国传统宗教以天神崇拜和祖先崇拜为核心，以社稷、日月、山川等自然崇拜为羽翼，以其他鬼神崇拜为补充，形成了相对固定的郊社、宗庙及其他祭祀制度，成为维系古代社会秩序和宗法家族体制的根本力量。夏、商、周“三代”是中国传统宗教发展的鼎盛时期，和世界上许多古老民族一样，当时的中国也是全民信教。宗教不仅是占统治地位的意识形态，而且是唯一的意识形态，垄断了社会精神文明的一切领域。

与原始宗教相比，夏、商、周“三代”的国家宗教最为显著的特征是从自然崇拜中发展出了天神崇拜，在众神之上出现了至上神，或称其为“帝”，或称其为“天”。“天”因其包容性、涵盖性，渐升于诸神之上，成为众神之长。大约在夏代人那里便开始形成了至上神的观念，同时还从原始宗教中继承了祖先崇拜和鬼魂崇拜的思想，并在原始鬼魂崇拜的基础上巩固和发展了阴间世界和灵魂不死的观念。

商代宗教的特点是，迷信鬼神，实行“鬼治”。在商人看来，神鬼的世界是和有形的世界同样实在，而且这两个世界关系极为密切。商人崇敬的鬼神并不是一般的山魂野鬼，而是自己祖先之灵。商人在祖先神和天神的崇拜中，更重视对祖先神的崇拜。他们相信凡人是不能与神直接交通的，祖灵是联系时王与至上神的唯一渠道，敬祖是取悦至上神的唯一方法。而且在一定程度上，他们是把祖先看成至上神的，将祖先神与天神合而为一。

祭祀礼典是国家政治生活的一项重要内容。夏、商、周“三代”的宗法祀典具有一定的继承性，确定宗法祭祀规格的依据也具有相通的准则。当时人们的祖先崇拜，主要是崇拜有功劳的人。通过祭祀，人们不仅可以寄托对祖先和神灵的敬慕之情，同时也是对后世臣民的道德示范仪式。通过祭祀，人们可以回顾那些在历史上作出杰出贡献的伟人的英雄事迹，教育并激励部众。因此，宗教祭典活动，更多的是人们追思前辈英烈征服大自然、为人类创造幸福、推动文明进步的历程。

商人最敬鬼神、祖先，“先鬼而后礼”的最突出的体现是当时特别盛行人祭与人殉。在我国古代，人祭和人殉的习俗由来已久，延续时间极长。根据考古发现，早在新石器时代仰韶文化时期即已出现人祭，商代是中国历史上人殉、人祭最为盛行的时期。

周人继承了商人的宗教，但把至上神变成了“天”，并赋予天神崇拜以更多的祖先崇拜的色彩。周王自称为“天子”，把至上神

"天"作为自己的父母来看待和供奉。

商代的宗教组织日益完备，并充分体现了国家宗教的特色，由国家任命的职业神职人员垄断了宗教活动，古代宗教的组织系统成了国家政权的一个分支。当时的神职人员称为"巫"。"巫"在原始社会中就存在，随着原始宗教向古代宗教的转化，原来自愿为部落民众服务的巫便成了神职人员。巫觋的职业化过程，就是始于"绝地天通"。巫觋之人是一般民众中脱颖而出的杰出人物，他们具有良好的品德、聪慧的气质和智能，因而受到神灵的赏识而降附于其身。于是他们便可以预测未来福祸，主持占卜活动。

同时，为了适应社会生活的需要，他们不仅"绝地天通"，专司人神交往，主持宗教活动，而且参与广泛的社会生活和政治生活。他们构成了商代的宗教神职人员集团，是中国最早的知识分子，担负着当时社会的全部文化功能。"巫"作为中华民族的第一代文化人，除了掌管占筮、祭祀、记录历史之外，还从事着星历、教育、医药等多方面的文化活动。

商代龙冠凤纹玉饰

"巫"在商代政权中占有十分重要的地位，具有相当大的权力。离开这些人的宗教活动（主要是占卜），商王对任何重要行动都不能做出最后决定。因此，当时的"巫"对国家决策有着巨大的影响力，有时甚至是决定性的。

巫史文化作为一种宗教文

化，有一套与之相配合的仪式与制度。“巫”的一项基本职责是组织指挥祭祀活动。祭天祀祖在中国有着悠久的历史，在史前时期的考古中曾一再发现这类遗存。商周时代，祭祀是社会生活的重要内容。祭祀的对象非常广泛，天神地祇人鬼均在祭祀之列。商人祭祖虔诚、隆重、频繁，用五种祀典，对祖先轮番地、周而复始地进行祭祀。殷商时代的巫史文化，已经为注重等级规范的礼乐文化打下了基础。或者说，殷商巫史文化，乃是礼乐文化的雏形。

周代把商代的宗教仪式更加程式化、规范化，突出了祭天、祭祖、祭社活动。在所有这些祭祀活动中，“巫”都是权威的组织指挥者。通过这些活动，人们的愿望、祈求、心愿与自然神、祖先神的旨意得以沟通，而“巫”则是这种沟通的桥梁。

“巫”的另一项重要职责是从事占卜。占卜起源于原始宗教中的前兆迷信，古人经常把自然或社会生活中的某些怪异现象当成吉凶的征兆，用以指导自己的行为。商代人们进行占卜的主要形式是骨卜。骨卜就是将龟腹骨或牛肩胛骨放在火上烤，甲骨烧灼后的裂纹是很不规则的，巫们便依据被称为“卜”的裂纹形状断定人事的吉凶。《礼纪》说，要通过卜筮了解至上神（“天”）的意旨，来制订国家礼乐。如无卜筮这个工具，至上神的意旨不可得，礼乐无从订，更谈不上兴了。从夏到商周，占卜巫祝越来越兴盛，而且大事小事皆卜。占卜成为重要的生活内容，事无巨细，都要先卜而后行，几乎无事不卜、无日不卜。迄今发现的十多万片甲骨，几乎都是祭祀和占卜的记录。

巫在商周社会精神生活中的重要作用，除了直接承担宗教职能，从事祭祀、占卜活动外，还承担着多种文化职能，世袭掌管藏于王室的典籍文献和天文历法、医药学、历史、预卜等专门知识，从事卜筮、祭祀、书史、星历、教育、医药等多种文化活动。在商代和西周时期，史与巫通常是集二任于一身，所以后世也称其为“巫史”。中国最早的历史记载，以商代的甲骨文记载和西周的金文记载为标志。甲骨文的记载反映了自盘庚迁殷以后自武丁时期直至殷商灭亡的王家

的一些活动，内容涉及国家制度、农业畜牧、年成丰歉、天文历法、战争田猎、神祖祭祀、王朝世系，等等；这些都是占卜的某种结果和简单的记事相结合。金文的记载已无占卜的色彩而是单纯的人事记录，以反映当时的王臣庆赏、贵族纠纷、财产关系为主。与甲骨文相比，金文作为官方文书的作用更加突出。商周二世的历史记载，除了大量的甲骨文、金文以外，还有一些更加正式的官方文书即王家的训诫、诰誓，以及王朝的颂诗。这些，在春秋末年经孔子整理，分别编纂为《书》和《诗》中的“雅”“颂”。

在商周时代，宗教是占主导地位的意识形态，专职神职人员巫的出现，使国家宗教发展到成熟的阶段。巫不仅承担着国家宗教的职责，而且还作为中国最早的知识分子群体，承担起记史、教育等广泛的文化职能，为文化积累和传承做了很多工作。

四、中华文化创制的时代

夏、商、周“三代”，从大的历史时段来说，它们都属于原生型文明这一大的历史时段，有许多共同的特点。“三代”文化一脉相承，在总体上呈现出许多共同的特征。但是，这并不是说，它们之间没有发展变化。其实，这种变化是十分明显的。“周虽旧邦，其命维新。”周代是一个大变革的时代。在社会形态、社会制度、文化创制等诸多方面，都与夏商时代有大的不同、大的变化。实际上，之前，可以看作是中华文化形成和奠基的时期，而到了周代，则是比较全面的文化创制的时代。我们现在说的中华文化，中华文化的传承和发展，都是在周代文化的基础上展开的。周代文化确定了中华文化的发展方向，使在原始农业文明中孕育的文化基因、文化种子，成长为一个比较完备的文化体系、一棵枝繁叶茂的文化之树。

西周对于中华文化的形成和奠基作出了重要贡献，其中最重要的是完备了各项社会制度建设，此种制度成为以后数千年中国古代社会制度建设的基础和出发点。西周在殷商文化的基础上建立起以宗法血缘制为纽带、以“礼乐”为核心的新的文化体系。这种新文化具体表现在西周将礼乐从原始巫术中分离出来，推广及人事领域，并在此基础上使之成为具有政治意义的典章制度。这套新的政治制度，就是所谓“周礼”。

礼起源于原始先民的仪式活动，早在新石器时代中晚期，礼乐制度已初现端倪。古代文献里有“自伏羲以来，五礼始彰；尧舜之时，五礼咸备”的说法。夏商时代都有一定的礼乐制度。这种礼制应是原始社会末期以来形成的礼制的继续与发展，也是西周礼乐制度的重要来源之一。周公“制礼作乐”，就是对夏商以来的礼乐进行增删、修改。周礼是夏礼、殷礼的继承和发展，最为全面和典型。

礼制是周代制度文化、行为文化和观念文化的集中体现，是等级社会的政治准则、道德规范和各项制度的总称，内容相当广泛，从道德标准到统治原则、从家族关系到政权形式，几乎无所不包。而其宗旨就是“别贵贱，序尊卑”，礼使社会上每个人在贵贱、长幼、贫富等当中都有合适的等级地位。礼的主要内容包括两个方面，一是“亲亲”；二是“尊尊”。所谓“亲亲”，意指要亲其所亲者；“尊尊”就是尊其所尊者。前者反映了当时的血缘关系；后者则是对当时政治关系的一种规定。礼乐制度既是一种文化礼仪体系，又是一种政治制度。作为一种文化礼仪体系，以政治制度为支撑，而作为一种政治制度，又以文化礼仪体系来维系，两者相辅相成。礼是周人为政的精髓，是周天子治天下的精义大法。

“乐”是配合各贵族进行礼仪活动而制作的舞乐。与礼相配合的“乐”，包括乐曲、舞蹈和歌词，是行礼时的艺术呼应。对音乐在礼仪中的应用按不同等级作出了严格规定，违反规定便是“僭越”或者“非礼”。这些与礼仪结合的音乐，被称为雅乐，其基本风格是庄严肃穆。礼从外部给人提供一种社会规范，而乐使人从情感内发，趋

向这种规范，故“知乐则几于礼”，因此“礼乐”历来并称。有了“礼”的规范、政的划一、刑的强制，配之以“乐”的感染，便能同一民心，成就“治道”，这正是周代“制礼作乐”的深远用意。

西周时代的礼乐制度对于后世的文化发展有着重大的影响。孔子赞扬西周的“尊礼文化”，说：“周监于二代，郁郁乎文哉！吾从周。”周代礼仪制度奠定了中国古代礼仪制度的基础，此后各个朝代虽然都把制定礼仪作为立国之本，但基本没有超出周礼的框架，只是在一些具体制度上有所演变。礼在中国古代政治社会生活中占有举足轻重的地位。“如果从礼仪制度于风俗的悠久历史、丰富内涵和广泛影响考察，我们完全可以把中华文化看作是礼文化。”[1]

周公“制礼作乐”，核心是对西周社会进行政治制度建设。西周的社会制度继承了商代的传统，并且使之完善和系统化，成为西周文化最具特色的部分。

西周时期的社会制度核心是宗法制度。宗法制度是由原始社会末期氏族组织演变而来的以血缘关系为基础的族制系统，演化为一种巩固统治秩序的政治制度。在商代，宗法制度已经出现雏形，到了西周时期，宗法制度得到了充分的发展和完善。

宗法制的具体内容大致是：周天子由嫡长子继承世袭，每世天子都以嫡长子身份继承父位，奉祀先祖，是为姬周族的大宗，嫡长子的兄弟分封为诸侯，称为小宗。在诸侯国内，每世诸侯之位也由嫡长子继承，是为诸侯国内的大宗；他的诸弟被分封卿大夫，为小宗。卿大夫在其采邑内亦实行嫡长子继承制，其在自己的采邑内亦为大宗；其余诸弟封为士，为小宗。士亦由嫡长子继承；其余诸子不再分封，为平民。简而言之，诸侯于天子为小宗，但在其封国内又为大宗。卿大夫对诸侯为小宗，而在本族内则为大宗。

宗法制度的核心内容实际上就是嫡长子继承父位（大宗），庶子

[1] 吴小如：《中国文化史纲要》，北京大学出版社 2001 年版，第 30—31 页。

分封（小宗）。这样，就形成了以宗法制度为显著特点的等级制，也就是所谓的“天子建国，诸侯立家，卿置侧室，大夫有贰宗，士有隶子弟，庶人工商各有分亲，皆有等衰”（《左传·桓公二年》）。

在宗法制度下，大宗与小宗的关系是一种等级从属关系。小宗必须服从于大宗，受大宗的治理和约束，周天子是天下大宗，也是政治上的共主。宗法制提倡尊祖，但不是所有子孙都有祭祀祖先的权利，只有大宗才有主祭宗庙的特权，小宗没有这个权利。后者只有通过敬宗，即通过对大宗的尊敬才能表达对祖先的尊敬。各级大宗通过对祭祀特权的垄断，进而掌握国家政权。所以说宗法制也是政权、族权和神权相结合的一种产物，而周代的社会组织可以说是中国社会史的基础。

分封制是周王朝为加强对整个国家的控制而采取的一项重要措施。所谓分封主要是指周王把一定范围的土地和人民分别授予自己的子弟、亲戚、功臣等，让他们代表周王去统治一方人民，以拱卫周王室，也就是文献中所谓的“封建亲戚，以藩屏周”（《左传·僖公

河南汤阴县羑里城周文王演易坊

二十四年》)。

周公提出“敬德保民”方针，主张重民、顺民、惠民，尤须教民，“明德慎罚”，达到“作新民”的目的。周人强调“敬德”和德治，特别强调“德”的重要性。西周时人所谓“德”，包括以下两个方面，即“外得于人(‘保民’‘惠民’)，内得于己(‘敬忌’‘无淫’)”。敬德就要加强自身的品性修养，首先要无逸节性，就是节制个人的物质生活欲望，使其控制在适当的程度以内。过分追求物质生活享受是不道德的，而且很危险。汤革夏，是因为夏末的桀“大淫泆”，周代商，也是因为商末的纣王“诞淫厥泆”，整日沉湎于酒色之中，引起上天和群众的不满。无逸节性，主要是勤俭。周人认为“天亦惟用勤毖我民”，先王最重要的教导是“惟曰我民迪小子，惟土物爱，厥心臧”(《尚书》)。“惟土物爱”就是爱惜土物(粮食)，他们认为这种节俭的人就是心眼好。

西周统治者在“明德慎罚”思想的指导下，又提出了“保民”的主张。认为夏、商亡国的根本原因不在天而在于民，激怒了人民，什么天命都将无济于事，因此主张当政者应“无于水监，当于民监”。要使自己的统治稳固，必须“先知稼穑之艰难，乃逸，则知小人之依。……能保惠于庶民”。周人强调保民就是“敬天”，就可永享“天命”，而“敬天保民”就是敬德，就是“用康保民，弘于天，若德裕乃身，不废在王命”(《尚书》)。保民思想的提出较之商代只注重天命鬼神无疑是一个重大进步，也是周初统治者明德思想的核心所在。

五、教育：文化传承的制度创建

中国在史前文化时期就已孕育了学校的胚胎，夏代已有了称为“校”的教育机构。夏代教育进入了一个与原始氏族社会的教育有着本质区别的新时代。

有关夏代教育机构的记载，《孟子·滕文公上》说："设为庠序学校以教之。庠者，养也。校者，教也。序者，射也。夏曰校，殷曰序，周曰庠。学则三代共之，皆所以明人伦也。"这种"学校"的设置及其职能，与商周两代的学校具有前后因革损益的历史关联。

《礼记·王制》所记夏学的东西二序，其建制即为《尔雅·释宫》的"无室之榭"，"序"与"榭"通，是一种有堂无室的建筑。夏学之东序居世室东门之外。世室即为明堂，夏代或称大室，殷人称重室。夏代的世室、大室，不仅是政治、军事、宗教祭典活动的中心，也是文化教育的中心。这类场所已有考古发掘的遗迹。河南偃师二里头遗址中发现的大型宫殿建筑基址，被认定为属于夏文化晚期的明堂性质的宗庙建筑。这是一组规模宏大、结构复杂的夯土台基，与文献中的台榭之说大体相符。

夏学的职能大体类同于商周二代，具有养老、习射之功能，兼行视学、合乐、释奠、择士、讲武、讯馘诸典，并有"望气治历"之职。夏代社会生活、生产所需求的任何知识技能及经验，都应该是夏代教育的内容。比如，夏代已有历法和天文学、物候学的知识，为此，夏人专设司天之职，有关天象、物候的知识，自当是夏代教育的重要内容。夏代已有百工之职，传世的百工技艺与氏族文化的世袭延伸密切相关。有关军事、乐舞、祭祀、卜筮及氏族观念的内容占有突出的地位。

商代的教育既有本族文化的传统，又保留并吸收了夏代文化多方面的成就，是夏代文化教育传统的革新和深化。但商代文化教育的起点远高于夏代，商代已有了成熟系统的文字，已有了成文的典册和历史，有了高度发达的手工业技术，有一部分社会成员专门从事文化方面的职业，他们的智力活动使得商代文化更为丰富多彩，并且最终导致具有初步学校形态的瞽宗、庠、序等文化机构的形成。这些机构在培养巫职人员，推动乐舞、宗教、礼仪教育方面，发挥了重大的作用。

商的“序”与夏之“序”没有多少区别，均兼有养老、习射等职能。大学是中央政府举办的学校，包括“右学”和“瞽宗”。可能“右学”与“瞽宗”名异实同。殷人尚右尚西，把大学设在西郊，以表尊崇，故而称为“西学”。“瞽宗”位于国都南郊明堂西门之外，是传授礼乐、造就士子的高等学府，是为祭祀服务的，目的是对贵族及其子弟进行尊崇鬼神和祖先的宗教教育。所谓“大学”，并不是说商代已有完整意义上的大学教育机构。商代“大学”也是宗庙聚落的组成部分，兼有祭祖、献俘、讯馘、养老等职能，以教授有关宗教祭典等方面的礼仪知识为主要内容。殷人已有典册可作教材，《尚书·多士》说：“唯殷先人，有典有册。”笔册工具的出现，表明商代学校已有读书习字的教学条件。与宗教有密切关系的数术，是殷人教育的重要内容。

到西周时，教育体制已初具规模。西周已经出现了相对独立的学校教育机构，并有了从王室到诸侯列国大体连贯的学校教育网络。在此基础上，西周还形成了以礼乐为核心的教育内容。这种内容逐步扩展深化，最终形成了较完整的“六艺”教育的课程体制，奠定了中国古代教育的底蕴，其后又经以孔子为代表的先秦儒家学派的继承和发展，对中国几千年的古代社会教育产生了深远的影响。

西周学校制度是典型的官师合一类型，体现着“学在官府”这一基本特征。周代国家机构设官分职，在政治、经济、军事、宗教、文化等方面都有专设机构和专设人员来从事管理。为了管理的需要，制定法纪规章，有文字记录，汇集成专书，由当官者来掌握，这种现象，历史上称之为“学术官守”，并由此而造成“学在官府”。例如太史掌有关礼的典籍，而礼又是当时最重要的教育科目之一，因此太史便是以官兼师的。

由于只有官府有学，民间私家无学术，所以要学习专门知识，只有到官府之中才有可能。只有为官的人掌握学术，以官府为传授学术的基地，教其子弟。只有官学，没有私学。官府完全控制着学校，学必须以官吏为老师，各种各样的学问，都要向官府有关主管的官吏学习。西周的教育制度是政教不分、官师合一的。学校的教师都由官吏兼任，官即是师，师即是官。师者必为官或退仕。身为国之重臣的太师、太保、太傅，同时也是帝王之师。

官学分为国学与乡学。"国学"是专为贵族子弟设立的，"乡学"则是地方学校。国学又分为大学和小学；乡学又分为"庠""序""校""塾"等。西周已有小学和大学两级，并且是由小学升入大学的。西周小学强调的是德行教育，重视以道德来教养贵族子弟。大学四周环水，中间高地上建造学宫，样子像一块被水环绕的玉璧，因此被称为"辟雍"，如同在一个小岛上建起一座学校。在学宫里，周王要举行礼仪大典、祭祀活动、习射乐舞等。大学的组成部分包括东、西、南、北学，东学便是东序，为习舞、学干戈羽籥之所，由乐师主持；西学即瞽宗，为演习礼仪、祭祀先王先贤之地，由礼官主持；至于南学，有的说是成均，为学乐之所，由大司乐主持；北学即上庠，为学书之所，由诏书者主持。太学是中央之学，可能就是"辟雍"或"明堂"。东、西、南、北学以"明堂"为中心合在一起，成为一个大学。

"明堂制度"是体现宗教、宗法、政治、教育紧密结合，意识形态一体化的制度。周人以明堂为核心，形成了一套宗教、宗法、政治、教育合一的社会体制。明堂也是国家的政治中枢，是天子朝会诸侯的地方，明堂中央大殿是周人祭天、祭祖的宗教场所。教育是明堂的一项重要职能。天子将未成年的贵族子弟集中于此，通过明堂中进行的宗教祭祀活动，教育子弟们宗教知识和宗教伦理；通过明堂中进行的政治活动，教育子弟们掌握政权，驾驭臣下的谋略；通过耕种"籍田"使他们了解生产知识，知稼穑之艰难；通过狩猎学会骑马打仗、练武用兵。

西周时期的知识传授，是以诗书礼乐之类的人文知识为主，诗书礼乐等人文方面的知识在知识系统中占据了主导地位。国学教育的内

容包括德、行、艺、仪四个方面，而以礼、乐、射、御、书、数“六艺”为基本内容。礼教是有关政治、宗法、人伦道德规范礼仪等方面的知识教育；乐教主要是学习有关宗教祭祀乐舞的知识，包括音乐、舞蹈、诗歌，等等；射、御是培养武士的教育；“书”指书写文字；“数”指计算、算法。书、数是基础文化课，是有关读写算的知识教育。在大学以诗、书、礼、乐为重点，小学以书、数为重点。而射、御的学习，除了传授和培养有关的知识、技能外，还着重与礼、乐之教相配合。在礼、乐、射、御、书、数这“六艺”中，西周最重礼乐教育，礼乐之教，是最高境界的道德学问，是学为人君、治理天下所必备的修养。从西周教育的内容“六艺”来看，当时的政治、伦理思想、数术技艺，以及文学乐舞等艺术形式，也都有了初步发展。

到了西周的时候，中华文化的传承已经是有序和完整的了。这个时代建立的教育体制和制度，包括教育内容的设计，已经包含了这个时代文化创造的主要方面，并且通过对社会成员持续的教育的形式，有了有序的传承。

教育是文化传承的主要载体和形式。在西周时期创建的教育体制和制度以及对教育内容的设计，基本上奠定了中国古代社会教育的基础。官学的教育体制，包括国学和乡学的等级制度，以“六艺”为主的教育内容，以及百工技艺的专门教育，在以后几千年的古代社会里，基本上都继承下来了，只不过内容更为丰富，制度更为完善，接受教育的人群也更为扩大了。

六、“三代”的文化遗产

从新石器时代到“三代”，是一个重大的转折。从社会形态上来说，是从原始的氏族公社制度向私有制的国家形态的转变，也是从蒙昧时代向文明时代的转变。经过这个转变，社会开始走向文化的精致和定型。世界各民族的历史，大体都经历了一个由原始氏族文化向文明社会演变的进程。在这一进程中，人类的知识与智慧在不断地增长，并且同自我创造的文明成就的增长保持着大致的同步关系。从石器文化向青铜文化的升华，意味着人类智慧的一次新的质变。

这种转变首先是经济发展水平所决定的，是由于社会生产力的提高，而使社会有了一定的剩余产品，可以用来进行文明的建设。从新石器时代到“三代”的转变，是社会生产力水平发展的成果，是社会文明的一次质的转变，是一次大规模的文化飞跃和突破。如果说，新石器时代是文化的黎明，“三代”则是文化的太阳的初升，它的光芒已经照射到中华大地。

我们把夏、商、周“三代”创造的文明称之为原生型文明。就是说，在这个时代，基本确定了中华文化的发展方向和基本形态。或者如许倬云先生所说的，是“创造中华文化的母型”。许倬云指出：“文明的显现，大约与中国第一个国家政体（夏）同时。国家的组织力超迈个别村落之力所能及。夏商两代继踵接武把中心国家的控制范围扩大到包括历史上所谓中原的主要地区。有了国家的组织力，自然资源与人力资源都因而可以凝聚造成巨大的文化潜力。……西周将在夏商的基础上发扬光大，创造中华文化的母型。”[1]

许倬云先生在这里提到国家力量对于文化发展的重要性。国家、文明和城市在起源上是一致的。从新石器时代到夏、商、周“三代”，就是国家开始形成和逐渐成熟的时期，夏、商、周“三代”是我国历史上的早期国家阶段。特别是到了西周时期，对于国家和社会制度进行了比较完备的设计和建设。这不仅便于社会的组织和管理，而且成为发展文化的重要推动力量。在新石器时代，中华文化呈现出多元发生和聚合的趋势。到了西周时期，这种汇聚、融合和逐渐一体化的趋势进一步加强。而国家及其制度化的力量，对于促进文化的多元聚合

[1] 许倬云：《西周史》（增订本），生活·读书·新知三联书店 1994 年版，第 32 页。

又发挥了重要作用。

以国家的力量推动文化的发展，是中华文化得以持续传承和发展的一个重要因素。西周国家对于实现华夏文化的汇聚和形成起到了重要作用，不仅如此，以后的各个朝代都对传承和发展民族文化有比较明确的自觉意识，并且在制度上提供强有力的保证。各个朝代都为民族文化的保存、传承和发展做了大量具体的工作。实际上，有了国家政权的支持和制度安排，使得中华文化比如孔子的儒学思想，成为中国历史上的主流文化，为历代国家政权提供了思想和文化的基础。

西周时期的制度建设对于中华文化的发展影响是极为深远的。在一定意义上可以说，新石器时代对于中华文化的贡献，主要是在物质文明方面，是农业的生产方式确定了中华文化的发展方向。而“三代”，特别是西周时期，主要的贡献在制度文明建设方面。西周的制度建设成为以后几千年中国封建社会制度文化的出发点和基础。因此，西周被公认为中国古代政治传统的源头。比如，在春秋时期，当颜渊提出有关治理邦国的问题时，孔子便明确地解答：“行夏之时，乘殷之辂，服周之冕，乐则韶舞，放郑声，远佞人。”（《论语·卫灵公》）把“三代”作为国家建设管理的理想模式。

在国家制度的建设方面，最重要的是周公“制礼作乐”。周公的“制礼作乐”，对于中华文化贡献是巨大的，基本上规定了中华文化的道德主义传统和社会文化规范。

总之，“三代”为中华文化的形成、为中国未来的文化发展，奠定了基础。考古学家张光直先生指出：“夏商周三代明显是中国古代文化史上的关键阶段：这个阶段开始了文字记载，最终联合成的政体就是我们了解到那时最初形成的中国，贯穿于中国历史许多风俗习惯的基础也是在这个时期定下来的。”[1]

在夏、商、周“三代”，还有两件事情需要特别提出，就是文字

[1] 张光直：《商代文明》，北京工艺美术出版社 1999 年版，第 324—325 页。

的创制和学校制度的形成。文字的创制和定型，彻底克服了信息传递中时间和空间的限制，解决了人们文化发明的长时记忆和保存、传播问题，为文化的传承提供了最好的载体。从此以后，人类就进入了“文字记载的历史”时期。此后，几千年中，中国的文献浩如烟海，都是中华文化代代相传的主要形式。而学校制度的形成，则为有意识的、自觉的文化传承提供了制度性的保证。文字和学校，正是“三代”为中华文化的传承发展留下的最为重要的遗产、最为重要的贡献。

第三讲

春秋：雅致的时代

一、“轴心时代”与文化突破

西周之后的东周即春秋战国时期，中国处于社会大变动、文化大发展的时期。这一时期的世界文化格局也有了新变化。德国哲学家雅斯贝尔斯（Karl Theodor Jaspers，1883—1969）提出了“轴心时代”（Axial Age）的概念，用以指称以公元前500年为中心的从公元前800—前200年这一历史时期。雅斯贝尔斯认为，这个时代产生了所有我们今天依然在思考的基本范畴，创造了人们今天仍然信仰的世界性宗教。也就是说，这个时代构造了全人类文明的文化基线，成为直到今天的几千年世界文化发展的现实起点和基础。

雅斯贝尔斯所指的“轴心时代”，大体而言，当为中国历史上的春秋战国时期。在这个充满变革的时代，中华文化以自我更新的力量，在商周时代文化发展的基础上，通过对商周文化的反省与总结，发展出独特的中国智慧。

春秋战国时期，也就是东周时期，从公元前770年西周灭亡周平王东迁，到公元前221年秦王政灭亡六国统一中国，历时550年。其中又分为两大时期，前期因鲁史《春秋》记载而得名“春秋”；后期因列国征战而称“战国”。

西周社会后期，开始出现了许多变化。王室日渐衰落，而一部分诸侯士大夫的势力则开始膨胀，社会矛盾也在逐步加剧，周天子的天下共主地位受到严重挑战。社会各个方面的矛盾层出不穷，西周前期许多行之有效的制度遭到破坏。王室统治式微，王室与诸侯的矛盾加剧，“诸侯不朝”的记载不绝于书。王室内外大大小小的贵族已开始分化，其中有人集中了越来越多的财富、土地和奴隶，有些贵族则逐渐失去了其原有财富而破落下去。平王东迁后，周王室的经济政治实力一落千丈，周天子地位和权威急剧衰落，虽然还保留着“天下共

主”的名义，但远不能像以前那样号令天下，“礼乐征伐自天子出”变为“礼乐征伐自诸侯出”，诸侯国内的篡权政变和各国之间的兼并战争不断发生，与此同时边境族群趁机入侵，华夏文明面临空前的危机。

平王东迁后，西部国土为秦国所有。秦吞并了周围的一些戎族部落或国家，成了西方强国。在今山西的晋国，山东的齐国、鲁国，湖北的楚国，北京与河北北部的燕国，以及稍后于长江下游崛起的吴、越等国，都在吞并了周围一些小国之后，强大起来，成了大国。春秋时期，据统计可考的国家有 120 个，其中大国有 15 个。司马迁说：齐、秦、晋、楚在西周时甚微弱，封地或百里或五十里。到春秋时“四海迭兴，更为霸主，文、武所褒大封，皆威而服焉”（《史记・十二诸年表序》）。

于是，在历史上展开了一幕幕大国争霸的激烈场面。春秋 200 多年间的政治，就是各大国争夺霸权的政治。鲁、齐、晋、秦、宋、郑、吴、越是当时的主要诸侯国，先后出现了齐桓公、晋文公、秦穆公、楚庄王以及吴王夫差、越王勾践等霸主，造成“秦晋齐楚代兴”（《国语・郑语》）的局面。春秋时代的列国争霸，从本质上讲，是诸侯争当周王的代替者，争当中心或中央。在这一过渡时期，霸主制度为中国维持了相当程度的秩序，避免了无中心（中央）后的大混乱。争霸的结果，一方面国家形态由西周瓦解后出现的不完整功能、结构，转变为完整的主权国家；另一方面国家形态摆脱了血缘组织的残余，转变为领土国家。这是了解列国争霸的关键或一种思路。

春秋 200 多年，诸侯争霸、大国兼并、大夫专权、战乱频仍，整个社会处于大变动之中，社会阶级阶层关系发生重大改组，政治统治方式进行了重大的“变法”改革。春秋时代的 100 多个国家，经过 200 余年的兼并，小国已被消灭殆尽；到战国初期，只剩下 20 个左右的国家。诸侯兼并战争更为剧烈。

有的学者把这一轴心时代所发生的事件称为“文化的突破”。所谓“文化的突破”，是指人类文化发展上的这样一个阶段，即人们对构成人类处境的宇宙的本质有了一种理性的认识，而这种认识所达到的层次之高，则是从前未曾有过的。与这种认识俱来的是对人类处境的本身及其基本意义有了新的解释。在中国，“文化的突破”孕育于西周时代，其最高峰是先秦诸子的百家争鸣和孔子儒家文化地位的确立。此“文化的突破”的意义在于摆脱了原始初民的图腾、神灵崇拜和神道设教（“子不语怪力乱神”），确立了宗法社会秩序的合法性，提出了理论化、系统化的宇宙观，并且建立了一整套伦理道德的思想体系。从此确立了我们现在称之为中华文化的基本框架和模式，决定了中华文化持续几千年的基调和走向。孔子以及其他诸子既是对西周文化的突破，又是对西周文化的继承。中华文化在这个大变革时代表现出它的创造性和连续性。因此，在春秋时代，中华文化向着哪个方向的突破，取得了哪些突破，这些文化突破对于中华文化的传承和发展具有怎样的重大意义。

所谓春秋时代的“文化突破”，首先在于打破了西周时代国家对社会文化统一的局面，破坏了西周时代的宗法制度和分封制度，由“礼乐征伐自天子出”变为“礼乐征伐自诸侯出”，周王室的权威衰落下去，各诸侯国征伐攻略、争霸兼并，社会文化出现了空前的大变革局面。春秋晚期与战国初期，各诸侯国先后进行了变法改革，都是适应这种大变革的历史要求顺势而动。这个时代的变法改革，这个时代的大变革，包括国家体制、政治制度、社会组织、文化学术等多方面，都呈现出破旧与创新的景象。政治方面，春秋时代还大体维持着封建制度。当时周王室虽已衰微不堪，但诸侯国尚有打着“尊王攘夷”旗号的霸主。各国的内部，政权仍然操在贵族手中。若干诸侯国的大夫阶级，虽有强横，有的甚至与公室对立，但还没有取公室而代之的事发生。到战国便大不同，封建制度渐趋崩溃，王室不再为人所尊重，列国也发生强大氏室对公室的地位篡夺的事。新建的和旧有的国家，相率实行新的军国主义。国君们停止国内的分封，并积极扩

军，以推行中央集权。国君的地位大为提高，但整个贵族阶级的权力却逐渐降低，他们已不能完全掌握政权。相反，平民阶级日渐抬头，至于攀登政治舞台，形成所谓“布衣卿相”之局。

春秋时代对西周文化的突破，并不意味着对西周文化的全盘否定和全面抛弃，而是继承了西周时期许多优秀的文化传统。春秋的文化大势，是“天子失官，学在四夷”，就是说，原来属于周王室的、贵族的各种文化形式从被贵族垄断控制中解放出来，扩散到“四夷”、扩散到民间，这个过程不是旧文化的全盘否定、全盘颠覆，而是扩散、普及，在更广阔的空间发展的过程，是贵族文化平民化的过程。因此，形成了春秋时代特有的文化风貌。钱穆先生说：“春秋 242 年，一方面是一个极混乱紧张的时期；但另一方面，则古代的贵族文化，实到春秋而发展到它的最高点。春秋时代常为后世所想慕与敬重。”[1]“春秋时代，实可说是中国古代贵族文化已发展到一种极优美、极高尚、极细腻雅致的时代。”[2]

雅斯贝尔斯的“轴心时代”这个概念的实质在于强调这个历史时代在人类的全部历史上处于中心和枢纽的地位。对于中华文化的历史来说，春秋战国时代就处于这样一个“中心和枢纽”的地位。在以后的中华文化的历程中，尽管不断有与外来文化的交流和补充，中华文化的本原系统在不断地丰富和发展之中，但中华文化总是以其强大的本原属性凸显自身。这个本原属性正是从文化的发生期而到在春秋战国时代奠定的。春秋战国时代在中华文化发展史上的重要性是无与伦比的，其文化成果在中华文化史和人类文明史上都产生了深远影响。

[1] 钱穆：《国史大纲》上册，商务印书馆 1994 年版，第 68 页。

[2] 钱穆：《国史大纲》上册，商务印书馆 1994 年版，第 71 页。

二、天子失官，学在四夷

西周时期，天子控制着教育大权，也垄断着学术。宗室京畿，是各国贵族子弟游学的地方，集中了大量图籍和人才，不但是全国最高学府的所在地，也是全国文化教育的中心。但自进入春秋以后，周王室的势力大为削弱，国库匮乏，无力支撑庞大的政府机构，不少人因此而丧失官职，只得离开王室分散到各诸侯国去谋生。天子因此失官，周官外流、人才四散、图籍流失，最高学府徒负其名，全国的文化教育中心也转移到别的地方。

天子失官，文化学术随之下移，官学中所传授的知识和技能逐渐向民间传播，从而使很多的人掌握了知识和技艺。冯友兰先生概括当时"天子失官"的情形说："在社会政治瓦解过程之中，各种知识的官方代表散落民间。这些人可能自己就是贵族，或者是以一技之长服侍君王诸侯、获得世袭官职的官吏。……先前的贵族官吏，散落民间后，凭他们的专门知识或技能，开馆招收生徒，以维持生计。这些传授知识、发挥议论的私人教师，就成为'师'。这是'师'与'吏'分离的开始。"[1]

春秋初期，管仲曾建议齐桓公利用民间通晓一些技艺的人，即所谓掌握"五官技"的人，请他们帮助齐国在治政和理财上出谋划策。他说，懂"诗"的人，可请来记录事物；懂"时"的人，可请来记录年月；懂《春秋》的人，可请来记录国事的成败；懂"出行"的人，可请来指导外出道路的选择；懂《易》和懂"卜"的人，可请来预测事物发展的吉凶和成败，给他们土地、衣服和官职。有了这五种有技艺的官，便能及时发现问题和处理问题。如懂"诗"的官，记述人

[1] 冯友兰:《中国哲学简史》，生活·读书·新知三联书店 2009 年版，第 40—42 页。

们的行动以免出现差错。懂“时”的官，提前说明情况，以免错过时机。懂《春秋》的官，远占得失，作为前车之鉴。懂“出行”的官，指点道路，免得弄错方向。懂《易》的官，预测祸福吉凶，以免发生错乱。这说明周代官学中的某些课程内容，已经在春秋初期散传到民间了。

西周时由王室控制和垄断的各种文化形式，在春秋时，被从垄断和控制中解放出来，走进了民间社会，有了更大的发展空间，因而有了更多的传承的方式。这一点认识，对于了解春秋时期的文化变革的性质十分重要。春秋时期的文化，不是对西周文化的颠覆性破坏，而是在新形式下继承、延续和发展。春秋战国之际的知识阶层乃是以王官之学为知识基础，而又有自身的观念突破与知识创造。“先秦学术的兴起和发展，有赖于前诸子时代的思想文化之累积。前诸子时代产生而延续至诸子时代的思想文化，是多元的、多样化的。多元、多样的思想文化并存，诸子得以有丰富的知识、观念与思想资源可以利用。多元文化之间的相互冲撞，又能使诸子在思想观念上保持一种开放的而不是封闭的态度。”[1]

商和西周时期的教育体制是“学在官府”，只有贵族及其子弟有受教育的权利。教育内容也局限在礼制、法度、宗教神学的范围之内，政教不分、官师合一。春秋初期，官学中僵化的学制和陈旧的课程，已不能适应时代的要求，各诸侯国为了富国强兵和在争霸战争中取得胜利，纷纷各自为教，并努力创造办学条件。它们根据自己的政治需要培养出新型人才，对西周教育制度进行了一系列重大变革。诸侯各国扩大了在国人中受教育的范围，并制定了相应的教育政策，使教育内容更适合各国的国情，从而使教育成为强国强民的一个重要手段。

官学逐渐解体，私学取而代之，私学的兴起是中华文化史、教育

[1] 张立文主编，陆玉林著：《中国学术通史・先秦卷》，人民出版社2004年版，第33页。

史上开天辟地的大事件，是中国古代教育史上一次划时代的革命。

私学是相对于官学而言，由私人收徒办学的教学组织形式。私学的兴盛是与士阶层的崛起有密切关系的。许多原先在王公贵族、诸侯大夫门下从事各种文化活动的士，由于战乱流离、政权更迭、政局变更，不得不流落民间。他们掌握了专门的文化知识，将学术授受由官府转向私门，而平民百姓则可因他们的智慧而“朝为布衣，夕为卿相”。他们在民间聚众讲学，收徒授业，招收社会各阶层各类学生，对学术的民间推行极为有利，并在后来出现了布衣士人。

士阶层的兴起和扩大，为私学的产生提供了必要的师资条件，私学的兴起，又为士阶层提供了源源不断的后继人才。私学摧毁了贵族阶级对教育的垄断，使文化知识逐渐向广大平民普及，这对春秋战国时期士阶层的崛起具有十分重要的意义。

春秋中期已经有了私学，孔子是私学的集大成者。孔子是大量而有系统地传播贵族学术到民间来的第一人，他把贵族宗庙里的知识变换成人类社会共有共享的学术事业。孔子大约在 30 岁时开始讲学，“以《诗》《书》《礼》《乐》教弟子”，创办了儒家学派的第一所私学，颜渊、曾点、季路等是他最早的学生。孔子平时在曲阜城北的学舍讲学，出外游历时，弟子们也紧紧相随。孔子在社会上渐渐有了名声，弟子也就越来越多，孔子私学成了规模很大的教学团体。在春秋末期，孔子私学的规模最大，存在了 40 多年，弟子 3000 人，“身通六艺者七十二人”。《史记·儒林列传》称其弟子“七十子之徒，散游诸侯，大者为师傅卿相，小者为教士大夫”。

孔子教育不分贵贱等级，“有教无类”，广泛收纳来自各个阶级和阶层的人作为教育对象，不计较门第出身，也不看重贫富贵贱，只要有受教育价值者，概收不拒。这种教育态度，不但是后来学术平民化的开端，也是后来“布衣卿相”局面的根源。

孔子私学的教育目的是培养“贤才”，即所谓能够弘道治世、恢复礼治社会秩序的士与君子。为了能够形成这样一个社会阶层，并且

《孔子讲学图》

使这一阶层承担起为政治国的使命，孔子根据西周的“王官之学”和自己的政治主张，编订了《诗》《书》《礼》《乐》《易》《春秋》等著作，作为其私学的教材。在孔子看来，每一种教材对培养新的士阶层具有重要的价值和意义。

“因材施教”是孔子的教育方法。他根据弟子中不同程度、不同特点而用不同的方法进行教育。孔子还提出了启发式的教育法。即让学生独立思考，不到反复思考还是想不通的程度，就不去开导；不到反复思考已有了体会、想说又难以说得出来的程度，就不去启发；弟子要是不能“举一反三”，就暂时不答复。

继孔子之后，墨子、孟子、荀子、淳于髡等大批教育家都加入了创办私学的行列，各派私学继出。因为私学不受官府的直接干预，其教育内容由教授者根据自身的学识和意愿自由传授，各派大家以自己对自然和社会问题的独特见解强烈吸引着大批弟子，造就了大批能人志士。

私学作为一种新型的教育体系，基本脱离了国家政府部门而独立出来，当时各国对私学没有什么限制，讲授的内容也不加以干预。如孔子在鲁国讲周礼，推崇礼乐制度；而王骀相传是讲老子道学，同样能够自立门户，各传衣钵。不仅如此，聚徒讲学还可以随师而迁，停停办办，各听自由。学校已完全不受政府控制，教师已成为自由选择的职业。教师在教育过程中，真正居于主导地位。私学的教学内容，随教师本人的学识而定，并根据自己的见解，安排学科。办学者可以尽情地教授自己的学术观点，宣传自己的政治主张，这样就很容易形成特色鲜明的学术派别。春秋战国时期的很多学派都是由私人办学而形成的。没有私学的兴起，也就不会有许许多多标新立异的学术派别和学术团体，没有这些各具特色的学术团体和学术派别，也就不能出现百家争鸣的文化景观。

私学在很大程度上打破了政教合一的传统，完成了学校教育独立化的历史进程，标志着中国古代出现了完整意义上的学校教育类型。民间逐渐兴起的私人教育，标志着独立知识阶层的兴起，也恰恰塑造了学术盛况，催生了自由争鸣的诸子百家的兴起。

三、新文化力量的崛起

春秋战国时期的文化繁荣发展与“士”的崛起有很大关系。

“士”是中国古代广泛使用的概念，具有多种含义。在西周时期，“士”是指在宗法制度下贵族阶级中最低的一个社会阶层，主要由分封而来。士依附于卿大夫，享有受教育的权利，掌握礼、乐、射、御、书、数等文化知识，也能受封得到土地，有一定职务，地位比较稳固，平时做卿大夫的家臣，战时任下级军官。他们文武兼备，为后世士人文化的继承和发展奠定了基础。

到春秋时代后期，随着社会各个领域的深刻变革，宗法制动摇，

山东曲阜洙泗书院旧址，为孔子授徒处

私学兴起，士人的成分、地位和作用发生了很大变化。传统士人逐渐分裂，新兴的士阶层开始崛起。庶民中的优秀者上升为士的机会增多，除了原先的士之外，出现了一批新士，他们不受宗法支配，与其主人形成了一种新的君臣之间的隶属关系。另外，社会的动乱同样改变了大批王公贵族的命运，大批文化职官流落四方，沦落到士的行列。这样，士不再是“有职之人”或“有爵之称”，而是一个独立的社会阶层，并为“四民”（即士、农、工、商）之首。

春秋之士文武双修，到了春秋后期，文武开始分离，文士谓之“儒”，武士谓之“侠”。从士阶层的队伍里分化出一批专门从文的文士，从而汇聚成中国第一个真正的、成熟的知识阶层，就是后来在2000多年中一直作为学术文化的创造者和传承者的士阶层。战国时期的士主要从事各种文化、精神活动，故称之为“文士”。士的射、御教育已退居次要地位，而诗、书则成为与礼、乐并重的教学科目。随着社会的发展与变化，文士成为士阶层的主要组成部分。后来对于学习文化知识和掌握某种技能的人无论有无公职或职位高低，都称作士。范围极其广泛的士，也逐渐成了对知识分子的统称。

随着这一时期士的开放性和流动性的增强，形成一个数量庞大的阶层，士人的社会地位也发生了改变，变为士大夫阶层，从而形成了中国历史上第一批封建官僚集团，成为统治者依赖的社会政治力量。

士阶层的崛起是春秋战国时代最引人注目的情势，士的崛起又为学术的繁荣与自由奠定了客观基础。在当时社会生活的各个领域，士作为一个新崛起的独立阶层，发挥了特别重大的作用。从春秋到战国，他们驰骋于群雄纷争的历史舞台，在政治、经济、军事、外交、科学、艺术等领域都充分展示了他们的才能。在那个激荡的时代，有的士与君主坐而论道，有的士则游走四方，以自由身份讲学，这也使劳动者中的一部分人接受文化教育，加入士的行列。在当时社会生活的各个领域，他们发挥了特别重大的作用。春秋战国时期由于私人著述的发展，士人成了文化创造、传承的主角，这对后世文化的繁荣，起到巨大的推动作用。

从春秋到战国，士阶层演变的过程也就是从默默无闻到迅速崛起的过程。数十万知识分子异军突起，他们在剧烈动荡的社会里风云际会、虎跃龙腾，成为当时社会上一支举世瞩目的生力军。士阶层的才情和智慧不仅使那些依靠世袭而占据高位的达官显贵相形见绌，就连那些“千乘之君”“万乘之主”在他们面前也显得黯然失色。

这些在社会动荡中成长起来的士们，在积极参与社会政治变革、从事文化创造的同时，也形成了博大胸襟与开放心态、强烈的政治参与意识、以先知觉后知的社会责任感、道德自律严格等新的群体品格，成为后世中国知识分子的精神传统。

春秋战国时代的文化突破和繁荣发展，是与士阶层的崛起密切相关的。士的崛起和发展是文化突破的重要标志，同时也正是因为他们在思想文化领域的重大作为，才使得这一时代的文化实现了精神文化领域的重大飞跃，这也是所谓文化突破的本质意义。

四、书写历史的传统

我国古代史料丰富，是中华民族文化具有强大凝聚力和生命力的一个重要因素。中国几千年的文化和历史，世代传承、道统不绝，其根本原因在于中华文化生生不息的创造精神和强大生命力，而“二十四史”则把中国古代的世代兴衰记于文字，为中华文化的延绵传承创造了重要的载体。

其实，在很久以前，大约是在商代的时候，就已经有了历史的书写。商代已有史官，甲骨文中有大史、小史、西史、东史等称谓。其职责之一是“作册”，武丁时期的卜辞中便有提及，晚期卜辞中有“作册受商王之命赏赐小臣缶”的事情。《尚书·多士》说：“唯殷先人，有册有典。”甲骨文中也常提到典册，这些典册当是出自作册官员之手。作册是一种奉行王命制定典册的重要官员，西周以后也称作“作册内史”或简称“史”。

周代太史寮主管宗教祭祀、册命文书、辅保教育诸事，西周初年由召公奭执掌。太史寮属下的大史是史官之长，其地位和职责十分重要。它主要掌管王国文书的起草、册命诸侯卿大夫、编著史册、管理天文历法、宗教祭祀、图书典籍等事业。其下属官员有史、内史尹、内史、作册内史、右史、衙史、中史、省史、书史、作册尹、作册等。他们是分别执掌完成大史各项职责的不同级别的执行官员。据《周礼·春官》记载，他们掌管图书、记载、命令、法式之事。因为周代“学在官府”，而史官是官府里掌管文化知识的人。

商周之时史官的职权范围相当大，不仅记录天子的言论与行动，而且还主管教育与宗教仪式。《周礼》卷二《春官》明确记载，大史掌管“建邦六典”，即治典、教典、礼典、政典、刑典、事典。其中掌管“教典”的职能是“以教邦国，以教官府，以扰（驯）万民”。

教育也是由史官来负责进行的。

这样，在周代，史官原是当时天子和诸侯的秘书性质。所有政治上的重要文件，都是由史官起草、书写和管理的。有关农业生产的时令和历法，也是由史官制定和掌管的。按年按月的国家大事，又是由史官记录的。史官也还要参与宗教仪式性质的典礼。因此，史官不但是当时的历史学家，而且是天文学家和宗教家。

国君言行有专门史官记载，这是我国的传统。史官在国君的身边，记录国君言行，即“君举必书”的制度。这对国君行为也起一定的监督作用。

我国古代史官具有追求真实的优良史德，如晋国赵穿杀了国君灵公，当时为中军元帅执晋国政的赵盾，听到赵穿发难就往国外逃，还没有走出国境，晋灵公就被杀死，赵盾于是回到国都。这件事，晋国史官却记下“赵盾弑其君”。赵盾说：你记得不对。史官说：你是正卿，逃亡没有出国境，回来后又不讨伐杀死国君的凶手，杀死国君的罪责不是你是谁呢？孔子读到这一段史实后说：董狐，是从前的优良史官，记事不隐瞒实情。董狐就是记下此事的晋国大史。董狐不畏权势，记下历史真实，所以后世称为“董狐直笔”。

为记下真实史事，有时史官要遭杀身之祸。齐国的权臣崔杼杀死齐庄公，齐国的大史记载道：“崔杼弑其君。”崔杼害怕留下杀君的恶名，就将大史杀死。大史的两个弟弟接替哥哥的职事，同样记下“崔杼弑其君”的事实，崔杼又把其两个弟弟先后杀掉。大史的第三个弟弟接替前三位兄长的职事，同样一字不改地记下“崔杼弑其君”的字样。崔杼只得让他写下，没有再杀。南史氏听说大史氏兄弟全被杀死，就在竹简上写下“崔杼弑其君”的事实，拿着竹简前往大史官署。走到半道听说已记下来了，才返回。

史官不仅具有优秀的品德，还有很深的文化造诣，方能成为好的史官。楚国有左史倚相，楚灵王称赞他能读《三坟》《五典》《八索》《九丘》等古书。老子曾是东周王室的柱下守藏史，也是一种史官。

史学传统是中华文化的重要特征之一。清代学者章学诚认为，“六经皆史”，古人虽然没有私人的著作，但古人并没有离开具体的事情而空谈道理，因而都具有重要的历史价值。

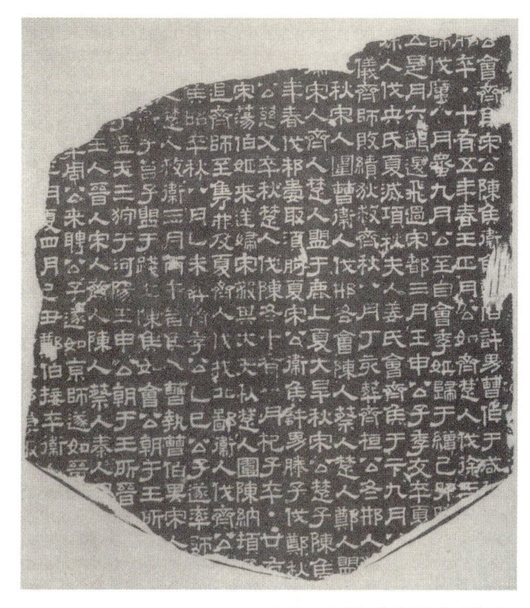
汉代石刻《春秋》残片

《尚书》也称《书经》，或简称《书》，被列为传统儒家经典之一。“尚”即“上”，也就是上代以来之书。《尚书》是中国上古历史文件和部分追述古代事迹著作的汇编。《汉书》说《尚书》取材的时代是“上断于尧，下论于秦”，说其所述历史久远。比如其中的《盘庚》，是商王的文告，可能是商朝的史官写的，这已经是很古老的历史资料了。西汉初所存28篇，即《今文尚书》。另有汉武帝时在孔子住宅壁中发现的《古文尚书》和东晋梅赜所献的伪《古文尚书》2种。现在通行的《十三经注疏》本《尚书》，是《今文尚书》与伪《古文尚书》的合编。司马迁在作周史时，以《尚书》为主要依据，有的全文收入，如《牧誓》《金縢》等篇，有的收其一半。

《春秋》本是各国史书的名称。史官记事，本是编年体性质，一年四季所做之事都书于简牍，但不能全举春、夏、秋、冬四字来作为书名，于是概举“春”“秋”，已包括“夏”和“冬”。孔子说他见过百二十国《春秋》，墨子也曾说“吾见百国春秋”。可见当时修撰国史是普遍情况。但各国的史书都已亡佚不存了，今天所见到、被收入“十三经”中的《春秋》，是鲁国的史记。鲁国的《春秋》，经孔子整理而入于“六经”，即孔子作为教授弟子的“六艺”之一，因而被保存了下来。史书本为当时宗庙里特设的史官之专业，现在由孔子转手传播到社会，成为平民学者的一门自由学问。《春秋》的以事实为根据表达观点的创作方法对后世有着巨大影响。后世文人常把《春秋》的写作风格——行文简要以及暗含褒贬奉为写作的圭臬。所谓“属辞比事，《春秋》教也”（《礼记·经解》）。西汉经生传述孔子的话说：“我欲载之空言，不如见之于行事之深切著明也。”这种“用事实说话”的写作方法，尤为后代史家所遵循。

五、老子与孔子

老子和孔子是春秋时代最著名的学者和思想家。他们几乎是同时代人，但老子要比孔子年长，孔子曾数次拜访老子，求教于他。所以后人有说老子是孔子的老师。

老子姓李氏，名耳，字聃，曾任守藏室史。作为史官的老子，具有丰富的知识，其地位也是相当高的。老子的成就主要体现在《道德经》一书里。《道德经》和《易经》《论语》被认为是对中国人影响最深远的三部思想巨著。

老子思想的主要范畴是“道”。所谓“道”，有世界万物的本源和宇宙运行总规律的意思。老子说，有一个浑然一体的东西，在天地形成之前就已存在，虽听不见其声、看不见其形，但它独立长存而永不衰竭，循环运行而永不停息，是为天地万物之本原，即称之为“道”，“道”是超自然的主宰。老子还提出“道法自然”的著名命题。因为“道”是自然天象和人类社会的运行规律，规律是自然地运行的，自然运行亦即“天为”。他说：“人法地，地法天，天法道，道法自然。”自然无为，便是“德”。“万物莫不尊道而贵德”。所以天上人间都应依循“无为”的法则。如果有人故意地去有所作为，那就违背了“道”与“德”，必致天下大乱。

老子在政治上主张“无为而治”。他说：“治大国若烹小鲜。”即治理国家就好像烹小鱼一样，放在锅里不要多动它，否则小鱼就烂了。他认为统治者“治人事天，莫若啬”，即治理天下，要爱惜自己的精神，不要使用智慧，而要“无为而治”，“不以智治国，国之福”。老子提出了“小国寡民”的理想社会方案。他说：“小国寡民。使有什伯之器而不用，使民重死而不远徙。虽有舟舆，无所乘之；虽有甲兵，无所陈之。使人复结绳而用之。甘其食，美其服，安其居，乐其俗。邻国相望，鸡犬之声相闻，民至老死，不相往来。”

老子像

老子的人生态度与关于“道”的思想是密切相联的。他认为，人生在世，受到无数外在的束缚，如肌体之累、声色之乐、利禄之欲、死亡之惧、仁义礼乐之羁。只有超然于这一切之上，才能领会到人生之真谛——道。

老子所创的道家思想到战国时期大致分为两派，其一翼是齐国稷下学宫的黄老之学，其中宋钘、尹文是主要代表，他们积极活动，为齐国田氏政权进行辩护；另一翼，主要代表就是庄子，他消极避世，潜心著述。庄子继承和发展了老子的思想，在道家的发展史中，居于十分重要的地位。

孔子名丘，字仲尼，是鲁国人。鲁国是周公的封国，在当时的

孔子像

各诸侯国中，鲁国是保存周朝礼仪文化最完整的国家，到春秋时期仍然保存着王室赐予的典籍简册、各种礼器以及史官的设置，各诸侯国都认为鲁长期保存周礼，是“有道之国”，有所谓“周礼尽在鲁”之说。“孔子居文献之邦，故得大成其学。”[1]孔子开私人讲学之风，教授弟子，对当时和后世都有巨大的影响。

周公“制礼作乐”，制定了周朝的基本制度。“礼”是周朝政治社会制度的核心。进入春秋以后，礼崩乐坏，周朝的统治基础遭到极大破坏。孔子对此痛心疾首。他认为当时“礼乐征伐”由诸侯控制，就是“天下无道”的社会。孔子对诸侯大夫、家臣僭越礼制的活动持坚决反对的态度。孔子认为，如果人人遵守贵贱、尊卑、长幼、亲疏有别的社会秩序，家国便可长治久安了。反之，社会秩序违反了礼仪，不合规矩，家国就可能动荡不安。所以，孔子十分重视礼，强调“不学礼，无以立”。君子之所以尊礼，是因为礼太重要了，礼是供给鬼神，区分等级差别，确定婚姻亲疏的

[1] 钱穆:《国史大纲》上册，商务印书馆1994年版，第97页。

根本。“礼达而分定”。礼通过划分人们的尊卑，规范人们的地位。孔子还提出了“正名”的主张。所谓“正名”，就是用周礼的等级名分，把被破坏了的“名”“实”关系匡正过来，即建立所谓“君君、臣臣、父父、子子”的社会秩序，就能“名正言顺”，天下太平了。

孔子思想的核心是关于“仁”的学说。“仁”是人之所以为人的本质属性。这样，人的行为与人生态度都必须遵循“仁”道的原则。而“仁”道的基本内容就是亲亲，就是对人生、对生命的热爱。“亲亲”，就是父慈子孝，兄友弟恭，亲爱自己的亲人。同时，还应由“亲亲”而“仁民”，即将人生相亲相爱的孝悌之情，推及他人、社会，甚至宇宙。由“亲亲”，即由亲子顺亲的血缘情感出发，最终实现人与人的相亲相爱。作为君子时刻要有一颗仁爱之心，要有一颗爱人之心。君子以仁爱之心爱人，以仁爱之心爱人的君子长久地受到被爱对象的爱戴。君子因为学习了仁义之道，所以能够爱人；君子的爱没有差等，不论所爱对象的贫富贵贱，内心中已没有自我和他人的区别。爱与被爱是相互的，是互动的。君子通过仁爱赢得众人的爱戴。

孔子把“仁”看作是人的本性的最高表现，是人的美德的最高概括。他以把自己培养成为仁人君子看作是人生最有价值和意义的事，并认为只有这种修身行仁的人，才能体味人生的乐趣。孔子提倡志士仁人“无求生以害仁，有杀身以成仁”，并把“天下为公”的“大同”世界看作是彻底实现了“仁”的美好社会的最高理想。孔子把政治、经济等社会关系归结为君臣、父子等的伦常关系，以人伦作为人的本质，把人的伦理道德视作解决社会一切问题的关键。因而他提出了以“仁”为首的一系列的道德规范，认为“仁”不仅是处理人与人关系的道德准则，而且是个人修身立命的根本。他还提出了“为仁由己”“笃实躬行”的道德修养方法，论述了“仁者爱人”的道德原则和“忠恕”之道的道德素养，论述了孝、悌、智、勇、恭、惠、信、敏等德目，创立了我国历史上第一个完整的伦理学说。

孔子梦寐以求达到“立德、立功、立言”的人生“三不朽”的境界，提倡学以致用，由此开创了儒学的经世传统。

孔子的思想和论述是中华文化的重要组成部分，对后世也有着巨大而深远的影响。孔子去世后，其弟子及再传弟子把孔子及其弟子的言行语录和思想记录下来，整理编辑成《论语》。《论语》所包含的思想内容极为丰富。除了集中表现孔子的仁政理想之外，还对人的品德修养、生活志趣、人际交往乃至饮食文化作了精辟论述，其中不少成为后世的格言。该书被奉为儒家经典。

第四讲

战国与百家争鸣

一、风云际会的文化变革

与春秋时期相比，战国时期社会文化有了更大的变化。我们通常把春秋战国连起来说，实际上“春秋”和“战国”还是有着相当大的差异的。王夫之曾说，春秋战国之际是“古今一大变革之会”。

到战国中期，“万乘之国七，千乘之国五，敌侔争权，盖为战国”。这里说的“万乘之国七”，是指齐、楚、燕、韩、赵、魏、秦七国，史称“战国七雄”。战国时期的形势，是七个大国并立而互相攻战。这七个大国，如秦、楚、燕是自西周以来就出现的古国，齐国则是名虽旧而实质上却发生了改朝换代的变化，魏、赵、韩三国乃是新生的国家。其余的诸侯国，或早被吞灭，或被削弱而仅能苟存。

春秋时的政治是“争霸”，战国时的政治则是“兼并”。为了争夺霸权和兼并他国或者不被别国兼并，春秋战国时期，各大国都进行了图强的改革运动，以适应新的形势。这是一个带动历史发展进步的改革潮流。这些改革运动，促使各种社会政治力量进行着大分化、大改组，成为各国的重大政治事件。它既使该国富强，又推动了社会制度的前进。如对赋税制度的改革，促进了封建地主经济的成长；用人制度的改革，促进了封建官僚制度的形成；成文法的公布，促进了“明法审令”的封建法律制度的确立；郡县制的设置，奠定了封建中央集权的政治结构。

最初的改革是管仲在齐桓公时期的改革。经过管仲的改革，齐国经济发展，军队强大，社会安定，成为崛起于东方的大国。其他诸侯国也顺应形势的要求，做了一些经济上和政治上的改革。战国前期，各国纷纷改革图强，以完善封建统治政权，达到富国强兵的目的，出现了中国历史上一次大的改革高潮。著名的有李悝在魏文侯时的变法、公仲连在赵国的改革、吴起在楚国的变法、申不害在韩国的改

革、齐威王任用邹忌的改革以及商鞅在秦国的两次变法等。这些改革运动，在各国都取得了一定的成果。在变法较彻底的一些国家，取得的成果十分显著，像魏国，在李悝变法后，成为战国前期最强的一个国家。商鞅在秦国的两次变法，奠定了秦国统一中国的基础。

战国时期的变法改革，对于中国社会文化的变革意义十分重大，所谓春秋战国时代的“文化突破”，首先是在社会制度上的突破。通过各诸侯国的一系列改革，特别是前后100多年的变法运动，剥夺了贵族的特权，实现了土地所有制的变更，废除了世卿世禄制度，彻底打碎了西周的宗法制度和分封制度，建立了以法制为核心的国家治理方式。在各国都建立起君主集权的政治体制，确立了官僚的职官制，将相分职的文武分权制，人事管理方面的实物俸禄制、考核制、监察制，政权建置上的郡县制等各项政治制度。这些制度的建立，就为实现在新的经济基础上的社会文化发展奠定了制度性的基础。待到秦王朝建立，把这一系列政治制度加以充实和完善，而成为秦代的政治社会制度。中国2000多年的封建社会政治社会制度，又是承秦制而来。所以战国时期的各项变法改革，实际影响了我国2000多年的历史。

湖北随县擂鼓墩出土的战国早期编钟

我国2000多年的封建社会中，一些基本的经济政治社会制度，是在战国时期开始形成的。

春秋战国时代诸侯国的崛起和各国的变法改革，使得西周的宗法礼乐制度遭到了严重的破坏。传统宗法制度的破坏，各地豪强的崛起与争霸，促进了文化上的突破与变革，出现了经济、社会文化繁荣发展的局面，成为中华文化史上的一个生机勃勃的阶段。

西周时期的王权是和宗法制度紧密相结合的。进入春秋以后，这种情况发生大变。东迁后的周王朝力量削弱，而诸侯国力量强大起来，诸侯与周天子间大宗、小宗的关系就动摇了。而各诸侯国内，为争夺国君权位的斗争，更是层出不穷。宗法制度的破坏、社会秩序的崩溃、贵族的统治松动，下层国人活跃起来，并逐渐在政治生活中起着举足轻重的作用。国人议论国事，大臣们在朝堂公开讨论国事，在重大紧急关头国君召集国人征询意见等，一股重民、民主的政治空气出现了。由于贵族的支庶繁衍和兼并斗争，一批批旧贵族从历史舞台消失，一部分贵族或贵族子弟破落后加入了农民的队伍，形成“士庶合流”的态势。一批批“筚门圭窦”之人的地位上升，成为新兴的统治阶级。《国语·齐语》中出现“士农工商”的提法，士农工商是当时主要的社会阶层。

令人瞩目的是在思想文化领域，出现了我国历史上第一次思想大解放运动，社会上各个不同阶级和阶层的代表人物，都企图以自己的主张来改革社会，从而呈现了前所未有的百家争鸣的新气象，带来了空前的文化繁荣。

春秋战国持续了几百年，各诸侯国独立发展，形成不同的文化氛围，奠定了中国日后地域文化的基本格局。诸侯国各自为政，在语言文字、风俗习惯、政治方式、经济措施、交通形式等方面，诸多歧异，形成了植根于不同的历史渊源背景和地理环境中的各具特色的文化，中国的区域文化格局正是在春秋战国时代逐渐显现的。在此进展中，诸夏结合之团体亦遂逐次扩大，为中国逐次形成中央大统一郡县

国家之酝酿。而到了秦统一之后，多元的地域文化共同形成了丰富多彩的中华文化整体面貌。春秋战国时代，既是多元化的地域文化形成和发展的时期，也是中华民族统一文化形成的时期。

二、书于竹帛

商代开始出现甲骨文，是最早的比较完整的文字体系。从此，我们所说的历史就进入“有文字记载”的历史。但是，甲骨文以及稍后的金文，我们现在看到的只是一些个别的单词和句子，还不构成完整的文章，许多意义还要靠后来的学者们考释和猜测。西周时的毛公鼎有几百字，就引起学者们的极大关注，因为这是所知的最早的一篇可以称为文章的文字。而对于历史的文化记载，只有形成比较完整的文章，而不是个别的句子，才能够充分体现其文化传承的价值。从甲骨卜辞、铜器铭文到《周易》卦爻辞和《尚书》，反映了古代文章由句而篇、由简而繁的形成过程。

到了战国时代，这样的成篇的文章开始出现了。钱穆先生说：“在殷商时代的中国，早已有四千多字了，直到现在，经过了三千多年的演进，一般社会上仍只要四千多字，或尚不要四千多字，已经够用。所以在战国以前，可说是中国人‘创造文字’的时代。战国以下，则是中国人‘运用文字’的时代了。”[1]

这一时期的书写工具和材料也发生了重大变化，这也是进入“运用文字”阶段的重要原因。甲骨文和金文所需的书写材料是极为贵重和笨重的，而且并不易得，所以限制了人们广泛地使用。前文提到周代“学在官府”，其原因之一，就是这些书写材料和工具掌握在官府手里。战国时代，毛笔和铁器的出现及运用，使书写技术发生一场革

[1] 钱穆:《中国文化史导论》，商务印书馆 1994 年版，第 90 页。

命，使得这个问题得到了根本解决。

战国时代的书法材料急剧增多，竹、木、帛、石、玉等纷纷成为书法的载体，毛笔和墨成为书法的主要工具，从而使书写在形式上发生根本革命，传统的铸造和铭刻的手段从此逐渐被以笔墨为媒介的书写手段所代替，并且沿用至今。《墨子·非命下》说："书之竹帛，镂之金石，琢之盘盂，传遗后世子孙。"这句话说明了当时书写材料和工具的多样性。《墨子·明鬼下篇》又说："又恐后世子孙不能知也，故书之竹帛。""先王之书，圣人一尺之帛，一篇之书。"墨子在这里提到，用"竹帛之书"书写的目的，在于"恐后世子孙不能知也"，所以书之竹帛，"传遗后世子孙"。这就把书写的目的在于文化传承说得很清楚了。就是说，对那个时代的知识分子来说，用"竹帛之书"书写，传承文化和历史，是有很自觉的意识的。

《墨子》所说的"竹帛之书"，主要是指周、燕、宋、齐等国的《春秋》。当时的许多大学者都有较多的藏书，例如，"南游使卫，关中载书甚多。"(《墨子·贵义篇》)"惠施多方，其书五车。"(《庄子·天下篇》)

"简牍"是竹简和木牍的合称，指用竹片和木片制成的书写材料，也指在这种材料上书写的文字，自春秋战国时代开始流行，直到纸被普遍采用后才逐渐废弃。写在竹片上的称为竹简，写在木片上的称为木牍。简牍所用的竹木片一般为长条形，用绳子束在一起称之为"册"或"策"。竹简的制作过程是，先把竹子锯成一段段的竹筒，再破开劈成竹片，打磨光滑，便成了一根根简。字就写在篾青以里的部分，即篾黄，也叫篾白。刚劈成的竹简很湿，无法写字，要用火烤干。烤制的过程称为"汗青"，也叫"汗简""杀青"。后来，人们便用"汗青"特指史册。简有长短之分，战国的竹简，一般长23—27厘米，即当时所谓尺简。《礼记·中庸》中提到鲁哀公向孔子询问怎样管理好国家，孔子回答："文武之政，布于方策。""方"指的木版，"策"指竹片编连的简册，合起来，指典籍。孔子告诉鲁哀公，周文

王、武王治理国家的经验，都写在典籍上。

据文献记载，商代就已经有简牍。《尚书·多士》记载，周公曾对商人说："惟殷先人，有册有典。"可见当时已有书写的典籍，即用索带串编起来的简册。西周就更应有简牍记事的方式了。目前，考古发现的最早简牍都是战国时代的，发现的地点多为南方，大多数是楚简，其次为灭楚后楚故地的秦简。早在汉晋，就有成批发现的春秋战国竹简，一次是西汉武帝时在孔子旧宅中发现的古文经书；一次是在西晋太康元年（281）发现的包括《竹书纪年》等的"汲冢书"。

战国以后，读书写文章的人以及官府的文牍也多起来了，竹简的需要量增多，使制作简牍的工具，便成为必备的日常用具。我国考古发掘的战国墓葬中，多次发现书写用品，而且盛放在"文具箱"内。特别是简牍的制作工具，门类多，也很完整。其中有的锯、锛、刀、

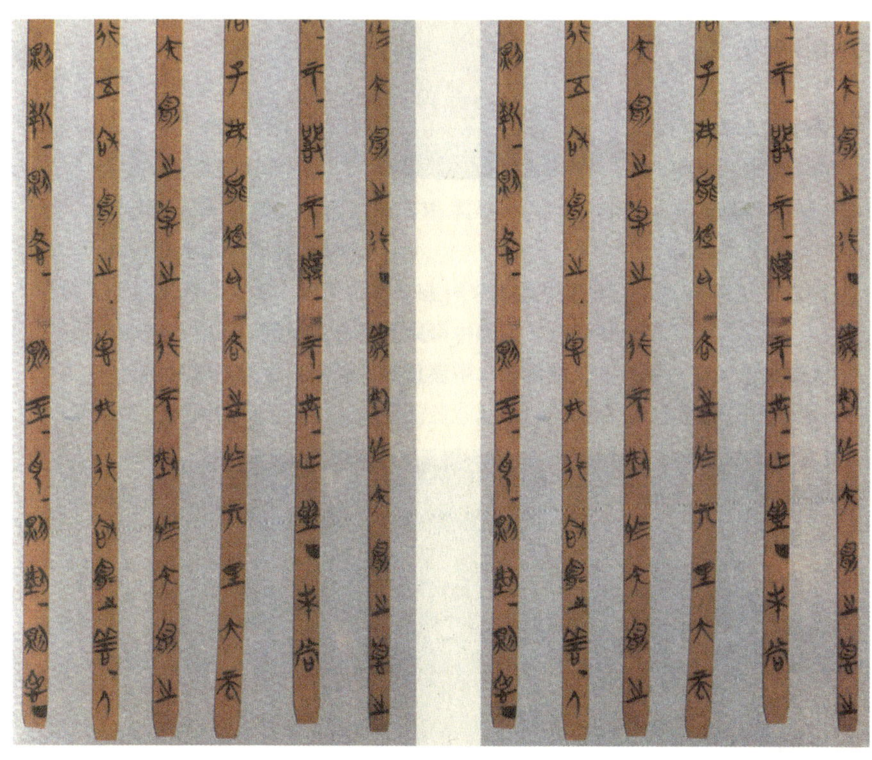

郭店楚墓竹简

锥，装有木柄，便于使用。1957 年，在河南信阳长台关发掘的一号楚墓左室内，随葬一只盛放文具的小木箱，长 35.9 厘米，宽 16.1 厘米，高 14.7 厘米，箱内放了 12 件文具，可分为两类：一类用于制作简牍的，计有铜锯（截断竹片）、铜锛（劈开竹筒，铲平竹片）、铜刻刀和铜夹刻刀（剔除茸毛，刮光简面，并在简边刻出固定简册编绳的缺口）、铜锥（钻孔编册）；另一类用于书写的，有毛笔、笔管（装笔用）和铜削（刊削笔误）。

春秋战国使用的简牍制作工具，形制小巧，便于携带。直到两汉，其形制都没有多大变化，仅仅是铁制品越来越多。砚，则由石砚（磨成薄薄的石板，又称研石）改进为厚实的台砚，有石制也有砖制、陶制，形状也不限于方形。墨由碎块改进为胶墨。变化较大的是毛笔的制作，经过秦时的改型，到汉代就已定型，一直保持到今天的样子。在春秋战国时期，毛笔开始成为主要的书写工具。大约在新石器时代，就可能出现了毛笔。中国人使用毛笔写字作画的历史已有数千年之久，彩陶上的图画和纹样应当是由毛笔描绘在初坯上的。甲骨文也应该是先用毛笔写出，然后再用利器刻出的。

帛书指书写在帛上的文字。在春秋战国时代，“帛”泛指所有的丝织物。作为书写文字的材料，常常“竹帛”并称，并且帛是其中贵重的一种。至迟汉代古籍上已有“帛书”一词，如《汉书 · 苏武传》载：“言天子射上林中，得雁，足有系帛书。”

盟书是春秋战国时代各诸侯国或卿大夫之间订立盟誓时所记录的盟辞。举行盟誓时要先掘地为坎，再奉置玉币，杀牲，礼仪后将盟书与玉币、牺牲掩埋于坎中。盟书用毛笔书写在玉片或石片上，有的呈朱红色，可能用血写成，少数为墨色。

此外，这一时期还有青铜铭文、石刻文字、古玺文字等铭刻文字。这些文字都有特殊用途。作为文献的书写，使用毛笔，书于简牍和帛书，成为当时的主要形式。正是因为有了这种全新的书写工具和书写材料，人们不再受到甲骨和铭文的限制，开始从句子向成篇的文

章过渡，出现了许多杰出的文献，出现了记载古代诗歌的总集《诗经》和屈原等创作的《楚辞》，出现了第一波散文创作的高潮。对于历史的记载，也进入到完整的书写阶段。在那个时代，国有大事，互相赴告；会盟朝聘，史不绝书；褒善贬恶，直笔不隐。各种治世之策应运而生，或儒或墨，或法或老，任其选用治国。郑振铎在《插图本中国文学史》中说：上古文学，在诗歌一方面，不过有《诗经》与《楚辞》的两个总集，伟大的作家也只有几个人。但在散文一方面，作家却风起泉涌，极一时之盛。

散文是在文字出现以后形成的最适于实用的文学形式。而春秋战国时期书写材料的革命，才形成了散文蓬勃发展的黄金时代。

三、战国时代的史学典籍

我国历代的历史著作大都注意史实，尽量利用具体的历史事件来表达自己的观点，而不是仅以某些事件作为例证来发挥自己的见解，很少有空洞说教之作，因而史料价值很高。不过，"史书的记载，特别是《春秋》的记载，是为了从中吸取统治经验和教训的，因此史官在记载历史时，无论内容和措辞，都必须着重于'劝诫'，于是有所谓'《春秋》笔法'。所谓'《春秋》之称，微而显，志而晦，婉而成章，尽而不污，惩恶而劝善'(《左传》成公十四年)。为了达到'劝诫'的目的，除了讲究措辞外，还要称引当时贵族中知名人士的评论，也还要用'君子曰'来加以评论。现存的春秋史书《左传》和《国语》，都有'君子曰'的评论。此后历代史学家，往往沿用这一体例来评论历史事件和历史人物。"[1]

《左传》是以《春秋》为纲记叙历史，是一部以纪年为线索的编

[1] 杨宽:《战国史》，上海人民出版社 2003 年版，第 663 页。

年体史书。西汉人称它为《左氏春秋》，东汉人认为它是为了传（阐释）《春秋》而写的，故改称为《春秋左氏传》，后世简称为《左传》。《左传》为战国初年的作品，它博采了当时的其他史籍和文化典籍及口头史料，规模庞大、内容丰富。它叙事完整详密，其中有曲折的情节，有生动的场面，特别是对一些著名战役，写得波澜起伏、有声有色，对许多人物写得性格鲜明、形象生动。

与《左传》并存的还有公羊高所作的《公羊传》，穀梁赤所作的《穀梁传》，并称为“春秋三传”。“春秋三传”之中，《公羊传》《穀梁传》以解释《春秋》的“微言大义”为主，多有穿凿附会之谈，不如《左传》附之以史实更客观准确。

《左传》是中国古代第一部最翔实最生动的历史，是包括将近300年内几十个大国错综复杂的一部大史书。我们可以直接了解那个时代的文化真相，全靠这部书。《左传》成书后，在战国时代就有流传。汉代以后，《左传》流传日广，司马迁的《史记》不少取材于《左传》。河间献王刘德爱好搜集传播古代文化，还立了《左氏春秋》博士，专门讲授《左传》。

《国语》是一部记录的史籍，整理于战国时期，全书共21卷，分别记载西周末年至战国初期（约公元前967—前543）周、鲁、齐、晋、郑、楚、吴、越八国的历史事迹，是最早的一部国别史。人类历史最初以口语传诵为主，而以结绳刻木帮助记忆。所谓“史不失书，矇不失诵”，讲的就是古代传诵历史的方法。春秋时代有一种瞎眼的贵族知识分子，博闻强记，熟悉历史故事，又能奏乐，善于传诵历史或歌唱史诗，称为瞽史，也称瞽矇。他们世代相传，反复传诵，不断加工，积累了丰富的史实内容，发展成生动的文学作品。瞽矇传诵的历史再经后人记录下来，就成为“语”，如“周语”“鲁语”之类。《国语》就是记录各国瞽矇传诵的总集。《国语》中许多故事，具体细微，杂有推测想象成分，很可能与瞽矇的传诵增添有关。后来，瞽矇失职，他们还要以说唱方式在民间说唱故事。

《国语》虽然分别记载了八国的史实，但并非八国史实的全貌，而只是其中的部分事件。《国语》以记言为主，主要记载与治乱兴亡有关的言论，常在其中寄寓教训，有些篇章能广泛征引史实，深入展开说理，具有婉而多讽、深切感人的特点。

《战国策》是战国时期谋臣策士的言行汇编，在先秦历史散文中，文学色彩最浓。全书共计33篇，基本上依照《国语》体裁，以记言为主，按国别划分，其时代上接春秋，下至秦并六国。《战国策》对往来于诸侯国之间的策士们的活动，设身处地，作了生动的记载，赞扬他们的奇谋异策。

《战国策》的思想和文风都带有浓厚的纵横家色彩，无论是记言、记事还是写人，都显得恢奇生动、文采飞扬、幽默隽永、姿态横生、辞采富丽，语言清新流丽，描写细腻准确，论辩富有气势。书中还有许多趣味盎然的寓言，如“画蛇添足”“狐假虎威”“鹬蚌相争”“南辕北辙”等，或寓哲理，或寄讽刺，至今为人们喜爱。在人物刻画上，一些篇章刻镂精细，故事结构曲折而完整，人物形象个性鲜明，在艺术技巧上达到了很高的造诣。

《左传》《国语》《战国策》等都是传世的写于战国时代的史学典籍。这时期的历史著作形成一种长于叙事和略有人物描写的散文风格，成为后世史学与文学的滥觞。司马迁的《史记》不仅大量地采用了《左传》《战国策》的史料，而且汲取了它们的写作技巧和语言风格。《春秋》的褒贬是非以及《左传》直书无隐的精神，一直为司马迁以来的史学家所继承，成为中国史学家撰著的原则。《左传》的作者常常通过“君子”或他人之口来表示自己的观点、对历史事件和人物的评价，这种手法也为后来史家所秉承。《战国策》的纵横家雄辩余风，直接影响到汉初贾谊、晁错等政论作家。

此外，汲县（今河南卫辉市）古墓中的史书，也属于战国时期历史著作。“汲冢书”是指其墓葬里发现的竹简内容的总称，共16种75篇，包括《易经》《穆天子传》《周书》《国语》及各种杂书，计10

余万字。这是我国古代的一批重要文化典籍，也是为数不多的没被秦始皇烧掉的史书。史学界把“汲冢书”的发现与西汉武帝时从孔子旧宅发现的古文《尚书》《论语》等，殷墟发现的甲骨文，敦煌发现的藏经洞，誉为中华文化史上的“四大发现”。

“汲冢书”中最引人注目的是编年体史书13卷，后人称之为《竹书纪年》。这部《竹书纪年》是中国最早的一部纪年体史书，叙述夏、商、周“三代”之事，周幽王被犬戎所杀，西周灭亡，即接以晋国纪年，至战国三家分晋后，则用魏国纪年记事，至“今王十年”而止。所谓“今王”，据年代推算，应为魏襄王。襄王二十年即公元前299年。此书开篇是以君主纪年为纲目，上下记载了89位帝王、1847年的历史。《竹书纪年》所记史事依时代划分为三大部分：一是夏、商、周“三代”之事；二是春秋之事；三是战国之事。战国部分时代最近，所记最为详切。“汲冢书”的发现，为研究春秋战国时期的历史、文学、文化发展，提供了极为丰富有益的材料。

四、光彩夺目的诸子百家

在战国时期，随着社会生活的激烈动荡和变革，士阶层迅速崛起和私学广泛发展，以及各国争霸和变法对人才的迫切需求，创造了学术思想文化大发展的有利条件。于是有“诸子百家”之说。

所谓“诸子”，是指这一时期思想领域内反映各阶级、阶层利益的思想家及著作，也是先秦至汉各种政治学派的总称，属春秋后才产生的私学。“百家”表明当时思想家众多。在这几百年的思想文化舞台上，诸子并起、学派林立，他们从不同的角度摄取当时的文化知识，著书立说、广收门徒、四处游说、互相诘难论辩又互相影响吸收，出现了学术文化“百家争鸣”的空前繁荣的局面，成为中华文化史上光彩夺目、辉煌灿烂的时期，是我国历史上思想文化最为辉煌灿

烂、群星闪烁的时代，在我国思想发展史上占有重要的地位。

战国时期的诸子百家，《庄子》的《天下》篇将诸子分为 6 类，提到姓名的思想家有十五六位。《荀子·非十二子》把 12 位思想家也分为 6 类来评论。《吕氏春秋·不二》论及老聃、孔子、墨子、关尹、列子、陈（田）骈、阳生（即杨朱）、孙膑、王廖、儿良等 10 位思想家。《史记》中分为六家："'天下一致而百虑，同归而殊途。'夫阴阳、儒、墨、名、法、道德，此务为治者也。"《汉书·艺文志》中记载西汉末年刘歆的《七略》，把诸子略分为十家：儒、道、阴阳、法、名、墨、纵横、杂、农、小说。除去小说家不谈，所以称"九流十家"。

诸子百家各呈其说，互相争鸣，呈现出十分活跃的局面。所谓"百家争鸣"，指的是两种社会现象：一种是各个学派独立地阐述自己的学说思想，学派之间相互问难，进行辩论；另一种是游说诸侯。诸子百家主张学以致用，为了救世，必须以其所学去游说诸侯，推出自己的政策主张、治国方略，不可避免与诸侯及其官员发生争鸣。在诸子百家的争鸣中，有儒、墨之争，儒、法之争，儒、道之争，等等。就是在一家之中，内部也有不同派别的争论。如在儒家内部有孟、荀之争；墨家在墨子死后分为三派，彼此攻击对方为"别墨"；在名家，则有惠施、公孙龙观点的对立。

诸子百家中，又以儒、墨、道三家影响为最大。儒、墨、道三家是先秦诸子之学的主流。其中儒、道两家的学说思想代代有传人，2000 多年而延绵不绝，长久作用于中华民族的文化心理，为中华文化的发展奠定了思想基石。

诸子百家都有建树，分别提出和发挥了涉及政治、经济、社会、军事、人生、哲学等多方面的思想，给后代留下了深刻的启示。《淮南子·要略》说："诸子之学皆出于救时之弊。"诸子各家都从自己的立场出发，提出救世的主张，其基本宗旨大都是为国君提供政治方略。诸子建言立说，皆有其现实之指向，而以重建政治、社会、道德与思想之秩序为要务。先秦诸子学术以建立政治、社会、道德与思想秩序为主题，一方面是因为礼乐崩坏之际，秩序重建乃是当务之急；另一方面乃是当时知识阶层自觉承担使命所致。先秦诸子在重建政治、社会、道德与思想的秩序的主题下展开对宇宙自然、社会人生、政治经济等方面的探索。诸子学术的立足点不同，对如何重建以及重建的法则、根据等方面的理解也不同，因而呈现出各家异说、学派林立的局面。

春秋战国的诸子百家，都对中华文化和思想史的发展产生了不同程度的影响。这个时代，恰好也是希腊哲学的黄金时代，苏格拉底、柏拉图、亚里士多德诸人相继而起。而春秋战国时期的孔子、老子、孟子等思想家们，足以与希腊哲学界东西相辉映。恩格斯曾经评论古希腊哲学说，在古希腊哲学中包含着西方各种哲学形式的胚胎和萌芽。对于春秋战国时期的学术文化，也可以作如是说，在那个时代的“百家争鸣”中，孕育了全部中国思想史上各种学说的胚胎和萌芽。春秋战国是博大精深的中国思想传统的智慧之源。

春秋战国时期的“百家争鸣”是中国思想史和文化史上光彩夺目的一章。“百家争鸣”也是中华文化发展历史上一次伟大的精神运动。这是中华文化历史上第一次伟大的精神飞跃，并且在许多领域都取得了重大突破。从大的历史来看，新石器时代最主要的贡献是奠定了中华文化的物质文明基础，建立了以农业为中心的生产方式和生活方式；“三代”特别是西周，建立和完善了宗法社会的制度建设，奠定了几千年中国社会发展的制度基础。而到了春秋战国时代，则实现了精神的飞跃，建立了中华文化传承和发展思维方式和观念形态基础。

“百家争鸣”意味着人类对自身及其处境思考的深入，精神的飞跃也就是开始了“对以往的历史”的“理性的批判和反思”。这正是春秋战国时代思想文化的基本点。余英时先生指出：“先秦诸子的‘哲学突破’是中国思想史的真正起点，支配了以后两千多年的思想格局

山东邹县亚圣庙

及其流变。”[1]冯天瑜先生也说，这个时代为人类的思维提供了纵横驰骋的广阔天地，“这一历史时段因种种条件的聚会，为人类精神的自由发展创造一种千载难逢的‘和而不同’的环境，人类理性十分幸运地在这一时期首次赢得真正的觉醒，激发精神文明的一次伟大的突破。”[2]

而且，特别重要的是，正如冯天瑜先生指出的，在这个时代里，一个民族首次系统而非零碎地、深刻地而非肤浅地、辩证而非刻板地表达出对宇宙、社会、人生的观察与思考，并用典籍的形式将这种思考加以定型。[3]冯天瑜先生将之称为“元典”。他认为所谓中国的“元典”，包括儒家的“五经”《诗经》《易经》《尚书》《春秋》《礼记》，还包括《论语》《老子》《墨子》《庄子》《孟子》《荀子》等诸子文章。这些“元典”产生在公元前6世纪前后，也就是春秋战国时

[1] 余英时:《中国文化史通释》，生活·读书·新知三联书店2011年版，第10页。
[2] 冯天瑜:《中华元典精神》，上海人民出版社1994年版，第103页。
[3] 冯天瑜:《中华元典精神》，上海人民出版社1994年版，第5页。

期。冯天瑜认为，中华元典是中华民族垂范久远的指针和取之不尽的精神源泉。他说："这一时期涌现的文化元典凝结着该民族在以往历史进程中形成的集体经验，并将该民族的族类记忆和原始意象第一次上升到自觉意识和理性高度，从而规定着该民族的价值取向及思维方式；又通过该民族特有的象征符号（民族语言、民族文字及民族修辞体系）将这种民族的集体经验和文化心态物化成文字作品，通过特定的典籍形式使该民族的类型固定下来，并对其未来走向产生至远至深的影响。"[1]

"百家争鸣"局面的出现，中华元典的诞生，有其特殊的历史环境，是中华文化发展到一定的时段必然产生的结果。但在现实的层面上，特别是与当时各诸侯国宽容的学术政策有密切的关系。思想的活跃和学术的繁荣离不开宽松的文化氛围，宽松的氛围是思想和学术繁荣发展所必备的基本条件。各诸侯国对士往往都采取宽容的政策，允许学术自由。无论在战国早期魏国的"西河之学"，或是战国中期齐国的稷下学宫，还是战国晚期吕不韦以三千门客编撰《吕氏春秋》，所实行的学术政策都是宽容的。各国对士都给以十分优厚的待遇，而其中以齐国威王、宣王时期的稷下学宫尤为突出。田齐政权虽然倡导黄老之学，但对各家各派的学者并不排挤打击，而是兼容并包，都受到礼遇。学者们可以自由讲学、著书立说和随意议论政事。比如，儒家大师孟子与齐威王、宣王的政见是不同的，但在稷下学宫却受到重视，爵禄都是相当高的。齐宣王多次向孟子问政，甚至像齐伐燕这样的重大决策，也向孟子征求意见。后来终于因为彼此政见不合，孟子离开齐国。但齐宣王还尽量挽留他，打算给孟子建造一座房屋。

由于春秋战国诸侯对士的宽容政策，允许其"合者留，不合则去"。士可以"择木而栖"，从而促进了各国的人才流动。比如，商鞅在魏没有得到重用，听说秦孝公"下令国中求贤者"，于是西入秦，

[1] 冯天瑜：《中华元典精神》，上海人民出版社 1994 年版，第 5 页。

求见秦孝公，终于委以重任。又如，邹衍本是齐国人，在稷下学宫位于上大夫之列，他不满齐湣王的暴政，而到了燕，成为燕昭王之师。在齐襄王时，邹衍又回到稷下学宫，并在齐王建时作为齐国使者出使赵国，而从未受到非议。再如，吴起一生中曾在鲁、魏、楚等国为官，每当遭到诬陷，便另投明主，如此等等。

宽松的社会环境、统治者的文化宽容政策和礼贤下士的态度，为士著书立说、发表个人的意见创造了良好的条件，从而大大促进了战国时期的思想解放。社会的各阶级、阶层的思想家，都能够自由地著书立说和四处奔走宣传自己的思想和主张，并不会受到统治阶级思想的排挤和束缚。正是在这种思想相对自由、学术空气比较松动的条件下，人们才有可能进行独立的、富于创造性的精神劳作，洋溢着原创性活力的诸元典得此时代雨露的滋润方能应运而生。后世学者都以极为羡慕的心情说到“百家争鸣”的那个时代，羡慕那个时代的思想自由和学术自由，把那个时代称之为中国学术史上的“黄金时代”。

“百家争鸣”意味着思想的交锋与激荡，也意味着空前的文化交流。诸子百家，各持己说，相互驳难。在“百家争鸣”的过程中，党同伐异在所难免，但更多的是相互吸收、借鉴，形成你中有我、我中有你的局面。荀子虽以儒学为宗，但也吸纳法家思想，批判诸子各派，礼法兼治，王霸并用，成为古代思想的综合者。韩非师承荀子，改造老子学说，统合法家各派，而集其大成。伴随着天下一统的脚步，思想观念的核心也在逐步确立，中华文化的总体整合趋于完成。

五、春秋战国时代的文化遗产

我们把春秋战国时代称为轴心时代，按照前面所引雅斯贝尔斯的论述，所谓轴心时代，就意味着文化的突破。那么，通过上面的论述，我们可以知道的是，在春秋战国时代，中华文化向着哪个方向突破，取得了哪些突破，这些文化突破对于中华文化的传承和发展具有怎样的重大意义。

所谓春秋战国时代的“文化突破”，首先在于打破了西周时代国家对社会文化统一的局面，破坏了西周时代的宗法制度和分封制度，由“礼乐征伐自天子出”变为“礼乐征伐自诸侯出”，周王室的权威衰落下去，各诸侯国征伐攻略、争霸兼并，社会文化出现了空前的大变革局面。春秋晚期与战国初期，各诸侯国先后进行了变法改革，都是适应这种大变革的历史要求顺势而动。这个时代的变法改革，包括国家体制、政治制度、社会组织、文化学术等多方面，都呈现出破旧与创新的景象。

春秋战国时期对西周文化的突破，并不意味着对西周文化的全盘否定和全面抛弃，而是继承了西周时期许多优秀的文化传统。春秋的文化大势，是“天子失官，学在四夷”，就是说，原来属于周王室的、贵族的各种文化形式从被贵族垄断控制中解放出来，扩散到“四夷”、扩散到民间，这个过程不是旧文化的全盘否定、全盘颠覆，而是扩散、普及，在更广阔的空间发展的过程，是贵族文化平民化的过程。因此，形成了春秋时代特有的文化风貌。钱穆先生说：“春秋242年，一方面是一个极混乱紧张的时期；但另一方面，则古代的贵族文化，实到春秋而发展到它的最高点。春秋时代常为后世所想慕与敬重。”[1]

春秋战国持续了几百年，各诸侯国独立发展，形成不同的文化氛围，奠定了中国日后地域文化的基本格局。在新石器时代，中华文化就是多元发生的，呈现出群星灿烂的壮观景象。多元文化并存的情况一直延续到夏商时期。到了西周时期，王室掌握主流文化，各邦国自然接受其影响，但往往限于贵族上层，在更广大的社会领域内，土著文化各有其源远流长的传统，加之地域阻隔，并没有被周文化同化，仍具有旺盛的生命力。春秋战国时期，周王室的统治近乎崩溃，诸侯

[1] 钱穆：《国史大纲》上册，商务印书馆1994年版，第68页。

国各自为政，在语言文字、风俗习惯、政治方式、经济措施、交通形式等方面，诸多歧异，形成了植根于不同的历史渊源背景和地理环境上的各具特色的文化。中国的区域文化格局正是在春秋战国时代逐渐显现的。这些区域文化各具特色，独立发展，又互相影响，并且在相互兼并的战争中相互融合。而到了秦统一之后，多元的地域文化共同形成了丰富多彩的中华文化整体面貌。实际上，春秋战国时代，既是多元化的地域文化形成和发展的时期，也是中华民族统一文化形成的时期。

“百家争鸣”是春秋战国时代文化发展中最精彩的一幕，也是中华文化发展历史上一次伟大的精神运动。这是中华文化历史上第一次伟大的精神飞跃，并且在许多领域都取得了重大的突破。“百家争鸣”意味着人类对自身及其处境思考的深入，精神的飞跃也就是开始了“对以往的历史”的“理性的批判和反思”。这正是春秋战国时代思想文化的基本点。

我们反复强调雅斯贝尔斯的“轴心时代”概念，这个概念的实质在于强调这个历史时代在人类的全部历史上处于中心和枢纽的地位。对于中国的文化历史来说，对于中华文化的传承和发展来说，春秋战国时代就处于这样一个“中心和枢纽”的地位。在以后的中华文化的历程中，尽管不断有与外来文化的交流和补充，中华文化的本原系统在不断地丰富和发展之中，但中华文化总是以其强大的本原属性凸显自身。这个本原属性正是从文化的发生期到春秋战国时代奠定的。

第五讲

文化统一与盛世情怀

一、文化统一与民族共同体的形成

公元前221年，战国七雄之一的秦国在嬴政的领导下，经过10年的统一战争，先后灭韩、赵、燕、魏、楚、齐六国，完成了全国统一的大业，结束了自春秋以降几百年诸侯割据称雄的分裂局面，建立起中华民族第一个“海内为郡县，法令由一统”的封建专制主义中央集权国家。其疆域，东至海，西至陇西，南至岭南，北至河套、阴山、辽东，幅员十分辽阔。这广大的地域，是秦以后历朝历代政治版图的雏形。

秦始皇的统一，在中国历史上，在中华文化发展的进程中，都具有极为重要的意义。虽然秦王朝二世而亡，但它开创的中央集权封建制度，却确定了此后2000余年中国封建社会的基本格局，后继的汉王朝则继续巩固和发展了全国统一。秦汉统一王朝的建立，大一统局面的形成，为中国历史的长期统一奠定了基础，为中华文化的繁荣发展创造了有利的条件。

秦汉时代是中华文化史上一个十分重要的时期，也是中国以一个文明发达的国家闻名于世的开始。这一时期的文化意义在于，它开创了一个新的制度文化样式，并由它直接选定了以后几千年的文化价值和精神内核，规定了文化繁衍的明确路径，也为中华文化特有的文化继承品质和民族文化心态的形成奠定了基础。在这个时期，处处体现着文化一统的崭新气象和盛世情怀。

在国家统一的基础上，秦汉王朝为文化的统一采取了一系列有效的措施。秦朝根据新的政治制度的需要，为了尽可能消除长期诸侯割据造成的地区差异，巩固政治上的统一，以战国时期秦国的制度为标准，进行了一系列的政治、军事、经济、交通、思想、文字等文化统一工作，整齐划一了各项制度。《史记·秦始皇本纪》记载：

“（二十六年）一法度衡石丈尺，车同轨，书同文字。”《史记·李斯列传》中说：“明法度，定律令，皆以始皇始，同文书。”

秦朝统一文化的举措，以强化专制君主集权为目的，也有力地增进了秦帝国版图内广阔地域的人们社会生活乃至文化心理的同一性，大大促进了全国各地的文化交往和文化统一，从而为中华文化共同体的形成奠定了坚实的基础，为秦汉时代文化的大发展、大繁荣创造了极为有利的条件。

秦汉大一统的建立，为生产力的发展提供了巨大动力，物质文化进入相当繁荣的阶段，为中华文化的发展开辟了新的局面。秦汉时期形成的这一中华民族统一文化的大格局，一直延续至中国近代，并影响到社会生活的方方面面。

秦汉时期以农耕经济和畜牧经济为主，包括渔业、林业、矿业及其他多种经营结构的经济形态走向成熟，借助交通和商业的发展，各经济区互通互补，共同创造物质繁荣，使物质文明的进步取得了空前的成就。物质文化的丰富和繁荣，既是秦汉时期封建经济长足进步的

秦兵马俑

具体表现，更是当时制度文化全面发展、观念文化绚丽多姿的坚实基础。与此同时，汉王朝的统治者依赖于强大的经济实力，积极开疆拓土，发展中外交通，控制西南、北击匈奴、沟通西域。秦汉王朝是当时世界上唯一的封建大帝国，其辉煌灿烂的文明在世界处于领先地位。

秦汉时代处处洋溢着创造性的生机，体现着盛世文明的闳阔情怀。举世瞩目的万里长城，至今仍是令人叹为观止的伟大世界文化遗产。秦始皇陵的兵马俑，堪称秦代造型艺术的代表作，被誉为世界“第八大奇迹”。秦汉的壁画、帛画线条刚劲有力，色彩浓淡有度，画面立体感很强，生活中的一切内容几乎就是艺术中的一切内容，艺术中的充盈之美也完全是生活中的丰沛之趣。绘画作品所表现的积极昂扬的对世间生活的全面关注和肯定，正是生气勃勃的时代文化的独特风貌。文学艺术绚丽壮观，气象万千。

秦汉时期的科技发展也取得前所未有的业绩，尤其是传统的农业技术、中国医学、天文和算术成就巨大，如出现了大医学家张仲景、华佗，天文家张衡，《周髀算经》《九章算术》《方程》《勾股》等数学巨著都成书于两汉时期。对人类文明有重大影响的我国“四大发明”之一的“造纸术”也产生在秦汉文化盛世。

秦汉时代是中华文化共同体的形成时期。汉族是原来居住在中原而以农业生产为主要经济生活的一些民族、部落融合起来而成的人们共同体，当时对于这些民族、部落并没有总的正式名称。经历夏、商、周三朝，这些部落民族同四周其他各部族长期融合、互相吸收，形成了共同的心理素质，有着共同的精神文化生活和风俗习惯，至春秋中期形成了华夏民族。战国时期，华夏族的共同地域以及政治、经济均有较大的发展，文化的内涵也更加丰富并趋于一致，出现了“四海之内若一家”的局面。到了战国末期，华夏共同体重组的历史使命已经大体完成，由此奠定了中华民族多元一体格局的社会基础，秦汉帝国的建立使以华夏共同体为主体的多元一体的中华民族的形成，可

以说是水到渠成。秦汉皇朝各种有利于统一的措施，以及秦汉时期所宣扬的大一统思想，都为华夏族向汉族转化提供了物质的和政治的条件，而促进其完成。

至汉代，华夏族在新的历史条件下获得了稳定的发展，完成了由华夏族向汉民族的转化。吕思勉先生说："汉族之名，起于刘邦称帝之后。昔时民族国家，混而为一，人因以一朝之号，为我全族之名。自兹以还，虽朝屡改，而族名无改。"[1]"汉族"这个名称自此就固定下来。以后虽然多有朝代更替，但"汉族"这个名称却一直延续下来。"这表明了汉族族称的确定性和稳定性。"[2]

至此，作为中国主体民族的汉族形成了。与此同时，在汉族周围的其他民族也获得了迅速发展。在统一的国家中，汉族和其他民族之间互相联系、互相依存、互相融合，共同造就了秦汉大一统的文明。

二、"独尊儒术"的学术统一政策

"焚书坑儒"是发生在秦始皇时代的一个重大文化事件，对于2000多年的中华文化影响至深。"焚书坑儒"造成的后果极其严重深远：一是使先秦大批文献古籍被付之一炬，给中华文化造成重大损失；二是使春秋末叶以来蓬蓬勃勃发展起来的自由思索的精神，遭受了一次致命打击。

秦始皇实行"焚书坑儒"、禁止"私学"、"以吏为师"的文化政策，加强思想专制，使学术文化遭到严重摧残。汉朝初期的统治者们以秦为鉴，在文化学术思想上采取了开放的方针，使先秦诸子之学有所复苏和流传，一度出现了诸子思想的活跃、综合和总结的趋势。另外，汉初统治者在长期战乱后为了保持稳定的局面，以恢复和发展经

[1] 吕思勉:《先秦史》，上海古籍出版社1983年版，第22页。

[2] 白寿彝总主编:《中国通史》第4卷，上海人民出版社1995年版，第130页。

济，采取“与民休息”的政策，于是，战国中期稷下派道家主张“清静无为”的黄老之学就应运而起，成为汉初统治者的指导思想和当时学术文化领域的主流。

黄老学说作为一种统治思想，以及由此产生出来的一系列政治、经济政策，曾对西汉初期“休养生息”，恢复和发展生产、安定社会秩序起到了重要作用。到惠帝、吕后时期，已由“天下初定”时的“民无盖臧……自天子不能具醇驷，而将相或乘牛车”的凄凉凋敝的局面变为“天下晏然”“衣食滋殖”的兴旺发展的景象。

经过 60 多年的经济恢复和发展，到汉武帝时，国力已相当强大，这就为汉武帝在政治上、军事上的作为提供了雄厚的物质基础。处于西汉王朝的鼎盛时期，原先适应汉初休养生息政策的黄老“无为”思想已不符合新形势的需要。统治者迫切感到有必要建立一种新的思想体系，作为社会的统治思想。元光元年（公元前 134），董仲舒向汉武帝提出三大文教政策，即“罢黜百家，独尊儒术”“兴太学，置明师”“重选举，广取士”，号称“天人三策”。

董仲舒认为，为了适应汉王朝一统天下的政治需要，必须有统一的思想，方可“统纪可一，而法度可明，民知所从矣”。如若“师异道，人异论，百家殊方，指意不同”，就会破坏中央集权的大一统形势。他建议汉武帝尊儒兴学，“立大学以教于国，设庠序以化于邑，渐民以仁，摩民以谊，节民以礼。”用儒家思想统一教育，教化民风。董仲舒认为，思想统一了，才能有统一的法度，人民才能有统一的行为准则，这样才能巩固和维持君主集权制度。用思想大一统来巩固政治上的大一统，是董仲舒独尊儒术，以儒家经学统一整个社会指导思想的现实理由。

董仲舒的建议适应加强专制主义中央集权的需要，因而得到了汉武帝的赞赏。此后，汉武帝大力提倡儒学，使察举贤良文学制度化，为之以官爵，奉之以利禄，询之以议论；设立“五经博士”，同时罢废其他诸子博士；设立太学，以儒家经典教育生员，“以养天下

山东曲阜孔庙大成殿

之士”。这些措施对于树立儒学的独尊地位都具有重要意义。

汉武帝制定“罢黜百家，独尊儒术”的文教政策，是中国历史上和文化史上的划时代历史事件。冯友兰先生指出：“汉武帝和秦始皇都致力于从思想上统一中国，但武帝所采纳董仲舒的建议比秦始皇所采纳李斯的建议要温和得多。秦朝对各种哲学思想流派的方针是一律禁绝，造成思想界的真空。汉武帝则是在百家中扶植儒家，使它成为正统。”[1] 自此，儒家思想一跃上升到学术思想文化的主流地位，成为社会的统治思想，形成了以儒家思想为主导的中华文化。这则基本格局，作为中华民族文化的最大特色，保存了 2000 余年。

这一政策几乎为以后各代统治者所遵奉，而至整个中国封建社会

[1] 冯友兰：《中国哲学简史》，生活·读书·新知三联书店 2009 年版，第 226 页。

的历史，儒家始终道统不绝，占据中国思想文化舞台的中心，为历代王朝提供理论基础，并对我国文化教育事业的发展，对中华民族的民族心理性格形成，产生重大影响。

不过，董仲舒提倡“罢黜百家，独尊儒术”，并不是禁绝各家的著作和思想；儒家的独尊，并非儒学的独存。董仲舒的意思，只是在强调和突出儒家在社会文化的主流地位，将其上升为统治阶级的统治思想。所以，在汉代，并没有取缔诸子之学，黄老、兵、刑、农、医和阴阳等家的学术都有所流传和发展，百端之学，存而不废，续而不绝。西汉末年刘向、刘歆集技群书，“讲六艺传记、诸子、诗赋、数术方技，无所不究。”

前文引述冯友兰先生的看法，认为秦始皇的“焚书坑儒”和汉武帝的“独尊儒术”，目的都是为了实现国家的“大一统”而进行思想上的统一。但是，秦始皇失败了，汉武帝成功了。其原因，最主要的不仅是秦始皇以粗暴严厉的手段，汉武帝采取比较温和的措施，而是孔子的儒家学说，更适合作为中华民族的核心思想。自此以后，则使得儒家思想成为“独尊”的国家意识形态。从汉代董仲舒提出“罢黜百家，独尊儒术”开始，历代王朝几乎都自觉地把儒家学说作为一种官方文化，不断通过对孔子本人及其门徒、传人和后裔加封等形式化的手段来强化儒学的文化地位，把“尊孔读经”作为主要的教育内容来强化儒家思想的传播。

对于确立儒学的文化地位来说，最根本的或最重要的，是儒学的精神蕴含体现了中华文化的内在规定性，集中表达了中国传统社会的文化主题。所以，中华文化的主体或代表，就应当是儒家思想，而不能是其他别的学说。官方的强化作用，儒学对其他思想学说的同化和吸收能力，也都是由儒学自身的这种属性所决定的。

“独尊儒术”文化政策的推行，使儒学成为汉代文化思潮的主流，被儒家奉为经典的“六经”的研究也成为一门专门学问——经学。作为由统治者所“法定”的典籍“六经”，被赋予神圣不可改变

的性质，奉为指导一切的常法。因此，“六经”不仅是官方颁布的教科书，更主要的是已经成为官方意识形态的体现者，即由皇帝钦定的国家与社会的指导思想，控制社会、维系统治的重要工具和行为规范准则。这种国家经典的确立对于汉代及其以后学术思想文化意义重大。

三、教育体制的创新

秦始皇实行文化统一的政策，在教育方面，禁止一切私学。秦代坚持“以法为教”，就是通过朝廷的法令规章颁行与整饬而贯彻落实于当时的社会生活中。秦朝在全国范围内，明确树立法家学说作为社会统治思想的至高无上的地位，用所谓“法”与“律令”作为治理国家、统一思想、钳制臣民的指导思想。李斯还向秦始皇建议：“若有欲学法令，以吏为师。”（《史记·秦始皇本纪》）吏师制度从此成为秦始皇统治时期重要的政治和教育决策。秦代没有学校、学宫之类的教育机构，只有“吏师制度”，只允许向法吏学法。

汉代教育确立了中国封建教育的雏形，特别是汉代教育的宗旨、官学和私学的设施、教育的内容、组织形式和教学方法等，均为后世整个封建时代的教育奠定了坚实的基础。中国封建教育的一些主要特点，如教育为封建政治服务——培养官吏和实行教化，道德教育的支配与主宰地位，以儒家经典为主要教学内容，多种形式的办学途径，学校教育作为整个社会的组成部分，养士与取士相结合，“学而优则仕”的制度化，贵诵记、精读专攻的教学方法等，在汉代教育中都已显见端倪。

汉代提倡“独尊儒术”，专以儒家经术和儒家倡导的伦理道德作为选拔人才的主要标准，从而确立了儒学的独尊地位。董仲舒向汉武帝建议的三大文教政策，建构出一个“教育—选士—尊儒”的利用学校教育来为官方正统的意识形态服务的有效模式。这一教育政策起到了借儒术独尊来保证政治法纪、思想意识的“大一统”的作用。一方面，它使先秦儒家“学而优则仕”的思想有了制度化的保证；另一方面，学校成了儒学传播的专门场所，士人也都变成了儒生。

在西汉时期形成了我国古代官学制度基本格局：分中央官学与地方官学两类；有初等教育（庠、序）、中等教育（学、校）、高等教育（太学）三级；以儒学为主体、官立学校为主干，兼有其他专业教育和职官教育。

汉武帝元朔五年（公元前124），创建太学，标志着我国封建官立大学制度的确立。汉代太学创立了我国古代传统的教学形式和管理方式，即以经师讲学为主、学生互教为辅，注重考试和自学。汉代太学育才与选才相结合的尝试，朝廷任官标准与学校培养目标相一致的做法，以及公费限额与自费推荐相结合的办学形式，都是促进学校教育发展的有益实践。两汉时期尊师重教的风尚和严于择师的管理经验，更为后世所借鉴，形成了我国古代教育的优秀传统。汉代官学制度的确立，为我国封建官学的发展奠定了坚实的基础。

汉代太学实行了养士与选才相结合的办法，与此同时又改革了文官的补官与晋级规定，使之与太学的选才原则一致起来。“文学礼义”“通一艺以上”都被列为补官、晋级的条件，而且优先使用“诵多者”。官吏的文化程度，儒学的修养水平受到高度的重视，造成汉代“公卿大夫士吏彬彬多文学之士”（《汉书·儒林传》）的局面，即从皇帝丞相一直到地方官，都会讲经学。儒学和仕途完全结合起来。

养士育才和职官制度的一致性，是汉代政治思想统一的重要原因，也是贯彻“独尊儒术”文教政策的关键一环。正是因为国家提倡儒学，太学教育又以“五经”博士为教授，而“学而优则仕”。学儒学成为进入官场的主要途径，所以，驱使文人学士都走向了这一条道路。

汉初，统治者尚无暇顾及兴学设教，文化教育事业更依赖私人

教学维持，而汉初在文教事业的恢复和建设中作出重要贡献的许多名儒学者，有不少是秦朝以来隐匿民间的私人讲学大师及其弟子门徒。私学师生成为汉初朝廷中官吏的重要来源之一。文景之世，政清治平，隐贤逸材相继复出。这些人多是长年在民间从事私人教学颇有成绩者，不少人还继续从事私人教学。私人教学不仅有儒家学派，道、法、刑名之学也有私人传授。此时，法家有相当势力，传授法律、刑名之学者为数不少。此外，如田蚡学杂家，主父偃学纵横术，司马季主以卜筮带弟子，算学历律也颇有人私相传授。汉初的私人教学，还保留着战国时期“百家争鸣”的遗绪，又显示出各学派相互吸收、融合的趋势。有的人既学儒学，也学黄老、律令，这是汉初私人教学的重要特点。

汉代私学教育在长期发展中，积累了丰富的经验，对古代教育理

汉画像石《授业图》

论和教育实践作出了重要贡献。在官学制度未建立之前，私学教育承担了几乎全部的教育任务，使中国古代教育从未中断，而且有相当的发展。自秦代焚书、秦末战乱、汉初“无为而治”前后近百年，私学教育从未停顿。古代的文化典籍、科学知识主要通过私学教育得以保存和传播。参与汉代政治、经济、文化建设的人才，也大都是私人教学锻炼和培养出来的。在官学制度建立之后，私学教育成为官学教育的重要补充，继续承担着繁重的教育任务。

四、《史记》与正史的创建

中国士人很早就有重视治史的传统。中华文化的有效传承，与这种治史传统密切相关。在春秋战国时期，当书写成为比较方便的记述形式的时候，人们最初写作的大都是史学著作。《春秋》《左传》《国语》《战国策》等，都是春秋战国时代出现的比较重要的史学著作。

但中国“正史”的创建则始于西汉司马迁所著《史记》。

司马迁生活在汉武帝时代，当时正处在西汉王朝发展的极盛时期。司马迁的父亲司马谈为汉朝太史，是一个渊博的学者，专治天文，熟悉史事，通晓先秦诸子之学，所著《论六家要旨》一文，对先秦各家主要学说作了简要而具有独特眼光的评论。这种家学渊源对司马迁的治学道路有深刻的影响。司马迁年轻时广泛游历于全国各地，考察历史风土人情，这对他后来写作《史记》起了很大作用。元封三年（公元前 108），司马迁接替父亲的职务被任命为太史令。武帝太初元年（公元前 104），司马迁 42 岁时，正式开始了《史记》的撰修。天汉二年（公元前 99），不幸因为友人李陵辩冤而获罪，受宫刑下狱。他忍辱负重，发奋著书。到武帝征和二年（公元前 91），司马迁终于以非凡的才智，完成了《史记》这一历史巨著。

《史记》原名《太史公书》，至东汉末年时始被称为《史记》，相

沿至今。《史记》是一部通史，记事以黄帝开篇，迄于汉武帝太初年间，共3000年左右。全书共130卷，分为“本纪”12篇、“表”10篇、“书”8篇、“世家”30篇、“列传”70篇。“本纪”以左右天下大局的人物为主体，经纬历史大势；“表”以谱牒形式条理史事；“书”以事为类，记典章制度的发展；“世家”“列传”为人物传略。五种体裁各自为用，又相互配合、浑然一体，构成一个完整体系，其中有编年史、世代史、专门史、史表、个人传记，古今历史体裁几乎都备具其中，所以被古典史学奉为正史的固定格局。后世官修史书，均以《史记》为范本。

司马迁在这部恢宏的巨著中，描绘了极其广阔的历史画面，揭示了历史演进过程中的丰富性、复杂性和生动性，在时间上、空间上和人事活动上极大地开阔了人们认识历史的视野，反映了他对历史的深刻理解和整体认识，以及表述这种理解和认识的杰出才能。它不仅是我国古代3000年间政治、经济、文化等各方面历史的总结，也是司马迁意识中通贯古往今来的人类史、世界史。在这个无比宏大的结构

陕西韩城司马迁祠

中，包含着从根本上、整体上探究和把握人类生存方式的意图。如司马迁本人在《报任安书》中所言，他的目标是“究天人之际，通古今之变，成一家之言”。

司马迁完成《史记》后，并没有公之于世。到了汉宣帝时期，司马迁的外孙杨恽开始向外传播《史记》，从此《史记》开始在民间流传，并迅速引起极大的影响，兴起论续补和评论的热潮。据有关专家统计，仅在西汉时期，续补《史记》的就有17家，包括刘向父子、扬雄、班彪等著名学者。汉代以后，《史记》的学术地位不断提高，被尊为正史之首。白寿彝先生称司马迁是“笼罩整个中国封建时代的史学大师”。白寿彝指出:“通观司马迁《史记》一书在中国史学上的贡献，是巨大的。他提出的‘稽其成败兴坏之理’和‘究天人之际，通古今之变，成一家之言’，不只是自己的工作要求，而且是提出了历史工作上的中心问题，并且他作出了空前的成就，为此后的历史学者指出了途径、提供了学习的榜样。此后的历史学者究竟作出什么成绩，司马迁提出来的几个问题和他已达到的成绩就好像是测量器一样可以测量出他们的高低来。”[1]

《史记》之后，又有东汉人班彪、班固和班昭两代人撰著的《汉书》。班彪在东汉初年曾著《史记后传》65篇，以补司马迁《史记》西汉武帝太初年以后的历史。在光武帝建武三十年（54）班彪去世之后，班固重新加工整理，而开始了规模浩大的《汉书》的撰修工作。20余年后，至章帝建初七年（82），除8篇表及《天文志》未能撰成之外，基本上完成了这部历史巨著。班固死后，其妹班昭参考东观皇家藏书，补足八表；又有马续协助修成《天文志》。至此，《汉书》在班固主撰之下，实际上先后经过班彪、班固、班昭、马续4人之手，历三四十年始成完书。

《汉书》是我国第一部宏伟的王朝史，它以西汉王朝兴衰为

[1] 白寿彝:《中古时代·秦汉时期》，中国友谊出版公司2010年版，第29页。

断限，包含了西汉王朝的全部史事，首尾完整，始末清晰，资料丰富。在体裁上，它分纪、表、志、传四个部分，不再另立世家。“纪”“表”叙历史大事和历史进程；“志”述典章制度；“传”写各种人物兼少数民族的历史。计纪12篇、表8篇、志10篇、列传70篇，共100篇，120卷。

《汉书》首创断代史体例，包举西汉一代，后世官修纪传体断代史，多以《汉书》为依据。唐代学者刘知几评论说：“如《汉书》者，究西都之首本，穷刘氏之废兴，包举一代，撰成一书，言皆精练，事甚该密，故学者寻讨，易为其功。自尔迄今，无改斯道。”

总体上来说，班固《汉书》的体例来源于《史记》而又有自己的新创。从中国古代史学发展史上看，正史体例即奠定于两汉时期，《史记》《汉书》均为奠基性著作。司马迁作《史记》处于草创阶段，有很多个性化的东西，虽有体例但不求整齐划一。而到了班固作《汉书》，则在司马迁的基础上加以整理提炼，使其更合理、更规范，形式上更为统一，同时断代史的体例也更符合中国古代改朝换代的实际需要，所以，它对后世正史著述体例的影响比《史记》还要大。

《史记》《汉书》是汉代史学的最高成就，也是中国古代史学上的巍巍双峰。它们的卓越，不仅表现为体材组织的完善，史实记载的翔实，更反映为其史学思想的深刻高明，文化影响的弥久深远。从这两部反映大一统政治局面的历史巨著的问世，中国封建王朝历史撰述的主要形式即“正史”的格局便确立下来，其流泽所布，历久不竭，对后世史学的发展产生了决定性的影响。

五、秦汉人的生活与礼俗文化

按照人类学的观点，中华传统文化可以区分为“大传统”和“小传统”两个部分。所谓“大传统”，指的是知识阶层的规范性文化；

“小传统”指的是在人民群众中流传的非规范性的文化、民俗的文化。在中国传统社会，农民是全国人口中最大的一部分，“小传统”主要是在广大乡村中产生和传承的，它以民间风俗、口头文学、方言俚语等形式存在，是农民的日常生活的文化。“小传统”文化是自发地产生和流传的，它渗透在人们的日常生活中，通过潜移默化的方式世代相传。“大传统”则是历代知识阶层的自觉的文化创造，是被有意识地培养并流传下来的传统，是经过严格的选择或认真的锤炼和改进的传统。就是说，它是有意识、有目的的并经过理性思考而创造的文化，代表着中华传统文化的基本精神，规定着中华传统文化的基本发展方向。“大传统”文化以学派思潮、历史典籍、文物制度、艺术创作等形式存在，并在官方和民间得到认真的保存和传播。

“大传统”和“小传统”是两种不同的文化，它们是互相独立的。但它们又决不是各自封闭的，它们之间有着一种不断相互交流、相互影响的关系。

在中国历史上，大多数知识分子都是来自农村，是在家庭“私塾”教育制度下培养起来的，他们与农民和农村有着千丝万缕的联系，在他们的思考和文化活动中，不可避免地受到“小传统”文化因素的熏陶和影响；“大传统”中许多伟大的思想和优秀作品往往起源于民间，脱胎于“小传统”文化。因而，在中华文化中，始终包含着一种明显的农民的精神气质，始终具有农业文明的性质。另外，“大传统”在形成后又通过种种渠道再回到民间，进入“小传统”文化中，并且在意义上发生种种始料不及的改变。同时，由于中国知识分子历来尊奉“经世治用”“齐家治国”的价值取向，自觉地担当起社会教化和文化传承的职能，往往有意识地把“大传统”的文化，规范成民俗，给民俗文化赋予“大传统”的文化意义，这就使中华文化中“大传统”与“小传统”之间的传通具有自觉的性质，使它们在基本精神和价值取向上趋向一致。这是中华文化的重要特点之一。

中华文化的“大传统”与“小传统”的同构性质，使得它们在

传承中华文化方面都发挥着各自的作用，并且是互相补充、互相影响的。

汉定天下，国力渐强，风俗文化也有不同程度地创造和定型，展现出一副崭新的面貌。在汉代形成或定型的民俗文化中，最有特色的是节日习俗。中华民族的传统节日，大部分萌芽于春秋战国甚至更早的时代，但我国现在民间流行的大部分节日都是在秦汉时期，特别是在汉代定型的。如除夕、元旦、元宵、上巳、清明、端午、中秋、重阳等节，不仅有了固定的日期，其风俗内容也都基本定型。

中国封建社会的礼仪制度也在秦汉时代臻于完备。在中国古代社会，礼既是“立国经常之大法”，又是“揖让周旋之节文”，具有社会政治规范和行为道德规范两方面的内涵。西周时以“礼”治天下，春秋战国社会动荡，被说为“礼崩乐坏”。汉代对“礼”文化进行了系统的总结，使其更加制度化、规范化，使之成为社会各阶层共同遵循的行为规范。汉代的礼制包括“六礼”“七教”“八政”。“六礼”即社会典仪，包括：冠、婚、丧、祭、乡、相见；“七教”即人伦关系，包括父子、兄弟、夫妇、君臣、长幼、朋友、宾客；“八政”即生活制式，包括：饮食、衣服、事为、异别、度、量、数、制。

“礼”几乎包括社会生活的各个方面，社会所有成员的行为都能从这里找到依据和评价标准。这些细致入微的礼制，不仅促进了全社会的“行同伦”，约束社会成员的行为方式，而且具有强烈的道德教化功能，培育了中华民族的整体道德传统和精神风貌。

战国末期齐国人邹衍等倡立五行学说，论著终始五德之运，他认为周朝是火德，替代它的必须是水德。秦统一中国后，认为秦以水德代替周火德，遂采用颛顼历，相应地改变正朔，在历日制度上作了一些改革。汉初仍继续沿用颛顼历。颛顼历和黄帝历、夏历、殷历、周历、鲁历等六历，是我国最古的历法，创立于公元前约 4 世纪。从秦始皇二十六年（公元前 221）到汉武帝元封七年（公元前 104）五月，共 117 年用颛顼历。

中国古代，制定历法和颁布历法是皇权的象征，列为朝廷的要政。《史记·历书》说："王者易姓受命，必甚初始，改正朔，易服色，推本天元，顺承厥意。"历代王朝都在政府机构中设有专门司天的天文机构，称为太史局、司天监、司天局、钦天监等，配备一定数量的具有专门知识的学者进行天文研究和历书编算。历法在中国的功能除了为农业生产和社会生活授时服务外，更要为王朝沟通天意、趋吉避凶。日食、月食和各种异常天象的出现，常被看作是上天出示的警告，所谓"天垂象，示吉凶，圣人则之"。

我国古代的天文历法有较高的水平，历代政府都十分重视历法的颁行和修订，在历史上曾经进行过多次历法的改革。

汉初使用从十月朔日开始的历日制度，随着农业生产的发展，显然和人们习惯通用的春、夏、秋、冬不合。于是大中大夫公孙卿、壶遂、太史令司马迁等建议修改历法。同时汉初以后，人们对于天象观测和天文知识，确有些进步，这为修改历法创造了良好的条件。

武帝元封七年（公元前 104）十一月初一恰好是甲子日，又恰交

东汉墓壁画《百戏图》

冬至节气，是一个难逢的机会。这年五月，汉武帝命公孙卿、壶遂、司马迁等人“议造汉历”，并征募民间天文学家 20 余人参加。他们或作仪器进行实测，或进行推考计算，对所提出的 18 种改历方案，进行了一番辩论、比较和实测检验，最后选定了八十一分律历。把元封七年（公元前 104）改为太初元年，并规定以十二月底为太初元年终，以后每年都从孟春正月开始，到季冬十二月年终。这种历法叫作“太初历”。它是我国最早根据一定规制而颁行的历法，是两汉时期天文学发展的一项重要成就，是对古历的一次重大改革。

太初历的基本常数是，一朔望月为 29.4381 日，所以叫作八十一分法，或八十一分律历。太初历已具备了气朔、闰法、五星、交食周期等内容。它首次提出了以没有中气（雨水、春分、谷雨等十二节气）的月份为闰月的原则，把季节和月份的关系调整得十分合理，这个历法在农历（夏历）中一直沿用到现在。太初历还第一次明确提出了 135 个朔望月中有 23 个食季的食周概念，关于五星会合周期的精度也较前有明显提高，并且依据五星在一个会合周期内动态的认识，建立了一套推算五星位置的历法。这些都为后世历法树立了范例。《太初历》是当时最先进的历法，它不仅是对以往科学技术尤其是历法研究方面所取得的成就的继承与发扬，而且有所创新，是当时社会发展和生产力水平提高的一个重要标志。

六、造纸术的发明与文化传承

造纸术是中国古代的“四大发明”之一。造纸术、印刷术、火药和指南针这四大发明，是中国人的伟大技术发明、伟大的文化创造，它们建万古功业于中华古国，播永久芳馨于人类文苑，其光芒直贯史册，其功勋永世不灭。

人类文化的创造和发展得益于积累、传播和交流。没有积累、传播和交流，也就无所谓文化和文明的进化、发展和进步，也就无所谓文化和文明本身。在各民族文化的发展史上，文字的出现是具有重大历史意义的事件。从此，文字记载就成了文化积累和传承、传播经验和知识的主要媒体。

文字总是要写刻在一定的材料上。文化积累和传承，首先就是保存这些记录文字的书写材料。在纸未发明以前，人们使用过各种各样的书写材料。我国古代曾先后使用过龟甲、兽骨、金石、竹简、木牍、缣帛等材料书写纪事。在国外，古印度人曾用桦皮和棕榈树叶、埃及人用纸草、欧洲人用羊皮做书写材料，如此等等。造纸术的发明，是人类书写纪事材料的一次伟大革命，使人类在此之前使用过的各种书写纪事材料都退出了文明活动的舞台。

在世界科技史上，一般都把公元 105 年（东汉元兴元年），即蔡伦正式向汉和帝奏明发明了纸的那一年，作为纸发明的年代。但是，纸的发明也和历史上的大部分发明一样，有一个逐渐发展的过程。任何发明的出现，一方面，取决于社会对这种发明的需要程度；另一方面，社会生产力和科学技术的发展水平，已经为这种发明的出现准备了充足的条件。纸的发明也是这样。在蔡伦造纸以前，纸的发明大概已经走过了它的胚胎和萌芽阶段，而在蔡伦那个时代才发展成熟起来。

蔡伦是汉和帝时的太监，在宫中任职 40 余年，深得皇帝的赏识，参与军国机要，曾长期负责监制御用器物。在此期间，他总结了以往造纸的经验，进行了一系列试验和革新。在原料上，除采用破布、旧渔网等废旧麻类材料外，同时还采用了树皮，从而开拓了一个崭新的原料领域。在技术工艺上更加完备和精细，除淘洗、碎切、泡沤原料之外，还可能已经开始用石灰进行碱液烹煮。公元 105 年，蔡伦将其发明制造的成本低廉、质地良好、便于书写的纸献于汉和帝，受到皇帝的赞赏。

正是由于蔡伦的贡献，为人们提供了廉价优质、适于书写的纸张，从而使纸张的应用得到普及和推广，并引起了书写材料的历史性

变革。

造纸术是影响人类文明历史进程的一项伟大发明。造纸术的发明，是古代中国人聪明智慧的结晶，是中华文化贡献给全人类的一件珍贵礼物。蔡伦首倡其意，发明造纸，创造了不可磨灭的历史功绩，并因此受到世人的尊敬和纪念。

自蔡伦以后，中国造纸业和造纸技术持续地得到发展。人们一方面不断地开辟着新的造纸原料；另一方面在工艺技术上不断地进行着改进，使纸的品质越来越优良、品种越来越多样。到了魏晋南北朝时期，造纸业在产量、质量和加工工艺等方面都比东汉时有所提高。造纸原料来源不断扩大，造纸设备也得到革新，出现了新的工艺技术，产纸区域和纸的传播也越来越广，造纸名工辈出。正是在这一时期，纸作为新型的书写纪事材料才正式取代了简牍缣帛，人们则逐渐习惯于用纸来书写，纸成了占支配地位的书写材料。东晋末年的豪族恒玄一度废晋称帝，他曾下令说："古无纸，故用简，非主于敬也。今诸用简者，皆以黄纸代之。"统治者的大力提倡，为纸的使用普及起到了推波助澜的作用。而纸的推广使用，则有力地促进了书籍文献资料的大幅增加和科学文化的进步与传播。

七、"大一统"与文化的黄金时代

秦汉时期"在中国历史上，在中华文化思想史上，有极重要的地位，从而也奠定了其在世界文化史上的地位。这一时期内形成的经济、政治制度（包括文化教育方面的制度），是近 2000 年中国封建社会的各种制度发展的基础。这一时期的文化思想，长时间影响于中国社会和中国人中间"[1]。

[1] 熊铁基:《秦汉文化史》，东方出版中心 2007 年版，第 3 页。

秦汉时代的重要性，首先就是这一时代建立了中华文化大一统的基本格局。前面我们说到，在早期中华文明的起源中，呈现出“满天星斗”的多元化局面，正是因为中华文明的多元性起源，使得中华文化具有无比的广阔性和丰富性。到春秋战国时代，由于诸侯国的割据纷争，使得各地域文化都得到充分发展。但是，与此同时，在广阔的中华大地上，又具有同质性和向心力，逐渐出现了走向统一的趋势。到了秦始皇灭六国，实现了全国政治上的大统一，也为文化的统一创造了条件。至此，中华文化的涓涓细流，汇聚成一条奔腾不息的大河，汇聚成中华文化的统一体。这是中华文化发展史上最重大的事件，是中华文化发展史上的一个重要的转折点。从此，中华文化以一个整体的面貌出现了。吴小如先生指出：“秦的统一，在文化史上具有划时代的意义，它标志着中华文化共同体的初步形成。汉武帝罢黜百家，独尊儒术，文化的基础铸造工程正式完成，中华文化进入了以我为主、兼收并蓄的新时期。”“经过秦汉四百余年的文化建设，树立了中华文化共同体的观念核心，造就了全社会强烈的文化认同心理。”[1]

“大一统”的本义是以“一统”为“大”，“大一统”就是高度推崇国家的统一、民族的融合，也即对“一统”所持的基本立场和态度。在中国历史上，正如前面说到的，多元化的起源，并没有造成中华文化的分裂，反而形成了汇聚到一起的大江大河。这是中华文化的一个基本特性。统一是中国历史发展的主流，是中华民族高于一切的理想追求和道德情感。造成中华文明这一鲜明个性特征的重要因素，是中国历史上历经数千年而不衰的“大一统”思想的潜移默化，而秦汉时期正是这种“大一统”理念完全定型的关键阶段，秦汉文化的本质实际上就是“大一统”的文化。

在秦汉时代，“大一统”文化格局的形成，为中华文化的传承和进一步发展奠定了坚实的基础。“秦汉时期高度集权的‘大一统’的

[1] 吴小如主编：《中国文化史纲要》，北京大学出版社2001年版，第5、58页。

政治体制基本形成，并且经历了多次社会动荡的历史考验而日趋完备，这本身就是秦汉文化中极其辉煌的成就。”[1]而秦汉时期的一切文化现象，都笼罩着“大一统”的时代精神。“封建‘大一统’文化表现出创造力量：“大一统”政权在文化建设方面做了很多努力；知识分子阶层积极投身学术文化事业中来，创造出众多适合时代需要的、具有久远价值的精神产品；各族人民群众在生产生活中也发挥聪明才智，贡献出不朽的文化成果。”[2]正因为如此，我们看到，在那个时代，处处洋溢着蓬勃向上的气氛，处处表现出辉煌的创造力量，从而形成了中华文化史上的一个黄金时代。可以说，作为中华文化的基本内容、基本形式，都在那个时代奠基了，并且有了初步的然而是十分耀眼的成就。

不仅如此，随着“大一统”政权的建立，秦、晋、齐、鲁、楚等区域文化逐渐融为一体，同时匈奴、羌、夷、百越等少数民族文化与华夏各民族文化也互相渗透、互相结合，在此基础上形成以汉文化为主体的统一的多民族文化。但是，秦汉文化并不是抹灭了或销蚀了地域文化和民族文化的差异性。秦汉时的文明，乃是在多样化基础上统一起来的，即在各地、各族各自独特文明的基础上不断相互融合，汇成统一的整体；又在总的统一的趋势之下，保持着各地、各族独特的文明。

秦汉文化的大发展、大繁荣，是建立在“大一统”局面上的，同时也是对先前历史发展的文化，特别是“三代”文化和春秋战国时期文化发展的继承和弘扬。秦汉时代与先秦时代相比较，不仅表现出一个大的飞跃，一个质的变化，也表现出先秦文化的传承与发展。秦汉文化的形成，乃是对先秦时期辉煌文化进行借鉴继承的自然结果。无

[1] 龚书铎总主编，黄朴民等著：《中国文化发展史》（秦汉卷），山东教育出版社 2013 年版，第 483 页。

[2] 郑师渠总主编，许殿才主编：《中国文化通史》（秦汉卷），北京师范大学出版社 2017 年版，第 4 页。

论是器物类文化，如建筑、服饰、兵器、农具等，还是制度类文化，如职官、郡县、法规律令、祭祀等，抑或观念类文化，如哲学、文学艺术、社会风俗、宗教等，都是和先秦时期一脉相承的。例如，不论是秦朝推崇法家，提倡“以法为教”“以吏为师”，还是汉初推行“黄老之治”，西汉武帝“罢黜百家，独尊儒术”，其思想资源都取自于先秦的诸子百家之学，都是诸子百家之学在新的历史条件下的重新诠释与合宜运用。没有先秦时期的思想成果与文化积淀，就不可能有秦汉文化的恢弘格局与杰出成就；没有先秦时期所奠定和规范的中华文化的基本特质与价值取向，也就不可能有秦汉文化的健康发展方向。

秦汉时代一个特别重要的文化成就，就是确立了儒家思想的主导地位。这个主导地位从这时开始，一直持续了2000多年，至今仍对我们的生活产生着一定的影响。汉武帝“罢黜百家，独尊儒术”，是“儒家思想引导中华民族文化走向”的开端。[1]在此以后，儒家思想凭借封建国家机器的权威力量，而被广泛融化渗透到社会生活之各个层次、各个方面，从而成为社会各阶层普遍的心理认同，主宰或影响着一般人的思维模式和行为方式。从某种意义上说，它规范并决定了秦汉时代整个文化发展的主导特征与价值体系。而在儒家统领文化的格局确立后，哲学、史学、文学、教育、科学技术以至社会风俗等各个文化领域都越来越多地体现出儒家思想的影响。我们看到，在汉代，儒家文化精神全面渗透到当时社会生活各个方面。这表现在具体的封建日常活动中，一举一动都严格遵循儒学的原理或广泛借用儒学的名目。当时，举凡朝廷的奏章或诏书，都大量引用“六经”或孔子之语，以证明其所作所为的合理性、必要性。这种情况代代传承，一直持续到明清时代，贯穿着整个中国古代社会，成为中华文化最有影响力和最有代表性的现象。

[1] 郑师渠总主编，许殿才主编：《中国文化通史》（秦汉卷），北京师范大学出版社2017年版，第33页。

第六讲

魏晋文明之风度

一、“魏晋风度”与“竹林七贤”

东汉末年，中央皇权逐步削弱，形成军阀割据，及至出现魏、蜀、吴三国鼎立的局面，之后又出现了西晋和东晋。魏晋时期短暂，战乱不断，只有西晋时期的短暂统一，但在继承汉朝文脉的基础上，创造了优雅风度的文明。魏晋风度在中国历史上一直是文人士大夫们所津津乐道的话题和追崇的典范。魏晋名士以“建安七子”“正始名士”“竹林七贤”为代表，尤以“竹林七贤”最为著名，魏晋名士风度指的是以“竹林七贤”为代表的名士们的社会形象。

在很多人看来，魏晋风度是一种真正的名士风范，所谓“是真名士自风流”，由正始才俊何晏、王弼到竹林名士嵇康、阮籍，中朝隽秀王衍、乐广至于江左领袖王导、谢安，莫不是清峻通脱，表现出的那一派“烟云水气”而又“风流自赏”的气度，几追仙姿，为后世景仰。在这一时期的正史和笔记野史中，人们往往以“儒玄并综”“好伦儒道”来评价人物，没有“傲然独得，任性不羁”或“喜怒不形于色”的气质，是难以被世人所推崇的。

这种“魏晋风度”是那个时代的特殊产物，他们的言谈与仪表以及由此反映的文化素养与精神状态，从一个侧面表现了那个时代的文化面貌。社会动荡迷茫，名士们思治而不得，苟全性命于乱世，心态发生了畸形的裂变。他们对天下对自己都陷入了绝望，对人生对未来丧失了信心，于是，摆脱名教而自命通达，成为当时的流行风尚。

魏晋名士们崇尚清谈。东汉末年，士人中间“清议”之风盛行，所标榜的是“风节名士”，名士往往通过“匹夫抗愤，处士横议”的行为，“品核公卿，裁量执政”“上议朝政，下讥卿士”，体现了古代知识分子积极参与政治的责任感，表现出一种积极入世、敢于与黑暗政治势力抗争的精神。然而由于党锢之祸，很多名士被杀害。以后又

因军阀混战，政权频繁更迭，造成“魏晋之际天下多故，名士少有全者”的恐怖局面。他们面对祸福难卜的政治现实，对功名利禄避之唯恐不远，对高官宠爵逃之只怕不速。他们认为躲避政治迫害的最好办法就是少讲话、不讲话，或者讲一些无关痛痒的废话和模棱两可的“玄言”。于是，名士们由“清议”转向“言及玄远”的“清谈”玄学。这些名士言词高妙，精神超俗，“托杯玄胜，远咏庄老”“以清淡为经济”，喜好饮酒，不务世事，以隐逸为高。

风流名士们崇尚自然、超然物外，率真任诞而风流自赏。名士时常衣着怪诞，违反常态。或者过分讲究化装，男人女性化，或者不修边幅、放浪形骸，追求阴盛阳衰的病态美，“士大夫手持粉白，口习清言，绰约嫣然。”一些名士放浪不羁，接待宾客时故意穿破衣烂衫，“望客而唤狗”，甚至赤身裸体，一丝不挂，美其名曰“通达”。他们穿衣喜宽袍大袖且经久不洗，故而多虱，因而“扪虱而谈”是件很高雅的举动。

北魏时期屏风漆画《列女古贤图》

服药成为士大夫中的一种风气。他们服的药统称“寒食散”。“寒食散”的名称来自服药后的节度方法，凡服后须寒饮、寒食、寒衣、寒卧将息的方药。因而“寒食散”并不是特指某一特殊方剂，而是对一类方剂的泛称。魏晋名士们服散的目的大致有三个方面，即补虚、长寿、增强性功能。然而，“寒食散”中多为燥烈剧毒之药，能引起中毒反应，服药以后人体忽冷忽热，身体陷入难言的痛苦之中，精神进入莫名的恍惚状态。名士们借散热驱寒的需要，赤膊跳奔，放浪形骸，做出种种荒诞无稽的举动。这种服散中毒现象，被称之为“寒食散发候”。

饮酒之习也在士人们中大盛。“竹林七贤”便大多喜欢酗酒，阮籍、嵇康、刘伶等都以嗜酒出名，喝酒以后也做出一些不穿衣服、不戴帽子的怪模怪样。《世语新说》中说道：“名士不必须奇才，痛饮酒，熟读《离骚》，便可称名士。”

清谈、服药和酗酒，以及由此而引发的种种荒诞举动，都是魏晋士人为躲避政治灾祸而采取的全身之策，刘伶写了一篇《酒德颂》，透露饮酒的原因是有人向他“陈说礼法，是非蜂起”，只有沉醉，才可无思无虑。魏晋名士大多淡泊名利，远避权贵，将其精神寄于山林江河之间，抱负化在文章学问之中。他们对未来充满幻想和希望，憧憬一种“无君而庶物定，无臣而万事理”的理想社会。他们的这种思想后来被陶渊明发展成为桃源乐土式的理想。这种世外桃源的理想在很长时间内成了名士们寄托精神的所在。以魏晋风度为开端的儒道互补的士大夫精神，从根本上奠定了中国知识分子的人格基础，影响相当深远。

魏晋名士以“竹林七贤”最为著名。“竹林七贤”包括山涛、嵇康、阮籍、向秀、刘伶、阮威、王戎七人。《魏氏春秋》说，此七人“相与友善，游于竹林，号为七贤”。他们常在河内（洛阳黄河对岸一带，今济源市境内）竹林中聚会，纵酒赋诗，高谈“三玄”。嵇康等七人常一起游于竹林之下，肆意欢宴。后遂用“竹林宴、竹林欢、

竹林游、竹林会、竹林兴、竹林狂、竹林笑傲”等指放任不羁的饮宴游乐，或借指莫逆的友情，以“七贤”比喻不同流俗的文人。以“竹林七贤”为代表的名士们的社会形象被称为“魏晋名士风度”。

“竹林七贤”受到历代文人的推崇吟咏。李白《流夜郎至江夏》诗说：“恭陪竹林宴，留醉与陶公。”又《陪侍郎叔游洞庭醉后三首》之一说：“今日竹林宴，我家贤侍郎。”“竹林七贤”以及他们所代表的魏晋风度，成为以后知识分子的一种精神追求。

二、魏晋玄学的兴起

汉武帝时实行“独尊儒术”的文化政策，于是经学大兴。经学是汉代学术文化发展的主流。在经学兴盛的同时，还产生了所谓“谶纬之学”，使儒家学说沾染了迷信的成分。东汉后期，经学和谶纬神学思想逐渐衰落，儒家的伦理纲常之治已丧失了维系人心的功能。特别是东汉末年的社会动乱，更使经学日益衰微。魏晋时期，兴起了一种“玄学”思潮，取经学而代之，成为学术文化的主流。至南朝刘宋文帝元嘉十六年（439），文帝征集各地名师集于京师，开馆于南京鸡笼山，立玄、儒、文、史四科，教授学生，玄学便成了一门独立的学科。

所谓“玄学”，就是用道家的老庄思想糅合儒家经义而形成的一种哲学思潮，由《老子》《庄子》和《周易》这三部号称“三玄”的书而得名。南朝宋文帝元嘉十五年（438），于学官立老、庄之学，称“玄学”。玄学即以研究《老子》《庄子》和《周易》这“三玄”为基本内容，一般通过“清谈”的方式，加以推究、发挥，从而探究宇宙和人生的本原与奥秘。玄学的基本特征是崇尚“玄远”，故玄学又称“玄远之学”。其体现于言语论辩，是“玄言”“玄谈”“清谈”“清言”“微言”；体现于著述文字，是“玄论”“玄注”；体现于思想与见解，是“清识”“远识”“高致”“精解”。

崇尚玄远，不仅是一种学术风尚，同时也是一种生活态度和生活志趣，不拘泥于名教礼法、不以世情俗物为怀，任情自然、率性而行，在行为方式上表现为“通脱”“旷达”“通达”“狂放”。

玄学的学术内容，概括地说，是以“三玄”为经典，会通儒道、旁及名法诸家学说，采取思辨哲学的方法与形式，探讨“有无”“本末”“体用”“言意”“动静”以及“自然”与“名教”等范畴，并对天人关系等问题赋予了新的含义和论证。从根本上说，玄学的学术主题是名教与自然之辨；其终极的目标，是试图从理论的高度，重建名教与自然的关系。具体而言，其学术论题和所试图加以解决的问题，一是在于穷究天人之际，寻找和论证宇宙间万事万物超越具体物象的形而上的本体；二是通过对宇宙事物本体论的探索，重新审定生命存在的意义和人生的价值，建立关于生命价值的本体论；三是通过本体论问题的探讨，为政治人伦寻找一种形而上学的根据。

魏晋玄学主要经历了三个不同的发展阶段：第一阶段是曹魏正始时期，史称“正始玄学”，以何晏、王弼为代表，通过“祖述老庄”、以道家思想为架构建立其思想学术体系，其基本思想特征是贵无，主张“名教出于自然”。第二阶段是“竹林时期”，处于魏晋易代之际，基本思想特征是崇尚自然无为，公开抨击名教礼法、揭露礼法君子的虚伪性，主张“越名教而任自然”，在理论上走向了名教与自然的对立，把玄学发展成为一种新的形态。第三阶段为晋元康、永康时期，以裴頠、郭象等人为代表，继续正始以来的玄学主题，进一步调和名教与自然，齐一儒道，解决士人心理上名教（行为上遵守礼法、出仕治事）与自然（精神上超然物外）的矛盾冲突，基本理论是“崇有”“独化”，主张“名教”即是自然。

玄学本是超世的哲学，它强调人不仅在社会中存在，而且每一个人即每一个精神主体，都是直接面对宇宙存在的。因此人生的根本意义，也不在于世俗的荣辱毁誉、得失成败，而在于精神的超越升华，

对世界对生命的彻底把握。宇宙的本体是玄虚的“道”，四时运转、万物兴衰是“道”的外现。从这种观念中引导出人对自然的体悟、追求，以及人与自然统一和谐的观念。

玄学是魏晋时代居于主流地位的理论学说。魏晋玄学以儒、道思想结合为特征，专注于辨析明理，以清新俊逸的论证来反对沉滞烦琐的注释，以注重义理分析和抽象思辨抛弃支离破碎章句之学，较之汉代经学更为精致，更具有一种真正思辨的、理性的“纯”哲学味。魏晋玄学堪称中国古代学术史上的奇风异景，它将中国古代思想学术水平提升了一大步。有人曾评论玄学的论辩：“取其清谈雅论，辞锋理窟，剖宫折微，妙得入神，宾主往复，娱心悦目。”魏晋玄学家对于自然秩序、社会伦理和人生价值充满睿智的、缜密而深邃的理论探索和哲学思考，为中国学术文化积累了一份极为宝贵的思想财富。

三、文学的自觉时代

魏晋时期，被鲁迅称为“文学的自觉时代”。所谓“文学的自觉时代”，就是文学摆脱了对传统儒学的依附地位，走上了独立发展的道路。所以鲁迅又说：“这时代的文学的确有点异彩。”

在先秦和两汉，中国文坛曾出现过许多堪称绝唱的伟大作品，但它们都混同于经、史、子之中，作者在写作时，并没有进行“文学创作”的自我意识。先秦时已出现了“文学”一词，不过那时的文学泛指文章博学。两汉时开始有“文学”和“文章”之分，“文学”指只有学术意义的文献经典，“文章”指带有文采的辞章，其意思虽接近后世的文学概念，但仍十分杂泛，包括许多非文学的文体。两汉士人，皓首穷经，文学以润色鸿业、讽喻教化为唯一职能，文学得不到独立的地位，也难以实现其美学价值。

直到汉末，士人们从儒学经典中挣脱出来，转而探讨起生与死、命运、人生价值等切近人生的问题，文学观念的变革也由此而起。文学从经、史诸学中走了出来，文学所特有的抒泄忧郁、娱悦性情的审美功能逐渐被人们所认识。到了南朝宋文帝时，元嘉十六年（439），在国家学校中专设文学馆，与儒学、玄学、史学并立，成为文学独立的显著的标志。从正史的记载来看，宋范晔著《后汉书》首次立《文苑传》，专记文学家的事迹，梁代萧子显著《南齐书》也专设《文学传》，同样反映了文学在这时已独立为一科的史实。

这一时期文人创作的优秀文学作品，还没有发展到像唐诗那种为寻常百姓所喜爱与传诵，但这些作品在士林中传播是极为快捷的。西晋时期，左思作《三都赋》，“豪贵之家竞相传写，洛阳为之纸贵”。

这个时期的文学的自觉，首先表现在文学观念的变革。魏文帝曹丕著《典论·论文》，是这一文学观念变革的重要标志。曹丕首先提出文学本身具有独立存在的价值和不可磨灭的无限性品格。他说：

> 盖文章，经国之大业，不朽之盛事。年寿有时而尽，荣乐止乎其身，二者必至之常期。未若文章之无穷，是以古之作者，寄身于翰墨，见意于篇籍，不假良史之辞，不托飞驰之势，而声名自传于后。

曹丕划时代地提出了“文学不朽”的观点，而且第一次明确强调了文学主体的个性、气质，天才与文艺创作的不可分离的联系，强调表现个体灵魂是文学的重要功能。他还对文学与论说文字、应用文字的不同性质进行了区分，突出了文学的独立地位和审美特性。鲁迅曾高度评价曹丕对于当时的“文学的自觉”所做的功绩：“他说诗赋不必寓教训，反对那些寓训勉于诗赋的见解，用近代文学眼光看来，曹丕的一个时代可说是‘文学的自觉’时代，或如近代所说的为艺术而艺术的一样。”

继曹丕之后，西晋人陆机著《文赋》，对文学创作进行了更详细的论述。南朝还出现了若干部总结性的文学著作。如昭明太子主编的《文选》是秦汉以来收编诗文最精最丰富的文学总集；钟嵘的《诗品》是汉魏以来五体诗的总结。刘勰著《文心雕龙》，则是中国文学史上第一部“体大而虑周”的文学理论专著，深入探索文学艺术的规律，提出了文学批评的标准，对文学展开了多方面、多层次的理论探论，体大思精，新见迭出，“解析神质，包举洪纤，开源发流，为世楷式”。它以“传神”“畅神”“文思神远”等观点奠定了我国古代美学的基本原则。

魏晋时代的文学自觉，尽管这个时代的文学中许多新的东西还没有发展成熟，但是它为后代的文学确立了一些重要的原则，提供了多样的发展可能性。

魏晋时期的文学自觉，突出表现在当时的文坛兴旺，创作繁盛，名人辈出，高潮迭起，一片全新的气象。这一时期社会的上层包括许多帝王在内，普遍热心于文学创作，从而影响了整个社会。这种文学创作的全新气象，最先体现在开风气之先的建安诗歌中。文学史一般称东汉建安年间至曹魏黄初、太和年间产生的诗歌为“建安诗歌”。“建安诗歌”是中国文学史上文人诗歌的第一个繁荣时期。它的代表人物是有“三曹”之称的曹操、曹丕、曹植，以及曹操的幕僚王粲、陈琳、阮瑀、应玚、刘桢、徐幹（此六人与孔融合称“建安七子”）等人。他们结成了历史上第一个重要的文学集团。此外还有女诗人蔡琰，还有邯郸淳、繁钦、路粹、吴质、左延年、丁仪丁廙兄弟、杨修、荀纬等诸多才士，可谓“俊才云蒸”。虽在戎马倥偬之际，然“当此时也，人人自谓握灵蛇之珠，家家自谓抱荆山之玉”，“骋骥騄于千里，仰齐足而并驰”，赋诗著文，期诸不朽。《宋书·臧焘传论》说：“自魏氏膺命，主爱雕虫，家弃章句，人重异术。”概括了建安时代由于曹氏父子的影响，文人的兴趣由经学转向文学的情形。

建安之后，魏晋之际的正始文学、太康文学，也各有千秋，佳作频出。正始的文士，完全不同于“建安诗人”的用诗赋展现人生理想、显示艺术个性，其人生态度，是从高飏到内敛，从追求立功到痛苦自保，从慷慨淋漓的情感宣泄到玄远清虚的哲学幽思。作品的风格也从刚健明快，渐变为含蓄隐晦。尽管在风骨的凌厉等方面远逊于建安，但此时文学创作在思想艺术方面有发展进步，诗人常在作品中表现出老庄式自由逍遥的人生境界，借以作为精神苦闷的安慰。诗创作玄理与抒情能融合一体，情感充沛，意象丰美。五言诗在技巧上更趋完美，高度的思辨与空灵的想象巧妙地结合一体，表现的领域更有拓宽。太康时期的文坛也颇为繁荣，郭璞的《游仙诗》和左思的《咏史诗》，都是诗以言志，寄托遥深。特别是左思的《咏史》八首，为划时代的杰作，打破了这一体裁的传统写法，开辟了“名为咏史，实为咏怀”一途。他的《咏史》达到了“咏古人而己之性情俱见”，具有鲜明个性色彩的效果。

除了诗歌创作的空前繁荣外，在散文、骈文、辞赋等文体上也都展现出这个文学自觉时代的风貌。“建安七子”“竹林七贤”等人的散文都有很高的造诣，出现了不少传世的不朽名篇。

四、道教的兴起与发展

魏晋时期是一个宗教文明勃兴的时代，其重要标志是道教的成熟与定型、佛教的传播并在中华文化的土壤中逐渐扎根。自两汉开始东渐的佛教，由于特殊的历史机缘得以迅速扩张，通过大规模的译经活动，佛学理论不断传入，并引起了中国知识阶层日益广泛的兴趣。与此同时，东汉末期在民间仙道方术基础上形成的太平道和五斗米道（天师道），经一批知识人士的梳理、清整和提升，形成新道教，构建了其独特的宗教理论。这两种新起的宗教，与传统的儒家学说，在思想文化领域共同构成三足鼎立的局面。

道教是我国土生土长的一种宗教。在漫长的历史发展过程中，道

教与儒学和各种外来的宗教尤其是佛教既互相排斥、互相斗争，又互相渗透、互相融合，在它自身发展与演变的每一个阶段，无不对中国当时的政治、经济、哲学、文学艺术、医学、化学、养生、天文地理以及社会风尚等方面产生深刻的影响，成为中华传统文化不可分割的一部分。

《太平经》被认为是为道教的创立奠定了理论基础的重要经典。《太平经》一书的思想内容庞杂，专以奉天地、顺五行为本，亦有兴国广嗣之术。《太平经》提出了建立“太平”社会的理想。这种太平社会就是公平、快乐、无灾害的和睦社会。《太平经》的问世，标志着早期道教基本教义的初步形成，对汉代原始道教的创立产生了重要的影响。

道教是中国土生土长的宗教形态，它在其萌芽和成长的过程中，大量吸收了中国原始宗教和民间信仰的许多资源。道教产生后，追求长生不死的神仙信仰成了道教的基本信仰。道教的法术是道教徒用以召神降鬼、祈福禳灾、修仙养生等方法的总称，包含的内容极其广泛，如科仪、符咒、驱邪、降妖、斩鬼、禳灾祈福及各种养生修炼方法等。由于道教是以神仙信仰为特征，所以也有人称之为仙术。

早期道教主要以民间宗教形式活动，东汉末年出现了张角领导的太平教和张鲁领导的五斗米道（又称天师道）。在当时社会动荡之乱世，张角发动黄巾起义，张鲁在汉中建立割据政权，道教思想和组织成了农民起义的工具。

东汉末年，信奉黄老道的方士们出现了两个走向，一是一些道徒走向民间，创建了太平道与五斗米道，企图救治危世而致太平；二是一些方士则继续从事炼丹修仙养身方面的实验和探索，企图求得长生不死，成为神仙。为达到久视长生目的，自战国到秦汉，便有一些方士专门炼气修性和烧炼丹药，这方面的代表人物是东汉时期的魏伯阳，他对当时养生、炼丹术进行概括和总结的理论著作则是《周易参同契》。《周易参同契》是炼丹修仙养身著作，它的中心思想是宣扬炼丹可以成仙。魏伯阳把《周易》、五行、干支之学，以及道家学说，融会贯通，为丹道的修炼程序，做了一套完整的说明。所谓“参同契”，便是说，丹道修炼的原理，与《周易》《老子》的原理，参得透彻了，便可了解它们完全是同一功用，“如合符契”的。《周易参同契》总结了以往的炼丹成就，奠定了中国传统内外丹学的理论基础。它介绍的种种方法虽然炼不出可以长生不死的金丹，但它总结了当时的一些化学知识和化学变化，推动了古代化学事业的发展，在中国和世界科技史上有重要的地位。

《周易参同契》对道教修炼术产生了重大影响，被称为“丹经之祖”“万古丹经王”。《周易参同契》所阐述的丹术理论，被后世的金丹派葛洪、陶弘景以及内丹炼养派的司马承祯、钟离权、吕洞宾、张伯端等所继承和吸取。道教南北宗的兴起，思想上无一不受《周易参同契》的影响。

（清）梅清《黄山炼丹台图》

两晋至南北朝时期，道教经过分化与改革，使道教从早期道教那种比较原始的状态发展为有相对完整的经典、教义、戒律、科仪和教会组织的成熟宗教，并由早期民间宗教团体逐渐转变为官方承认的正统宗教。道教的发展、成熟和定型，重要原因之一是这一时期出现了

葛洪、寇谦之、陆修静、陶弘景等一大批道教活动家。他们根据时代的变化，逐步改革道教的组织结构和理论，剔除其平民性和地方性，突出其贵族性和正统性，以维护纲常名教的姿态，取得统治者的信任和支持。

北魏时，道教活动家寇谦之把天师道改造成官方道教，以此作为“为帝王师”的政治资本。经寇谦之整顿的五斗米道被称为“北天师道”或“新天师道”。他首先为自己确立了新天师的地位，改造天师道的民间性质，整顿组织，将分散于民间、不同系统的天师道集中统辖起来。同时，他吸融儒释的礼仪规戒，建立了比较完整的道教教理教义和斋戒仪式，并改革了道官职位的世袭制度，主张唯贤是授，信守持戒修行，规范教徒行为。通过这些改造措施，使道教成为一种积极干预社会生活，可以由上而下统一掌握、为封建皇权服务的宗教团体。经寇谦之改革后，天师道完全适合于统治者的需要，使天师道从民间宗教变成了官方正统的宗教。

在寇谦之整顿天师道后，南朝刘宋时代的江南道人陆静修也重整南方天师道组织，规定神职人员的升降制度，为教民置治录籍，规定斋戒科仪，丰富并整理了道学的许多典籍理论。经陆静修整顿的天师道称为“南天师道”。后分别经崔浩、陶弘景等的阐扬发挥，道教大行天下。

道教自东汉末年开始形成，而到南北朝时，逐渐创立了一套完整的组织结构、宗教仪式和道德戒律，教义、典籍和修炼方术也日趋完备，成为一个有很大影响力的宗教。南北朝以后，道教继续扩张发展。由于道教既得到上层统治者的支持，又在下层民众中广泛流行，具有多层次的宗教内涵和广泛的适应性，因而能够植根于中国社会，并对中国人的精神生活长远地发生影响，道教文化对中国的民俗、文学、科技、建筑、艺术等都有一定的影响作用。南朝梁代的陶弘景，集南北朝道教理论之大成，编造了道教的神仙谱系，对道教理论的成熟产生了重大影响。

五、佛教文化的传播及其中国化

佛教是产生于古印度的一种宗教，与基督教、伊斯兰教并列为世界三大宗教。在世界三大宗教中，佛教是最早传入我国的。从公元前后开始，在长达1000多年的历程中，佛教文化源源不断地向中国传播，并且广泛地渗入社会生活的各个方面，对中国的哲学、文学、艺术和民间风俗以及政治、经济等都有着深刻的影响。同时，佛教文化与我国传统的儒学与道教等彼此融合、互为消长，经历了一个不断中国化的过程，逐渐发展成为中国的民族宗教，丰富了中华文化的内容，成为中华文化的组成部分，从而改变了中国乃至整个东方的文化结构和文化特性。可以说，佛教在中国的传播以及中国化，中华文化对佛教的接受与融合，是世界文化交流史上最具有典型意义的范例。佛教在中国的传播，影响所及，不仅是在中国，而且在整个东亚社会，都是巨大的、前所未有的。

一般认为，佛教最初传入中国，大约是在东汉时代，而真正开始大规模传播，则是在两晋南北朝时期。在这个时期，中华文化经历了春秋战国时期的“文化突破”，实现了全面独立发展的态势，经历了秦汉时代的辉煌时期，进入到中华文化的成熟之境，同时也面临着新的选择、寻求新的发展的变革局面。在这样的情况下，佛教挟裹着巨大的“文化群”浩浩荡荡从西方传来，带给中国人一种全新的文化信息、文化内涵和文化体验，对中华文化的发展提供了新的刺激和发展的动力。正是由于佛教的进入，打开了中华文化向新的阶段发展的突破口。所以，在佛教进入之初，就造成了可能引起巨大反响和影响的态势。

佛教首先是一种宗教，佛教的传入首先是传入了一种新的宗教形态。在当时的中国，原始宗教还具有一定的影响，民间信仰还比较

（明）丁云鹏《白马驮经图》

活跃，而作为中国本土上出现的土生土长的道教，还正在刚刚出现和成长的阶段，还不是很成熟、很发达。佛教则是一套已经发展成熟的宗教体系，它具有完备的经典、明确的信仰、严密的僧团组织，以及一整套佛事活动和仪轨，还提供了包括符号意义、信仰、叙事体的故事，给予修行者生命体验的宗教实践。这对于人们都具有巨大的吸引力和感召力。特别是它所提供了来世信仰，适应了当时中国人普遍的心理需要。我国学者孙昌武先生指出："佛教向中国输入一种新的信仰。这种信仰有系统的教理来支持，又以实现崇高的宗教理想为目标，正是中土文化环境所需要的。而民众信仰心的树立则造成其心理的重大变化，给予民族精神生活以重大影响。"[1] 宗教处于上层建筑的顶端，属于社会的意识形态和形而上学的部分。它在给专注于现实社

[1] 孙昌武:《中国佛教文化史》第1卷，中华书局2010年版，第41页。

会生活的人们提供了一个彼岸的世界。人们需要这样一个彼岸世界，来观照身在其中的现实世界。佛教正好满足了当时的中国人的这种需要。所以，佛教的传来，为中华文化提供了一个彼岸世界的系统，丰富了人们的精神世界，而且这个彼岸世界是博大的、深邃的和光明的。

佛教的传来，不仅仅是宗教的僧团和仪轨、仪式，更是一套缜密的思维系统和形而上学，是一套完备的理论体系。许倬云先生指出："佛教进入中国引发的影响，不仅是一个信仰体系的传播，而是彻底地改变了中国的思想方式，既带来了另一种思维，也迫使中国固有的思想系统（儒家与道家）不断与佛教互动，终于融合为中国型的思想体系。"[1]

佛教经典是和佛教一起传入中国的。在东汉至三国时期的佛教初传，从最初的来华传教的西域高僧开始，就把翻译佛经最为传播佛教最为主要的事业之一。实际上，不仅是这一时期，在以后的两晋南北朝乃至隋唐时期，汉译佛经在佛教东传的过程中都是一项极其重要的事业。因为没有可供中国信众阅读的佛教典籍，佛教在中国就无法传播，更谈不上学术的研究与发展。因此，佛教典籍的翻译就成为佛教在中国传播发展的首要任务。在佛教文化从印度向中国的传播过程中，佛经的翻译是最具有根本性的文化工程，中印文化的交往始终以佛经的翻译为基础，前后 900 多年，一共翻译了 6000 多卷佛教经典。正是基于这种源源不断的营养输入，中国佛教才得以获得大的发展。持续近千年、多达几千卷的佛经汉译，是一项极为庞大的文化工程，是一项极其壮丽辉煌的文化事业。或者如钱穆先生所说："这实在是中华文化史上一绝大事业"。[2] 这些汉译佛教经典成为现在世界上所存的最完备的佛教理论典藏。而且，在中国的历史典籍中，佛典也是占有举足轻重的一大部分。可以说，这么大数量的佛经，极大地丰富了

[1] 许倬云:《历史大脉络》，广西师范大学出版社 2009 年版，第 90 页。

[2] 钱穆:《中国文化史导论》，商务印书馆 1994 年版，第 148 页。

中国古代的文献典籍，是一份极为宝贵的文化遗产。

不仅如此，中国的佛教学者对这些翻译过来的佛教典籍进行了大量的、深入的研究和探索，创作出大量的注疏和论辩性著作，极大地丰富了中国的思想史和哲学史。可以说，佛教及其思想的传入，不仅促进了中国思想史和哲学史的大发展，而且成为其中相当重要的内容。

佛教在中国的传播的成功，在于它同时兼顾了文化的大传统和小传统，即在上层社会精英阶层以其深奥的佛教义理受到欢迎，又以通俗的方式在民间传播信仰，受到下层社会普通民众的接受和理解。这样，佛教不仅是以浩瀚的佛经和艰深的哲学，更以与中国民间信仰相适合的方式宣传普及，提供给人们一种新的生活方式、崇拜方式甚至是娱乐方式。这样，佛教的影响就深入中国人的日常生活中，成为中国人日常生活的组成部分。而这才是它所具有的强大的生命力所在。

和许多大的宗教一样，佛教本身除了信仰系统之外，还是一个巨大的“文化群”“文化丛”，是一个包含着丰富内容、多种形式的“文化集合体”。这个“文化群”“文化丛”或者说文化集合体，主要包含两个方面，一方面是佛教本身所要呈现、所要表达的艺术形式，如造型艺术、音乐艺术、文学艺术等，这些艺术形式本身就是传播佛教的手段或方式；另一方面是与佛教一起传播进来的印度文化和西域文化，如印度的天文历法、医药科学等。这样的区分并不具有严格的意义。它们本身都是一体的，都是在佛教的大系统下的小系统或支系。

这些随着佛教传入而紧随起来的各种文化要素、文化内容，都在中华文化中产生重大的影响，影响到中华文化各个方面的变化和发展，进而扩大了中国人的知识系统，改变或重塑了中国人的认知方式，也大大开阔了中国人的世界视野和文化眼光。伟大的中华文化是中华民族创造的宝贵财富，而创造这样财富的中国人，在这一阶段，接受了来自佛教文化成果的装备，从而扩大了自己、丰富了自己、壮大了自己，使之发挥出更大的文化创造力。

敦煌 61 窟壁画・五台山

佛教在中国的传播是成功的，可以说世界文化史上的一个跨文化交流的范例。佛教在中国传播的成功，主要的经验之一就在于它成功地实现了“中国化”。实现了“中国化”，就使得中国人在心理上认同它，把它当作自己民族的宗教，把佛教的信仰作为自己民族的信仰；同时也在文化上容纳了它，使它成为中华文化传统的一个组成部分。这样，佛教就不再是一种“外来的”宗教，不再是一种“外来的”文化了。

实现佛教“中国化”，是两方面共同努力的结果。一方面，佛教以其开放的态度，主动与所进入的异域环境即中华文化环境相适应、相协调，努力使自己成为中国人能接受的、能理解的东西。可以说，自从佛教进入中国开始，就进行了这样的努力。与中华文化环境相适应、相协调，是佛教东传中国过程中贯穿始终的策略。可以说，这个“适应性策略”是成功的。

但是，在佛教适应中华文化环境的过程中，并不是完全地去迎合中华文化传统，而是在“适应”中尽量保持自己的思想特性和文化特性。这样，对于中国人来说，所看到、所理解的佛教又是新鲜的、有自己的独特文化内涵的。这样才能对中华文化起到刺激、激励和补充的作用。佛教进入中国，与中华文化环境相适应，又保持自己的宗教和文化特性，这是它的“中国化”的成功的含义。

另一方面，中华文化传统对于佛教，也是以其开放的态度，持有热烈欢迎的态度，主动地去迎接、接受佛教，并且按照中华文化的需要对其进行改造和剪裁，使其与中华文化传统相契合、相融合。我们看到，在那些致力于传播佛教的中国僧侣中，在那些欣赏和接受佛教文化的上层知识分子中，都为使佛教的中国化作出了很大的努力。他们翻译佛教经典、注疏佛教学说、与儒学和道教争辩切磋、高僧与名士交游论辩，都成为建设中国化佛教的重要活动。当然，作为一种外来文化，佛教在中国的传播，也受到本土文化的排斥和抗拒，也受到儒家知识分子的质疑和道教人士的诋毁，甚至也演变成“三武一宗”的政治性毁佛行动。但总体上来说，中华文化传统对于佛教是欢迎的，是接受和容纳的。

一方面是佛教的主动适应，另一方面是中华文化的积极迎取，所以佛教的中国化就是成功的、有效的。这也是双向的选择，互相的选择。而后一方面，即中华文化对佛教的开放和欢迎，意义更为重大。自从佛教进入中国以后，中国人就不是被动地去接受，而是主动地去迎接、去引进、去吸取。因此，有许多高僧到西域和印度“取经”，有许多佛教知识分子投身于佛经翻译的文化事业当中，有许多高僧去专研、去探索和注疏佛教经典，广泛地传播佛教。梁启超把当年去西域取经的高僧与近代的留学运动相比较，认为他们出于宗教的热诚，更出于求知的渴望、出于追求真理的精神，而不畏艰难，前赴后继，是后代学人的典范。与此同时，还有许多西域和印度的高僧来中国传播佛法、翻译佛经，他们同样是出于高尚的宗教热情和传播真理与知识的伟大精神。他们是中国佛教建设的伟大先驱，同时也是中华文化建设和发展的大功臣。我们在回顾他们的事迹的时候，在心里不断涌起深深的敬意。

第七讲

北朝与南朝：文化的分立与融合

一、动荡时代的文化生机

晋建兴五年（317），西晋灭亡。此后，是中国历史上的一个大变动、大动荡和南北分立的时期。及至隋文帝统一全国的开皇九年（589），这一分裂、动乱的时代持续了将近300年。

战乱期间，大批北方汉人南下避难，从黄河流域大规模进入长江和珠江流域，史称“衣冠南渡”。一些晋朝的旧臣并不甘心亡国的命运，仍在各地积极活动，准备恢复晋朝的统治。建兴五年（317），琅琊王司马睿在南渡的中原氏族与江南氏族的拥护下，在建康称帝，国号仍为晋，史称东晋。东晋王朝（317—420）的统治范围仅限于江南的半壁河山。

东晋王朝持续了一百多年。东晋灭亡之后，在南方先后出现了宋、齐、梁、陈4个王朝，它们存在的时间都相对较短。其中最长的不过94年，最短的仅有23年，是我国历史上朝代更迭较快的一段时间。也有以“六朝”来指称这个时期，“六朝”指的是孙吴、东晋、宋、齐、梁、陈，这几个朝代都立国于江东地区，国都都在建康。

当东晋在江南建国的同时，中国的北方则为鲜卑、羌等少数民族控制着，出现了北方“五胡”政权和南方汉族政权长期对峙的局面。“五胡十六国”纷争百余年，直到北魏太平真君十一年（439）拓跋焘（魏太武帝）灭北凉，统一了中国北方，结束“五胡乱华”的百年战乱局面。

北魏统一北方后，与江南的宋、齐、梁、陈形成南北对峙的局面，史称“南北朝”时期。北魏灭亡之际，北方边境还未完全丧失其民族特征的拓跋鲜卑族人，以及与拓跋鲜卑逐渐趋于融合的其他民族，又在原北魏的统治区域内先后建立起东魏、北齐和西魏、北周两个东西对峙的政权。开皇元年（581），隋取代已统一北方的北周政

权，并于开皇九年（589）南下灭陈，重又统一全国。

从西晋末年到隋朝建立，是一个分裂乱离时代，是一个充满忧患、痛苦与哀伤的时代。在这期间，先后出现数十个政权，仅十六国北朝，中国北方就出现了三度分裂与三度统一。战争与残杀成为经常的事，攻城略地，杀人盈野。王朝更迭频繁，割据政权林立，战乱兵燹频仍，社会动荡不安，造成土地荒芜、城市荡毁、经济萧条，黎民百姓颠沛流离，国家遭受了空前的劫难，社会文明各方面受到了严重摧残。

另一方面，分裂又突破了秦汉统一帝国时期政治中心与经济中心合二为一的固定模式，在秦汉统治中心黄河流域以外的地区，在辽西、塞北、河西、西南、江南等秦汉人眼中的偏远蛮荒之地，也形成一个个政治中心，促进各地区社会经济及文化的发展。慕容鲜卑前燕及北燕政权对辽西的开发，都远远超过秦汉时期。十六国五凉政权对河西的开发及其中一些政权在西域地区的直接统治，更使中原地区与西域的联系豁然贯通。六朝时期江南地区社会经济的进步在很大程度上应属于分裂时代的功绩。正因为有魏晋南北朝分裂时期区域开发的成就，后起的隋唐帝国的统治区域才比秦汉时期更为广阔，经济文化也远较秦汉文明昌盛。

南北朝时期，是一个动荡和分裂的时代。战乱和动荡严重摧残着曾经十分发达的秦汉文明，也向中华民族的文化传统提出尖锐的挑战。然而，正如中国历史上经常发生的现象，分裂促使人们追求创新。中华文明并没有在这严峻的考验和惨烈的摧残下衰败或中绝，而是经过硝烟的洗礼，并吸收了新的血液而获得了新的活力和生机，为随后出现的隋唐文化盛世奠定了基础。

在南北朝这个时代，秦汉以来发展起来的中华文化受到了巨大的冲击和考验，这也是中华文化发展进程中遭受到的第一次大规模的冲击。北方草原民族挟裹着强势的草原文化呼啸而来；连绵不断的战乱，使得中原大地生灵涂炭，荒无人烟；南北的分裂造成文化传承的断裂，儒家思想的教育和传承系统受到沉重的打击。但是，在这样前所未有的冲击下，中华文化没有消亡，没有断裂，而是在这动荡中获得了大发展的生机和活力，这正是中华文化强大的生命力的表现。

南北朝的动荡时代，使中华文化更显示出它的延绵不绝的文化精神和巨大的生命力。魏晋南北朝时期，以儒家学说为核心的汉族传统文化经受了严峻的考验。反映门阀士族政治、经济要求的玄学兴起；外来的佛教逐渐站稳了足跟，呈现出蓬勃发展的态势；土生土长的道教在佛教影响下复兴；各少数民族文化也随着各族内迁与汉族传统文化发生冲突。但儒家学说在各种文化的冲突与排斥过程中，并没有丧失其生机，最终仍以它为核心，将各种文化内容吸收、融合，凝聚为一个整体，隋唐统一帝国的出现标志着汉族传统文化的中心地位重新确立。

在这一时期，学术事业并未因社会的急剧动荡和长期乱离而走向衰微，相反却取得了超迈前代、越轶后世的发展与繁荣。秦汉王朝的大一统，曾经为文化的繁荣创造出稳定的社会环境，但也因思想文化的专制主义而抑制、压抑了文化创造性的生命力。随着汉王朝崩溃，汉武帝以来“独尊儒术”的文化政策被冲破，思想文化领域获得了新的解放。传统价值的权威失坠了，人们着力去探索新的人生价值与个体价值，不断开辟着学术新领域，不断创造着文化新观念。社会发展进入了一个思想解放、学术自由的时代，思想学术界在一定程度上再次出现了“百家争鸣”的局面。这不仅为佛教的输入、道教和玄学的兴盛，开拓出一片自由的天地，而且使士人任情适性，被压抑的思想和才华被充分地发挥出来。他们或者恢复被罢黜的诸子之学，或者全力开拓不再附翼于儒学的哲学、文学、艺术和史学。在中国学术史上，南北朝是少有的思想活跃、学术繁荣的时代，学术风气之盛、学术成果之丰富，比之治平之世不稍逊色，在若干方面的成就（比如哲学、史学），不仅凌驾于两汉之上，亦令隋唐瞠乎其后。

这是一个富于智慧、浓于热情的时代，是一个富于创造性生机的

时代，也是一个取得了空前文化成就的时代。钟繇、王羲之和王献之父子的书法，顾恺之的绘画，云冈、龙门石窟的雕刻，都在艺术上达到了登峰造极的地步。祖冲之的圆周率，虞喜的岁差，郦道元的《水经注》，都代表了当时世界最先进的科学水平；贾思勰《齐民要术》为后世农学家一直奉为经典；而灌钢冶炼技术的发明，指南车、千里船、水排的创造，都是同时代无与伦比的技术成就；在天文学、历法学、数学、化学、生物学、博物学等各个方面，都涌现了一些非常杰出的学者，取得了众多具有重大科学史价值的学术成就。

南北朝时期的文化生机，还表现在当时大规模、大范围的民族文化的冲撞和融合。统一政权瓦解后，曾被秦汉政权斥于边地的古老民族氐、羌，曾与秦汉政权厮杀的北方草原上的游牧民族匈奴，还有羯、乌桓、丁零等以及鲜卑各部，主要是匈奴、鲜卑、羯、羌、氐等所谓“五胡”，陆续内迁，汇聚于中原，都在黄河流域这个政治大舞台上留下过自己的身影，出现了全国范围内的民族大迁徙、大混杂、大同化。在长江流域及岭南地区，蛮、山越、俚等少数民族在政治上虽不如北方各族活跃，也经历了同样的民族融合过程。在这样的民族融合的过程中，各民族结集于高度发展的文明之中，而逐步破除了种族界限，趋向于渗透和融合，最后与汉族融为一体。民族的大融合，不仅使北方游牧民族大量学习中原汉族文化，成为“汉化之人”，同时也把他们的民族文化传播于中原，大大丰富了汉族的精神生活，将一股豪放刚健之气注入汉文化系统的肌体之中，为中华文明输入了新的因子、新的血液，增加了新的生命力。

这一时期的文化生机还表现为区域文化之间的融合交流。东汉末年至西晋，黄河中下游地区连遭战乱，长安和洛阳两大古都被夷为废墟，而这一带一向是中华文明的中心地区。由于战乱，大批中原人士迁居江南，他们为南方的文化开发发展做出了重要贡献。江南原来是文化比较落后的地区，中原人士的南迁，也把中原文明大规模地带到那里，并与当地文化如蛮、越等民族文化相融合，促进了江南的开发，使这一地区的文化迅速发展起来，形成了灿烂一时的六朝文化。

与此同时，北方的政治、经济和文化中心开始东移，由长安一洛阳一带迁到黄河下游的河北地区。此外，还有大批中原人士迁居河西走廊的凉州，并带去了中原的文化和丰富的典籍文物，融合了氐、羌、鲜卑等民族的文化因素，使河西地区形成了与河北地区发展程度大体相当的文明。江南、河北和河西地区都保存了汉族文化传统，同时又吸收了不同少数民族的文化因素，因而具有了一定的地区差异。而这些不同的区域文化之间也相互交流、相互融合，共同创造着中华文明丰富多彩的繁荣局面。当它们最后汇合于中原时，则使中华文明跃进到一个崭新的发展阶段。

二、“五胡”与北朝：文化的冲突与融合

这一时期的文化交流与碰撞，首先面对的是所谓“胡”和“汉”文化的交锋。那些曾经占据北方的“五胡”以及其他游牧民族，都是中华民族大家庭的组成部分，并且在以后的历史中都逐步融入汉族之中。从现在的地域观念来说，这些“胡”人的文化与汉族文化，都是中华文化内部农耕文化与游牧文化的关系。但是，在当时的情况下，“胡”与“汉”是两种不同的文化体系，两种不同的文明形态。从文化史的意义上来说，魏晋南北朝的文化冲突、文化碰撞和文化融合，首先就突出表现在“胡”和“汉”两种文化的碰撞、交流和融合。这是这一时期广义上的中华文化与世界文化对话、互动的组成部分。在这种碰撞、交流、互动和融合中，极大地丰富了中华文化的内容，并且为中华文化的发展提供了强大的刺激动力，成为这一时期中华文化大发展的重要原因之一。

南北朝时期的文化发展，其重要特点之一就是北方草原游牧文明与中原汉文明的大碰撞、大交流、大融合。这种大碰撞、大交流、大

融合的盛大文化场景，主要是由于北方民族持续的内迁所引起的。这一次为时 200 年的人口变动，在中国历史时期，实为规模最大的一次。由此出现了一个游牧民族和中原汉族、草原文化与农耕文化的规模广大的文化交流和融合的局面。在魏晋南北朝时期，社会风俗大变化，呈现出与两汉时期不同的形态，其最大的特点，在于胡汉的融合。胡汉文化融合的过程，时有反复，总体则是一步一步函化为中古北方的新文化。

从西晋灭亡到北魏的建立，百余年间，北方各族及汉人在华北地区建立数十个强弱不等、大小各异的国家，其中存在时间较长和具有重大影响力的是“五胡十六国”，实际上共有 20 国。这些政权的建立，又促进了更多的北方民族成员陆续南迁，进入中原地区。据估计，在东晋永和五年（349），迁居中原的胡人高达五六百万之多，数量上是相当惊人的。大批北方民族的内迁，改变了当时的人口结构和文化版图，把北方民族的民族基因和文化带到了中原。草原民族的统治，改变了中原文化的形态，给中华文化以强烈的刺激，为中华文化中加入了许多游牧文化的因素，在社会风俗方面也出现了“胡化”的

魏晋墓壁画《牧羊图》

现象。

数百年间的胡族统治，对中原社会产生的影响极其深刻而广泛。对魏晋南北朝社会生活史的研究表明，该时期胡化的程度相当高。一方面，从汉族的角度来看，胡俗的大量吸收，也相当显著，衣食住行，都有反映。另一方面，“五胡”在丰富浩繁的汉文化的诱惑中被完全折服，以至于惟汉风是效。这一时期的各民族上层以精通汉文化自诩。各国的统治者为了维护政权的稳定也发展教育。他们在各自的国内，援引汉族名儒，设立学校，中华文化教育没有因民族斗争而覆没。这是在这个遭受异族文化强烈冲击的时期中华文化传承没有中断的重要原因。各异族政权的学校教育都是以中华文化为主要内容，特别是延续汉朝时的经学教育为重点。这对促使北方各族接受汉文化，对于民族融合，以及中华文化的传承，都具有积极意义。

在近 4 个世纪中，北方周边民族如汹涌的潮水奔向中原，汇合在汉民族传统文化的海洋里。从经济制度上，他们接受了封建的生产方式，并推陈出新，制定出均田制。从政治制度上，北朝的门下省制是我国古代三省制度的重要来源之一。其府兵制兼采汉文化和鲜卑文化而形成。尤其是经历汉文化教育之后，各民产生了属于自己的文人和学者。

恩格斯在谈到民族征服的时候指出：“每一次比较野蛮的民族所进行的征服，不言而喻地都阻碍了经济的发展，摧毁了大批生产力。但是长期的征服中，比较野蛮的征服者，在绝大多数情况下，都不得不适应征服后存在的比较高的‘经济状况’，他为被征服者所同化，而且大部分不得不采用被征服者的语言。”[1] 恩格斯概括的这一历史现象，正是魏晋南北朝时期的文化面貌，这也是经历了数百年的战乱流离，分裂割据，中华文化没有中绝，而得以持续传承的主要原因。

另外，在异族统治下的汉族知识分子，为保存和传承中华文化

[1]《马克思恩格斯选集》第 3 卷，人民出版社 1972 年版，第 222 页。

做出了持续的努力和重大贡献。自十六国以至北朝各代，汉族才智之士多受到重用。北魏拓跋鲜卑自开国之初即重用清河崔氏，大约亦采用九品中正制，至拓跋焘时期已出现了“中正官”的记载。这些都助长北方世族的发展。汉族才智之士参加有关地区的政治活动，有时还取得重要地位。这对于民族杂居地区的“汉化”，也是有重要意义的。

三、魏孝文帝的汉化运动

北魏统一北方后，北方地区出现了比较安定的局面。发生在5世纪后期的北魏孝文帝改革，是北魏社会政治盛衰的一大关键，也是中华文化历史进程中的一个重大事件。魏孝文帝的改革是“五胡十六国”以来最彻底的一次汉化运动，从政治、经济、制度到礼乐文化等方方面面，全面推行汉制，从而对北魏立国以来从游牧向农耕社会转型的成就进行全面的总结，力图使北魏在文化上获得质的飞跃提升，长治久安。

孝文帝的汉化改革，在前期是由其祖母冯太后主导的。冯太后两度“临朝听政”，是北魏朝廷的实际统治者。冯太后对文治十分重视，第一次临朝听政时，就下诏在全国各地普遍建立学校，规定学生“先尽高门，次及中第”，正式承认汉族门第，迈开了“汉化”的第一步。北魏不仅太学昌盛，而且郡国学制也普及甚广，使大批中下层汉族和少数民族人民获得受教育的机会。原来落后的习俗被革除了，汉族的礼乐文化普及各族人民。

这一时期的改革主要包括即建立卓有成效的新制度以取代旧制度，如推行班禄制，实施三长制，倡导均田制，改革租庸调制等等，都成效卓著。太和十四年（490），冯太后去世，孝文帝元宏开始亲政，推行一系列诸如迁都洛阳、制礼作乐、全盘汉化的改革。魏孝文帝亲政后主持的改革，最主要的有两项：

一是太和十七（493）全面启动、太和十八年（494）正式完成的迁徙都城，将北魏的都城由平城迁移到洛阳。洛阳是汉族政治文化中心，东汉、魏、西晋都曾建都在此，是所谓“中夏正音”所在之地。迁都之举主要是从加速鲜卑族汉化的方面考虑的。迁都洛阳对于世世代代居住北方的鲜卑人来说，是一个很大的震动。这意味着，拓跋氏必须放弃过去那种以游牧业为主的生产方式，而使经济生产农业化；同时，还意味着在生活方式上也要来一个变革。迁都实现了北魏政治中心的南移，强化了对中原地区的统治，削弱了鲜卑旧贵族势力的影响，为接下来的汉化改革扫除障碍。洛阳成为拓跋氏人心目中真正的都城，也成为北魏占据中原，正式接受汉化的象征。

二是移风易俗，“全盘汉化”，彻底去掉鲜卑族的民族特性，将其完全融入汉族之中。迁都洛阳后，孝文帝即开始雷厉风行推行他的汉化措施。其重点，是彻底改变鲜卑族原有的风俗习惯，毫无保留地学习和采纳汉族的典章制度和生活方式，全方位促进鲜卑族接受汉族文化。其具体的措施有：

（1）易服装。太和十九年（495），孝文帝下诏禁止士民穿胡服，规定鲜卑人与北方其他少数族人一律改穿汉族服装。他还自己带头穿戴汉人服饰，并在会见群臣时，“班赐冠服”。

（2）讲汉话。为了提高鲜卑族的文化水平，便于读汉人书，接受汉文化，孝文帝正式宣布以汉语为“正音”，称鲜卑语为“北语”。明确宣布：“不得以北俗之语，言于朝廷，若有违者，免所居官。”认为“如此渐习，风化可新”。

（3）改汉姓。太和二十年（496）正月，孝文帝拓跋宏下诏改鲜卑复姓为单音汉姓，共有100余种鲜卑姓改为汉姓。从此之后，鲜卑族姓氏就与汉族完全相同了。

（4）定族等。在改汉姓的基础上，孝文帝参照魏晋以来汉族门阀制度的做法，确定鲜卑族的门第高低，并据此来选拔人才，任命

官吏。

（5）通婚姻。孝文帝为了使鲜卑与汉族两族进一步融合，还大力倡导鲜卑人与汉人互通婚姻。他亲自为六个弟弟聘室，六个王妃中，除次弟之妻出于鲜卑贵族外，其余都是中原的著名汉族大士族。

（6）改籍贯。孝文帝还颁布诏令，规定凡迁徙到洛阳的鲜卑人，死后要埋葬在河南，不得归葬平城，从而切割鲜卑人与平城根据地之间的联系，也保证了其后代的籍贯从此改为洛阳而不再为平城人。

魏孝文帝的汉化改革取得了明显的效果，使胡族政权不但在政治上而且在文化上被中原文明所同化。《魏书》说："礼仪之叙，粲然复兴；河洛之间，重隆周道。"孝文帝后期，汉族士族的男人将相的人数从不到四分之一，上升到三分之一，经过宣武、孝明两帝的继续扶植，几乎达到了胡汉各半的比例。

在北魏时期的全面汉化改革中，儒学起到了重要的作用。它加速了胡汉差别的消失，加速了民族融合的进程，也使中原传统文化得以发扬光大。北魏王朝的统治者主动吸收儒学，自觉儒化，积极推行儒家礼仪制度，多次祭奠孔子，公开举起儒家的旗帜。北魏崇儒之风，在孝文帝元宏时达到了高峰。据《魏书》记载，孝文帝本人"雅好读书，手不释卷，'五经'之义，览之便讲，学不师受，探其精奥，史传百家，无不该涉"。他在清徽堂、苑堂给群臣讲经，又亲临太学问博士经义。他还有一些推崇儒学的重要举措。孝文帝多次强调以礼治国的重要，对朝仪、祭仪、婚礼、丧礼、乡饮礼等都有研究。他下令民间恢复乡饮礼，改变"乡饮礼废，则长幼之序乱"的状态。通过崇礼，以维护正君臣、笃父子、睦兄弟、和夫妇的封建伦理制度。

魏晋以后的"五胡乱华"，实际上对中华文化的冲击是很大的。但是，在这样的冲击面前，中华文化没有灭绝，没有坍塌，反而浴火重生，广泛地吸收融合了边疆游牧民族的文化因素，在新的基础上得到更大的新的发展。这些"胡"族的统治者倾心汉族文化，热心推广汉族文化，是一个重要原因。而到了北魏时期，孝文帝的全面"汉化”的改革，全面推行汉文化，不仅加速了鲜卑族的农业化和封建化进程，加速了鲜卑民族的文化进步，而且也使中华文化的传承得以延续，并且在新的基础上获得发展。可以说，孝文帝的“汉化”改革，是中华文化传承史上的重大事件，是一次重要的中华文化振兴运动。

四、“衣冠南渡”与六朝文化

西晋亡后，琅琊王司马睿于建武元年（317）即皇帝位，在建康定都，史称“东晋”。从此，东晋偏安江左，下开宋、齐、梁、陈之局。

（宋）《黄鹤楼图》。黄鹤楼建于三国吴黄武年间（222—228）

晋室南渡建国，中原人士亦随之南移。大量人口为避战乱，陆续从中原迁往长江中下游，主要有林、陈、黄、郑、詹、邱、何、胡八姓，史称“衣冠南渡”。这是中原汉人第一次大规模南迁，是第一次重大的文化南移事件。

汉末军阀割据最终形成三国鼎立的局面，孙吴政权的统治区域是长江中下游和东南沿海一带。在中原经济遭受农民起义和军阀混战的重创而凋敝时，南方经济却得到了发展。晋室南渡，中原人口南迁，带来了中原

地区的财力、物力和先进的生产工具和生产技术，促进了南方经济、文化的繁荣。南方经济更进入一个全面开发、加速发展的历史阶段。

与中原地区社会动荡、政权更迭对经济的全面破坏不同，尽管王朝更迭如转蓬，但南方经济和政治之间却存在一定的距离，除萧梁时期“侯景之乱”的大破坏外，整个六朝经济都保持着发展的态势。江南地区渐取代中原而成全国经济重心。其中的冶铁、造纸、纺织、制瓷等技术得到进一步发展。建康、京口、山阴、江陵、成都、广州成为当时繁荣的都市。经过近 300 年的经营，整个六朝辖区内，“良畴美柘，畦畎相望，连宇高甍，阡陌如绣。”

“五胡”入主中原前，因北方发展较早，且为全国政治、经济重心所在，故北方文化远高于南方。夏、商、周、秦、汉，莫不如此。虽然南方在河姆渡时期、彭头山时期就有了水稻栽培和发达的农业，春秋战国时期，有吴、越、楚文化的出现，但南方一直未得到足够的开发。自孙吴以来，人才辈出，渐成一股具朝气的新兴文化。晋室南渡，大批中原士人来到江南，并把中原文化带到南方。钱穆先生说：“当时南方士族为中华传统文化之宣传人与推广人。因为其时长江以南，同样有许多当时认为异族的即古代诸蛮之遗种，盘踞生长，尚未达到与中国大部民众同一生活同一文化之水准。当时中国南、北两方，实在同样进行着民族融合与文化传播的大工作。”[1]

经南朝宋、齐、梁、陈四代的发展，南北文化得到一定程度的融合，极大地促进了江南的开发和文化发展，在科技、文学、艺术等诸方面均达到了空前的繁荣，形成了在中华文化史上极有特色的“六朝文化”。“六朝”是江南华夏文明大发展的时期。玄言诗、山水诗等文学成就，都是“六朝文化”的代表性成果。这种“六朝文化”大大地丰富了中华文化的内涵和多元化，也为中华文化在唐宋时代的大发展奠定了基础。

[1] 钱穆:《中国文化史导论》，商务印书馆 1994 年版，第 137—138 页。

西晋永嘉年间开始出现玄言诗。“玄言诗”可分为两个阶段：一是以士大夫注解老庄形成的玄言诗；二是以支遁、王蒙、谢安、王羲之等高僧名士所形成的“兰亭诗”。当时高僧名士常在一起谈论老庄，据说当时支遁的注《庄》名气很大，包括如谢安、许询、王蒙、王羲之等隐士名士都十分佩服。后来，以王羲之为首的一批隐士名流在浙江会稽山阴之兰亭集会，王羲之亲为所集结的诗作序，遂形成兰亭诗派。此为玄言诗的一个高峰。

进入南北朝后，诗风一变，两晋的玄言诗逐渐为山水诗所代替。山水诗的集大成者是晋宋之际的谢灵运。谢灵运的山水诗，景物融合，清丽自然，幽静淡雅，在中国古代诗歌史上有很高的地位。其诗擅长景物刻划，讲究雕琢字句，喜用典故，注重形式，为后人留下许多名篇佳句。佛教心性学说的影响，促使南朝“性灵说”超越对世间常态情感的执着，而走向对心灵及精神世界的探索。南朝的山水诗集中体现了这一理论的新发展，并且在山水诗歌的创作实践中，开拓了以追求神韵灵趣为特征的新的诗歌美学境界。

与谢灵运大体同时，出现了中国诗歌史上屈原之后、李白杜甫之前最著名的诗人陶渊明。陶渊明生逢易代之际，虽曾一度出仕，但终不满官场的虚伪和政治的黑暗，而归隐于柴桑，躬耕自资，在田园生活中找到了精神归宿。陶渊明以平淡、朴素而又富有情趣的笔墨，多方面地描写田园风光，抒写他在农村的真切感受。以前诗人所忽视的田园景物第一次被陶渊明描绘得那样美妙和情味隽永，所以后人称他为“田园诗人”。陶渊明的田园诗开创了中国诗歌史上的一个新的题材领域，对唐宋以来的历代作家有深远影响。

这一时期，汉语四声的发现，标志着中国学人已经能够正确地把汉字字音结构区分为声、韵、调三个部分，从而为音韵学的研究奠定了较为科学的理论基础。发现“四声”，并将它运用到诗歌创作之中而成为一种人为规定的声韵，就是“永明体”。“四声”的发现和“永明体”的产生，使诗人具有了掌握和运用声律的自觉意识，它对于增

加诗歌艺术形式的美感、增强诗歌的艺术效果。“四声”的发现，标志着声律理论的产生，直接影响中国诗歌的创作，促成近体诗的迅速形成和发展。

“四声”的发现和“永明体”的产生，使诗人具有了掌握和运用声律的自觉意识，它对于增加诗歌艺术形式的美感、增强诗歌的艺术效果，对于纠正晋宋以来文人诗的语言过于艰涩的弊病，使创作转向清新通畅起了一定的作用，文人们作诗开始追求诗歌的形式美和格律美。于是，中国的古体诗慢慢被淘汰，出现按照新的诗词格律创作的格律诗，中国诗有意识地走向格律化。

“永明体”是唐朝严格的律诗的前锋，此后，近体诗迅速地成长、发展，不久就取得主宰诗坛的地位。南朝齐、梁、陈三代流行的“永明体”新体诗，讲究声律和对偶，着意于诗歌的形式美，是古典诗歌从比较自由的“古体”逐渐走向格律严整的“近体”的一个重要过渡阶段。格律的形成，是要求诗的声音具有音乐美的自然趋势。格律诗在表现社会生活方面、在创作手法上都比古体诗灵活、方便得多，词句精练、音韵铿锵，更容易被读者阅读和记忆，从而大大加大了诗歌的传播范围。

魏晋时的绘画艺术有很大发展，出现大量的人物画，在中国绘画史上地位突出。南朝绘画，承前启后，五彩缤纷。士人画家，改变汉代粗犷、繁复的风格，向精密技巧方向发展。他们重视传神写照，尤其善于表现人物性格。他们又从人物画向山水画过渡，并将外来技法运用于个人的创作实践，形成诗书画统一的艺术整体。顾恺之提出了“以形写神”之论，追求“传神”这样明确的艺术判断，前无古人，而“传神”二字成为中国画不可动摇的传统。顾恺之的作品很多，其中《中兴帝相列像》《列仙图》《三天女图》《虎豹杂鸷鸟图》《白麻纸十一狮子图》《女史箴图卷》《洛神赋图卷》等为世所推重。南朝画家以陆探微、顾景秀、宗炳、王微、谢赫、刘瑱、毛惠远、张僧繇最有成就。南朝士人画家一方面沿袭魏晋玄学风气下的人伦品藻，奉顾恺之的“传神写照”为人物画宗旨；另一方面与自然进一步融合，山水画也迅速发展，成为南朝画坛区别于前代的重要特色之一。

书法是与文字有密切关系的艺术。魏晋玄学有着强烈的个体选择倾向，而且借道家思想作自我精神解脱的逍遥游，在书法艺术上出现了更多美的自觉。“书圣”王羲之的书法自由潇洒，或宛如游龙，或翩若惊鸿，正是个人审美意识寄托于字体、笔意、结构、走势的结果。王羲之之子王献之，更进一步发展了这种自由精神，将行书发展为“今草”，也称结构微妙的“小草”“游丝草”。草书一旦成为世风，书法便由实用为主转为艺术为主了。这时，书法的性质可以说与绘画的性质相同，这是魏晋艺术在中国艺术史上所建造的一座里程碑。

五、儒学复兴与学校教育的发展

汉末战乱频仍，社会动荡，给教育的发展带来了诸多不利的影响，学校教育时兴时废。但是由于“大一统”的局面被打破，儒学独尊的地位受到冲击，思想的大解放，也使教育的发展呈现了新的格局。教育内容上突破了两汉皓首穷经的旧模式，玄学、佛学、道学、文学、艺术、史学、科技等都融合进教育中来了，教育内容大大扩展了。由于社会的动荡和官学的时兴时废，私学以空前的规模繁荣起来。

到了西晋后期，曾经在东汉后期和魏晋之际陷于困境的儒家学说，再次受到人们的重视。晋室东迁，儒学的地位进一步提高，玄学则向两极分化，一是与佛学开始合流，一是继续与儒学结合。表现在士大夫们身上，便是一种亦儒亦玄、儒玄双修的思想风貌。

东晋儒家学者大都兼通玄（道）学，玄学之士亦兼综儒学。他们都在走着儒玄双修的道路，差别只是“以儒释道”或“以道释儒”。儒玄兼修是东晋士人的一大特色。如虞喜，“束脩立德”“博闻强识”，

但他“高枕柴门，怡然自足”，颇得玄风的旨趣。一代“儒宗”徐苗，既“作《五经同异评》，又依道家著《玄微论》，前后所造数万言，皆有义味。”江惇“性好学，儒玄并综。每以为君子立行，应依礼而动，虽隐显殊途，未有不傍礼教者也。若乃放达不羁，以肆欲为贵者，非但动违礼法，亦道之所弃也。乃著《通道崇俭论》，世咸称之。”

当时不少有见识的士人，走的都是儒玄兼综之路。他们认为儒学有通六艺、重教化、定人伦、齐风俗的积极意义，是个人修身、齐家乃至治国、平天下的根本。对于道家学说，他们也并不排斥，强调要得老庄之学的自然情趣，主张要依礼而动，而不应疏狂肆纵。这些儒玄双修、儒本道末的人生哲学，在当时士大夫的思想风貌中得到充分的表现。

在北魏，由于统治者重视儒学，一时之间，名儒辈出，著述良多，而且名儒们还是“弼谐庶绩”“兼达政术”，栖身于政坛。诸如崔宏、崔浩、高允、卢玄、李灵、李顺、李孝伯、游雅、游明根、高闾和李冲等人，都以通晓儒学参与朝政。对于巩固北魏政权和加速鲜卑族封建化进程，都作出了成绩。

北魏儒士们的治经方法，虽然上承两汉，比较重视师承关系，却并无汉代那种严格的家法，不再专研一经，而是兼通诸经。如梁越“博通经传”和沈重“博览群书，学通诸经”等便是。北魏儒士们不但一改汉儒那种“白首穷经”的思路，而且在从师问道时，不再恪守“夫子步亦步，夫子趋亦趋”的藩篱，强调择师而从和自创新说。北朝为佛教极盛之时期，北魏贵族达官多崇佛教，儒林人士受帝王好尚之影响而与佛教再生因缘，乃势在必行。北朝传经授业的大儒皆崇佛教。当时儒林兼综博涉，形成了儒佛同讲、道俗同听之盛况。佛教对经学学者思想的浸染，使佛教教义及其讲经、译经之形式、原则等在一定程度上对经学进行渗透，从而影响于这一时期的经学注疏。北朝儒家讲经与注疏原则与两汉也多有不同。两汉注重文字训诂与章句之义，以合乎文本为阐释原则；北朝则以释滞去惑、追求圆通为目的。

北齐时期《校书图》

这一阐释原则的形成也是受到了佛教讲经、译经之影响。魏晋以来佛经翻译渐趋成熟，形成了佛教译经及讲经追求通大义，能自圆其说、以通滞为上的阐释原则。佛教讲经在圆通的前提下，还追求新异，通滞即意味着除旧立新。佛教讲经以圆通为上的原则的广泛应用也启发了儒家讲经原则的变更，从而使通滞、去惑成为南北朝讲经的共同追求。

南北朝的教育事业也新的发展。东晋时，王导在晋元帝即位后不久即上书主张“建明学业”“以训后生”“择朝之子弟并入于学，选明博修礼之士而为之师”。稍后不久，散骑常侍戴邈也上书兴学。王导和戴邈均从儒家思想来匡正时俗，笃道崇儒，反映了中国传统教育的核心始终未离开经学。不过南方学术受玄学和佛学的影响较深，学术思想较为活跃，学校教育也出现了一些新的内容。

南朝学校教育的一大特色是专科学校的建立。专科学校萌芽于宋文帝时期。针对当时官学荒废的状况，文帝征集各地名师集于京师，开馆于鸡笼山，各聚生徒，命何尚之立“玄学”，何承天立“史学”，谢元立“文学”。文帝还征庐山处士雷次宗开馆于鸡笼山，学生数百人，命会稽朱膺之、颍川庾蔚之“并以儒学，总监诸生”。此后南齐亦设律学博士。梁武帝天监四年（505）又设律学专科学校，设律博士一人。这种分科教授制度打破了我国传统的以经学为唯一课程的学校教育制度，对后世影响很大，是隋唐专科学校发展的萌芽，乃至为后代分科大学之权舆。

占据北方的十六国，各自办起自己的教育机构。建立前赵的刘曜即皇帝位后，立太学于长乐宫东，小学于未央宫西。太学设国子祭酒、崇文祭酒，教师为“宿儒”，这都与魏晋大体相似。十六国中汉人建立的政权有前凉、西凉、北燕。这些汉族政权杂处于各少数民族政权之中，它们对教育都十分重视，在保存和传播汉文化方面做出了重大贡献，特别是前凉、西凉所形成的凉州汉文化区，对北朝乃至隋唐文化产生了深远影响。北魏学校教育最为发达的时期是孝文、宣武两朝。

整个十六国和北魏时期，学校教育的持续性被打乱，各国的教育状况参差不齐，但是以儒学为核心的传统教育并未断绝，无论各少数民族国家或汉人建立的国家，均视儒学为教化的重心，并且都是继承两汉以来的办学传统，以儒家思想，特别是经学为主要教学内容。北方诸族所创立的政权，坚持以中华文化的核心内容儒家文化为教育的主要内容，是这一时期中华文化得以传承的一个重要原因。

南朝私学呈现出较为繁荣的局面，一方面一大批私学家勤于教育，淡于功名；另一方面南朝私学内容也极广博，除儒家私学外，还有佛、道私学，甚至三者兼容的私学。南朝私学兴办得相当普遍，规模也较大，动辄数百上千人。私学的教学内容也很丰富，其中以经学为主，特别是对礼学尤为重视；老庄在私学中也有讲授。甚至包括天文历算、风水占卜、音律、医学等。从总体上来看，经学在私学教育中仍占据重要地位，但已不拘于烦琐章句。儒学在社会上的影响仍然是最大的，博通“五经”者在社会上享有较高的地位。但是经学并没有沿两汉的老路走下去，在经学传授上重思考，重创新。南朝的诸多私学家既通经典，又习玄风，甚至集佛、道于一身。文学在私学中也占有重要地位。私学中的科技教育则涉及算学、天文学、医学、机械等多种。私学的这种兼容并包性无疑大大拓宽了传统私学的教学范围；使私学不再仅仅是官学的附庸，而逐渐走上了独立发展的道路。

十六国时期虽然战乱频仍，王朝更迭频繁，北方绝大部分地区为少数民族所统治，但私学依然保存了下来，甚至还比较发达。十六国时期的私学家大多是在中原失守之后，流寓一方，隐居山林，在极端困难的情况下聚徒讲学。北朝私学自由择师的风气，反映了私学学生求师是求见解而非章句。玄学、佛学、道学、文学、科技、书学、律学、史学等也都融进私学中来了。一些私学家由办私学出名而入仕，但依旧以学术为重心，培养了大批人才。他们一方面对保存中华传统文化做出了积极贡献；另一方面对进入中原各少数民族的汉化起了极大的推动作用。

南北朝时的私学兴起与当时的门阀世族有很大关系。南北朝政治上的明显特征是门阀世族的兴起。瑯琊王氏、陈郡谢氏、博陵崔氏、颍川庾氏、吴郡的顾、陆、朱、张，都是当时显赫的世家大族。他们除了从政治、经济上维持其不败之外，也注意从文化教育上来树立自己的门风，形成了带有这一时代特征的门第教育。如瑯琊王氏有所谓王氏“青箱学”，即为其家传之学。门第教育既构成了南北朝私学的一方面内容，也是这一时期私学发展的一个原因。

魏晋南北朝时期，各大世家大族都十分重视门第家族的教育，出现了不少家训、诫子之书，是世家大族进行门第教育的基本读本，也是文化传承的家族读本。在这一时期的家训类读本中，最有代表性的是《颜氏家训》。《颜氏家训》作者颜之推是瑯琊临沂人。瑯琊颜氏是魏晋南北朝高门士族，是没有习染玄风而保持传统经学的少数高门之一。这个家族“世善《周官》《左氏》”，是一个从学术到政治、社会行为都履行儒家传统的家族。颜之推继承了家族这一传统，博览群书，词情典丽，在传统经学上有着深厚的造诣。颜之推一生著述颇多，有文集30卷。他的名作为《颜氏家训》，共20篇，集中反映了他的教育思想。

作为传统文化的典范教材，《颜氏家训》直接开后世“家训”的

先河，被誉为“古今家训之祖”，视之为垂训子孙以及家庭教育的典范。《颜氏家训》各篇内容涉及的范围相当广泛，但主要是以传统儒家思想教育子弟，讲如何修身、治家、处世、为学等，其中不少见解至今仍有借鉴意义。如他提倡学习，反对不学无术；认为学习应以读书为主，又要注意工农商贾等方面的知识；主张“学贵能行”，反对空谈高论，不务实际等。他鄙视和讽刺南朝士族的腐化无能，认为那些贵游子弟大多没有学术，只会讲求衣履服饰，一旦遭了乱离，除转死沟壑，别无他路可走。对于北朝士族的觍颜媚敌，他也深为不满。

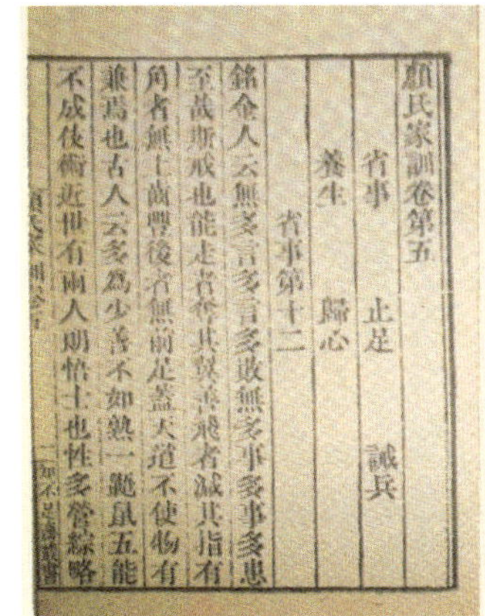
顔氏家訓卷第五
省事 止足 誡兵
養生 歸心
省事第十二
銘金人云無多言多言多敗無多事多事多患
至哉斯戒也能走者奪其翼善飛者減其指有
角者無上齒豐後者無前足蓋天道不使物有
兼焉也古人云多爲少善不如執一鼫鼠五能
不成伎術近世有兩人朗悟士也性多營綜略

颜之推《颜氏家训》

颜之推的《颜氏家训》对后世影响很大。中国古代社会是以家族为核心的宗法社会，家族在传统文化传承中占据重要地位，“家学”是中华文化传承的主要形式之一。“家训”则是家庭教育的重要文本。在历史上，特别是进入宋朝以后，出现了许多内容丰富的“家训”读本。而《颜氏家训》则在这些“家训”中具有典范的意义。历代学者对该书推崇备至，称它“篇篇药石，言言龟鉴，凡为子弟者，可家置一册，奉为明训，不独颜氏”。

第八讲 大唐文化的盛世

一、“守成以文”的基本国策

盛唐时代是中国古代社会继汉代之后的又一个黄金时代，是中华文化发展历史上最辉煌的巅峰。

开皇元年（581），杨坚推倒北周王朝，建立隋朝。隋朝在继承北周统一中国北方的基础上，进而统一了全国，结束了数百年分裂割据的状况，开创了全国再统一的新局面。但是，隋朝和历史上的秦朝一样，虽然完成了祖国统一的大业，而它本身却是一个短命的王朝，仅历二世而亡。不过，隋朝之对于唐朝，也与秦朝之于汉朝相似。正是隋朝的统一，以及隋代经济社会的初步发展和文化的初步繁荣，为唐代的盛世辉煌奠定了基础。

武德元年（618），唐代隋兴，从此开始了将近300年的唐朝统治时期。唐朝立国之后，继承了全国统一的局面，并进一步开疆拓土，扩大帝国的势力范围，加强行政机构的建设，完备法律和典章制度，巩固封建中央集权统治，同时采取一系列措施，鼓励和促进农业和手工业生产，推动了社会经济的繁荣。有唐一代，虽中经天宝安史之乱，但总体来说是中国古代社会最繁荣发达的时期，特别是在唐前期，社会稳定，经济富庶，国力强盛，精神闳阔，文化腾远，呈现出前所未有的文化盛世。

作为文化传承的主要载体，历代都非常重视教育事业。早在新石器时代和夏代，就有了初期教育的萌芽形态。到了周代，则有了国家主导的官学。春秋战国以后，私学兴起，私学与官学并重，成为中国古代社会的基本教育体制，使得中华文化得以代代相传，并不断得到新的发展。魏晋南北朝时期，虽然政权更迭频繁，社会离乱困厄，但各政权都始终坚持兴办学校，私学更为发达。隋唐时期，“以文兴国”作为基本国策，教育事业得到更多的重视，对中国传统社会的教

育体系进一步完善，建立了完整、系统的学校教育制度，成为中国古代教育的典型形态。

自从汉武帝确立“独尊儒术”的政策之后，儒学定于一尊，曾促进了儒学教育的蓬勃发展。魏晋南北朝时期，由于玄学、佛教和道教相继兴起，儒学一度衰微。隋统一中国后，在三教并重的思想指导下，儒学开始有所复兴。隋朝积极促进南北儒学的合流，使儒学中的“南人简约，得其英华，北学深芜，穷其枝叶”的不同特点逐渐融合。这是经学教育的一个重大发展。

（唐）张萱《唐后行从图》

由于隋文帝积极振兴教育，一度出现了学术与文化的昌盛景象。隋文帝一面崇儒，一面兴学，自京都至州县均设学校。文帝还亲至国子学参加释奠礼，奖励国子生，考选国子生为官。开皇三年（583），下令劝学，强调设学施教是立国为政的首要任务，进行礼义教育是学校教育的主要内容。开皇九年（589）统一全国之后，又令所有学校都要勤训导、严考课。但隋代短暂，教育事业并没有得到充分的发展。

唐朝建立后，明确提出“守成以文”的文

教政策。唐太宗即位不久，天策府长史唐俭向李世民提出：“汉祖以马上得之，不以马上治之。”（《旧唐书》卷五十八《唐俭传》）谏议大夫魏征向李世民提出“偃武修文”四字方略。（《资治通鉴》太宗贞观四年）所谓“偃武修文”，就是停止用兵，停止军事行动，实行“文治”。唐太宗支持这种意见，认为：“治国与养病无异也。病人觉愈，弥须将护，若有触犯，必至殒命。治国亦然，天下稍安，尤须兢慎。”（《贞观政要》卷一）作出结论说：“戡乱以武，守成以文。文武之用，各随其时。”（《资治通鉴》太宗贞观元年）“偃武修文”“守成以文”成为贞观“文治”的指导思想。

在“守成以文”的方针指导下，唐朝采取了许多“大阐文教”的措施，为发展社会文化教育，提高整个国民的文化素质作出了很大的努力。其中包括推崇儒学，整理儒家经典，进一步提高儒家学者的社会地位。不同地方、阶层的知识分子不断被补充到各级机构、各个部门，使各级官府中有一定文化素质的官吏大大增加。

唐朝立国之初，即以恢宏的气度“大阐文教”，兴办各类文教事业，促进了文化教育事业迅速兴盛，使整个社会的文化结构发生了较大变化，从而为唐朝的文教事业带来了许多新气象。

二、教育与科举：文化传承的制度安排

隋文帝初年，很重视学校教育，将国子寺从太常寺独立出来，成为中央教育行政管理机构，使学校教育在国家政权中有了独立的地位。国子寺设置祭酒一人，专门掌管国家教育事业，是最早的中央教育行政长官。国子祭酒下属有主簿、录事各一人，统领各官学。国子寺和国子祭酒体制的设置，是中国古代教育史上一个巨大进步，使学校教育有了社会组织的保证。

由于隋文帝初年积极振兴教育，所以一度出现了学校教育的昌

盛局面。隋朝的官学教育虽则短暂，但在学校教育上还是有一定的建树。如教育行政管理机构的创设；专科学校的创立，除设立专门研习儒家经典的国子学、太学、四门学之外，还设有书、算、律学；科举取士的制度也对儒学教育有所推动，以及在有关业务部门也设立博士，招聘学生，进行职业性培训等等，均由隋朝开其端绪。这些新的学校设置和教育制度都为唐代学校所继承和发展，并为后世所效法。

到了唐代，学校教育得到了较快的发展。唐高祖于武德七年（624）下《兴学敕》，宣称："自古为政，莫不以学为先。学则仁、义、礼、智、信五者具备，故能为利深博。"（《唐大诏全集》卷一〇五）把教育作为其政治的基础和依靠。唐太宗振兴学校的主要措施，首先是调整教育行政机构，重建国子监，以加强对学校的领导。国子监设祭酒一人，为教育的最高行政长官。还设丞一人，主簿一人，负责学习成绩和学籍等具体事宜。以后国子监的名称有过几次变化，但它的性质始终未改变，一直是唐代最高的教育行政领导机关。

唐武德年间，天下初定，以周公为先圣、孔子为先师，于国子监各立庙一所。贞观二年（628）停祭周公，升孔子为先圣，以颜回配享。这是中国历史上国家教育机构专祭孔子之始，以后成为一项制度。有唐一代，孔子的地位不断提高，荣衔、封号接踵而来。唐朝诸帝都很重视弘扬儒学，从高祖到昭宗，皆亲临国子监释奠，皇太子释奠则更为经常。祭礼之后，各学校大开讲论，中央各学由国子祭酒、司业讲论，州县学校则由博士讲论。

唐代官学分中央官学和地方官学两级。在中央设有：国子学、太学、四门学、弘文馆、崇文馆、崇玄馆、律学、书学、算学、医学、天文历学、畜牧兽医学，此外还有以教皇族子孙及功臣子弟为职专的小学。在地方设有：州、县学、医学、玄学，等等。唐中叶以前，适应社会政治、经济发展的需要，从中央到地方设立了各级各类的官学，已形成一个较完整的学校教育体系。

国子学、太学、四门学、书学、算学，律学，统称"六学"，直属国子监领导。六学的教师有博士、助教、直讲等。博士负责分经教授诸主，助教辅助博士分经教授，直讲辅佐博士和助教。博士相当于主讲教师。唐政府十分重视师资配备，精选天下贤良文学，淳师老德之士和具有各方面专业知识的大师担任。在这“六学”中，主体是以国子学、太学、四门学为核心的儒家经学教育的学校。所谓经学学校，就是以研习儒家经典为主要教育内容的学校。儒学在唐代整个教育体系中占主导地位。

随着六学兴盛，国家有关部门也办起各类专业附属学校。太医署附设了医药学校，太仆寺附设兽医学校，太乐署附设音乐学校，太史局附设天文气象历算学校，太卜署附设卜筮学校。还在军内兴办了学校。除了各级各类学校外，还设有一个特殊的教育机构弘文馆，是专门收藏、校雠和研究儒家经典的经学。弘文馆的学科与国子学等相同，它既是一个国家高级图书馆，又是一个高级学馆，还是一个国家政治研究院。贞观十三年（639），唐太宗又下诏，在太子东宫设置和弘文馆同样性质的高级学馆——崇贤馆，学生的课试和选举，一如弘文馆。唐朝的地方学校制度适应中央集权和科举制的需要，较前代更为周详。

由于唐太宗采取各种措施设馆兴学，推动了唐初学校迅速增加。唐初教育的发达程度在当时世界上无以媲美，开创了中华民族古代学校教育史的新局面。

唐初曾对私学有所限制，但开元中以后，则不作任何限制，而且鼓励私学发展，官学与私学教材相对一致，官私学学生学成后均可经过考试予以承认，使得私学成为一种重要的教育形式。办私学的有在职官吏和无意仕宦的及政治上失意的儒士，也有借此换取报酬的知识分子。他们精于经学，通晓文史，在地方上被奉为名师大儒，自行在民间聚徒讲学。有些名流学者，涉猎经史，不交世务，创立了儒宫，开设学馆，从事著述和讲学活动。唐代不少名儒显宦幼时就是在这种学校接受启蒙教育的。家学是私学的一种重要形式，不少人从“庭

训”“家学渊源”中得到教育。一些名士，也担任过私学教师。

在中国教育史上，唐代另一项突出的贡献是书院的出现。“书院”之名始于唐代，最早的是集贤殿书院。它是官立书院，主要职能是为政府修书。唐代集贤殿书院性质与弘文馆等学馆相近，有时也与弘文馆、史馆一起称为“三馆”，也有学生“在馆习业”，即在集贤殿书院内学习学业。作为真正教育机构的书院，皆起源于私人的著书讲学。起初，个人读书治学之所称之为书院，后来逐步发展成聚书建屋、授徒讲学的书院。宋初的著名书院大都是由唐末五代的私人读书讲学之地发展而成的。

科举制是中国古代社会最具独创性的通过分科考试选拔官吏的制度。这一制度在隋唐时期正式形成并完备起来。

关于中国古代的选官制度，汉代时实行察举制，由全国的地方官进行推荐。魏晋实行九品中正制，以中央官员监督地方的察举，根据品行评鉴品第来确定官品。家举制和九品中正制都是在一小部分名门贵族成员中选官，有很多局限和弊端。南北朝时期开始提出按才能而不是按门第选官的要求。隋朝建立后，隋文帝

（明）仇英《观榜图》

取消了九品中正制，废除了地方长官辟署佐官的制度，官吏的任用不再受门第的限制。开皇七年（587），隋文帝设立了诸州岁贡三人的常贡，有秀才、明经等科。隋炀帝大业二年（606）设立了进士科，这是科举制度的正式创立。秀才试方略，进士试时务策，明经试经术。这样，就形成了一个层次不同、要求各异、有一套完整体系的、国家按才学标准选拔文人担任官吏的分科考试制度。唐朝人沈既济对这历史性的变化说得真切："前代选用，皆州郡察举……至于齐隋，不胜其弊……是以罢州府之权而归于吏部。精罢外选，招天下之人，聚于京师，春还秋往，乌聚云合。"

唐代继续实行隋代创立的科举制，并使之更加完善。科举制度就是按照不同的科目来选举人才。唐代对科举考试内容、评价标准及多种形式的考试方法都有明确规定，并且十分完备。科举及第以后，就叫有了"出身"，也就是初步具备了做官的资格。要获得官职，还需要到吏部参加挂选。从高宗时起，科举入仕者在官员中的比重不断增加，从而奠定了中国古代社会后期高级官吏由科举出身者担任的格局的基础。

科举制是中国古代最具独创性的考试制度。作为一种取士制度，科举制的推行，使政治权力具有一种开放性和流动性，大批中下层士人由科举考试进入仕途，参与政权，从而在现实秩序中突破了门阀世胄的垄断，扩大了封建皇权的社会基础。由隋唐始创的这种科举制是世界上最早、最完善、最严密的人才选拔制度。从那时起一直到20世纪初废科举止，这种制度延续了1300多年。在中国历史上的各种具体制度中，这是历时最久、变化最小却又是影响最大的一项。

三、学术文化的开新、交锋与融合

在汉代，汉武帝采纳董仲舒"独尊儒术"的建议后，作为儒家经

典研究的经学发展起来，从此入学成为中国学术文化的核心和主流，一脉相承。但学者们对经义的理解和解释却难于一致，特别是今古文之争后，更是如此。所以在经学内部，也有争论和不同意见。这种争论从内部推动了经学的发展。到魏晋时，兴玄学，经学日渐衰落。而至隋唐开始，经学出现了新的局面。贞观元年（627）立孔子庙，以孔子为先圣，颜回为先师。自此，全国学校遍设孔子牌位，官学祭孔沿袭成习。贞观二年（628）又大征天下儒士以为学官，令他们齐诣京城，分授不同官职。贞观四年（630）诏各州县学皆立孔子庙。太宗还数次临幸国学，命国子祭酒和博士们“讲论经义”。学生凡通一经以上，都授予官职。史称:“儒学之兴，古昔未有也。”

儒家经文是儒家全部政治、哲学、道德思想的集中体现。汉武帝“独尊儒术”，重点就是推崇“五经”。魏晋南北朝玄学兴起后，大大削弱了“五经”作为儒家思想的核心作用。唐太宗认为儒学多门、章句繁杂、异说纷纭，给学校教育和科举考试带来了一系列的困难，同时也大大削弱了儒学的权威性。因此必须重振儒术，对儒经加以整理和统一。于是，贞观四年（630），唐太宗命国子祭酒颜师古“于秘书省考订‘五经’文字”。颜师古用了约三年的时间，将“五经”文字校订完毕。唐太宗为慎重起见，又诏宰相房玄龄会集一些儒生“重加详议”，即予以评审鉴定。贞观七年（633）十一月，唐王朝正式将颜师古新校订的“五经”颁布天下，“令学者习之”，完成了统一经学的第一步工作。

唐初国子博士、经学家陆德明是为经学统一做出重要贡献的人物，他所撰三十卷《经典释文》是关于儒家经典之源流、版本、音韵的重要著作。陆德明的撰述主旨就是要重振儒学之权威，解决儒学经典流传中的积弊。陆德明熟悉儒、道、佛三家理论，但出入三家之后，他更觉儒学理论尤为切实致用，因而当儒家理论趋于衰微之时，于《经典释文》中着意恢复儒家早期正宗的传统理论。这也是唐初儒家思想振兴尝试的一个重要特征，就是力求恢复儒家思想早期的状貌，即较为质朴的人文色彩、笃实的治世安邦之道，同时力求摒弃汉代已降赋予儒学的神学色彩和魏晋已降赋予儒学的玄虚色彩。《经典释文》符合了唐初振兴儒学的需要，构成了唐初对儒家经典统一文字、音注、义疏三环节中的一个中间环节。

唐太宗还以“文学多门，章句繁杂”，诏颜师古与国子祭酒孔颖达等诸儒，撰定“五经”疏义180卷，名曰《五经正义》。“正义”，就是正前人之“义疏”。对于前人关于儒经的种种繁杂的注疏，来一番彻底的清理。不管是南学北学矛盾，也不管是今文古文之争，更不囿于哪种师传家法，将前人之注疏均一律作为资料看待，辨析各家之说的优劣短长，翦其烦冗，撮其机要，取文证详悉，义理精审之说，对“五经”的文字内容及思想观点作出了统一的标准解释。孔颖达撰定《五经正义》的一个重要指导思想，即是注疏要简明，使教者易教，学者易学。他注重经文的实质，反对追求文字的华丽，更反对牵强附会。唐太宗对孔颖达这一工作十分赞赏，说：“卿等博综古今，义理该洽，考前儒之异说，符圣人之幽旨，实为不朽。”（《旧唐书·孔颖达传》）

《五经正义》的撰定与颁布标志着儒家经典的统一和正统地位的确立。撰定《五经正义》对于教育和选士也有着重大的影响，由此，教育思想、教育内容又趋于统一，科举取士以儒经为准，有了准确、标准的统一要求。

孔颖达主持的《五经正义》，是唐初诸儒协力合作而成的巨著，它对汉代以来的经学发展作了总结，结束了经学内部宗派的纷争，经学从此获得了空前的高度统一。由于《五经正义》成为广大士子生徒的必读书，成为朝廷选拔官员的试题库，因而极大地提高了儒经在社会各界的影响力。它是适应唐代政治上全国统一的巨大事业，促进了经学在唐代的发展。又由于“五经”有了文字、音训、义疏统一的标准定本，有了朝廷钦定的权威身份，因而在儒、道、佛三家中处于正宗地位，道、佛可以互相非议，儒可以非议道、佛，但道、佛却不敢

非议儒经。儒家思想无可争辩地成为官方的意识形态。这对儒学发展的影响，与汉武帝“罢黜百家，独尊儒术”有同样重大的意义。

唐代学术思想文化的一个重要特点就是“三教”并行，儒家经学、道教和佛教，相互争论又相互融合，共同推动了学术文化的发展。

佛教与道教、儒家思想的交涉与纠葛，从佛教进入中国之初就开始了。这是一种外来文化面对本土传统文化必然要出现的情况。魏晋南北朝时期佛教与道教、儒家经学和玄学之间互相的交锋、论争和相互的影响与激荡，冲突融合，互渗互补，成为当时中国思想史上一道奇特的风景。它们之间的交锋与砥砺，共同促进了中国思想的发展。“三教”关系在不同时期的演变发展以及“三教”地位的消长变化，对整个中国思想学术的发展影响巨大，不仅构成了汉代以来中国思想学术和文化发展的重要内容，而且在一定程度上决定着整个中华思想学术和文化的特点及其发展的走向。到了隋唐时代，佛、儒、道“三教”的交锋还在继续，“三教”的融合也出现了新的态势。从统治阶层来讲，隋唐两朝都采取“三教”并行的政策。两朝统治者积极支持和提倡儒、释、道、“三教”，致使隋唐代思想领域出现了以孔孟儒学为正统，儒释道三者并立的局面。儒、佛、道“三教”的冲突和融合形成了隋唐文化史上的一个重要现象，成为一个新的推动中华文化思想向前发展、引起中华文化思想结构发生变动的理论契机或动力，对中国多元文化格局的形成产生重要影响。

“三教”鼎立的局面也是中国学术思想史发展的一个合乎逻辑的结果，是汉魏以来儒佛道“三教”关系历史演变的延续，是“三教”各自的发展与“三教”关系长期互动的结果。汉魏以来，佛教与儒学、道教就进行着激烈的争论与思想交锋。但是，汉魏以来“三教”之间的长期冲突与融合使各家都清楚地认识到消灭他方的不可能以及借鉴吸取他方的长处来发展自身的重要性，因而到了隋唐时期，“三教”虽然矛盾依然存在，“三教”优劣高下的争论有时还相当激烈，但从总体上看，“三教”基于各自的立场而在理论上相互融摄成为这个时期“三教”关系的最重要特点。

隋唐思想学术的发展，在“三教鼎立”的“三教”关系新局面下展开。这种新局面，不仅推动了隋唐思想学术的发展，而且也对唐宋以后的中国思想学术产生重要影响。隋唐时期儒、佛、道“三教”理论上的融合，虽然主要还是各家立足于本教而融摄其他两教以丰富发展自己，但它却为唐宋以后“三教”思想理论上的进一步融合奠定了基础。唐宋之际，三教鼎立的局面逐渐让位于“三教合一”，至宋代，随着新儒学的出现和被定于一尊，儒、佛、道“三教”终于形成了绵延千年之久的以儒家为本位的“三教合一”思潮。任继愈先生说：“从三教鼎立佛教为首，到三教融合儒教为主，是唐宋哲学发展的总脉络。”[1] 宋代以后，以心性论为主要哲学基础的“三教合一”逐渐成为中国思想文化发展的主流。儒、佛、道“三教”经过长期的冲突与交融，终于找到了以儒为主、以佛道为辅的最佳组合形式。

四、图书的收集整理与宫廷藏书

中国是一个历史悠久的文明古国，有丰富的历史典籍和文献。这是中华文化得以持续传承不衰的基本保证。历代王朝都十分重视历史典籍和文献的收集、整理和保存。魏晋南北朝时期，随着图书用纸制作技术的改善，纸质图书逐渐代替木简成为历史典籍和文献的主要形态，给文献的抄写和编纂带来了廉价和轻便，促进了公私藏书的发展。在南北朝时，有任昉、王曾孺、张缅等收藏万卷的藏书家，而沈约、萧纶等人则家藏2万卷，萧统、萧劢有书3万卷，梁元帝萧绎“聚书四十年，得书八万卷”。(《金楼子·聚书篇》)

[1] 任继愈:《中国哲学发展史》(隋唐卷)，人民出版社1994年版，第2页。

当年北朝周武帝时，积累书籍已满 1 万卷，灭齐得新书 5000 卷。隋朝建立时，所收书籍仅 1.5 万余卷，“部帙之间，仍有殊缺”，“至于阴阳河洛之篇，医方图谱之说，弥复为少。”隋灭陈后，又得一批江南图书。分散的书籍集中在朝廷。如今共有 3.7 万余卷，含重复本达 8 万卷。

隋朝两帝都曾大规模组织抄书，国家藏书至 30 万卷。文帝采纳牛弘建议，广泛征集儒学经典。每书一卷，赏绢一匹，校写完毕，原书归还本主，由此搜得不少异书。隋文帝又使人总集编次，称为“古书”。“选工书之士，补续残缺，写出副本”，与正本同藏宫中。隋炀帝时，又将儒学经典加以整理分类，分为甲、乙、丙、丁四组，分统于经、史、子、集四类，成为后来史籍分类的正统方法。炀帝将所有书藏于东都观文殿东西厢。东厢藏甲乙，西厢藏丙丁。殿后起二台，东为妙楷台，藏魏以来书家手迹；西为宝台，藏古画。

隋末动乱，典籍和文献遭到严重破坏。唐初，京师长安的皇家藏书“典章湮散”，“先代之旧章，往圣之遗训，扫地尽矣。”高祖武德四年（621），秦王李世民攻占洛阳，隋朝在东都的藏书和目录，都完整无损地保存下来。遗憾的是，在水运赴长安时，经黄河砥柱覆舟，图书损失十之八九，目录亦被河水“渐濡，时有残缺”。这时，在长安嘉则殿的隋朝藏书有 8 万多卷，加上从东都水运残存的 8000 多卷，就是唐朝所得隋皇室藏书的总数。

唐自太宗至玄宗，也两次组织人力抄书，并设立修书院。隋唐时期藏书之盛，反映了当时文化发达的盛况，也促进了学术文化的发展。

唐太宗采取了很多措施，组织力量收集整理和研究古籍，其中见诸史籍记载的较大规模的组织工作共有 4 次：

第一次是武德九年（626），“于弘文殿聚四部书二十余万卷，置弘文馆于殿侧，精选天下文学之士，以本官兼学士。”（《资治通鉴》卷一百九十二）弘文馆学士掌“详正图籍”，实际上就是研究和整理古籍。弘文馆中还有“梭书即校典籍，刊正错谬”。

第二次是贞观二年（628），充实加强秘书省。秘书省是国家“掌邦国经籍图书之事”的常设机构。唐太宗授“通贯书术”的魏征为秘书监，“命魏征写四部群书”，并批准“魏征奏引学者校订四部书”。（《旧唐书·魏征传》）又“别置雠校二十人，书手一百人”，（《旧唐书》卷一百九十《儒学》）协助整理。在魏征主持下，数年之间，“秘府图籍，粲然毕备。”经过系统整理，形成颇具影响的《隋经籍志》4卷，高宗时，录入《五代史志》，后编入《隋书》，始称《隋书·经籍志》。

《隋书·经籍志》依隋朝《大业正御书目录》为底本，“其旧录所取，文义浅俗、无益教理者，并删去之。其旧录所遗，辞义可采，有所弘益者，咸附入之。”至于隋朝已亡而南北朝尚存之书，则以“梁有……今亡”的小注标明，可以了解隋朝以前图书流传的情况。在编排上，采取“离其疏远，合其近密，约文绪义”的办法，“各列本条之下”，也即按类编制。内容“疏远”者则“离”为不同的类别，内容“近密”者则“合”编在一起，然后对同一内容或同一体例的图书进行简要概括，叙其沿革、变化，指出每个部类与学术史的关系。在分类上，将全部图书划分为经、史、子、集四大部类，每一部类之下又分若干类。这一分类法，基本上被沿袭了千年之久。其经、史、子、集的四部分类，迄今仍为我们编排古籍所遵循。魏征改职之后，李世民又“令虞世南、颜师古等续其事”。让他们“购天下书，选五品以上子孙工书者为书手，缮写藏于内库，以宫人掌之”。（《新唐书》卷五十七《艺文志序》）

第三次是贞观四年（630），太宗命颜师古、孔颖达等组织整理五经，具体经过及成就已如前述。

第四次是贞观十三年（639），太子“东营置崇文馆”，馆内有校书二人，掌校整理宫中四库书籍。在东宫还设有司经局，也是专门整理东宫经籍的机关。

经过几次大规模的整理，到玄宗时期，于大明宫光顺门外、东都明福门外皆创集贤书院，两者各聚书四部，以甲、乙、丙、丁为次，列经、史、子、集四库，共有 8 万多卷。

唐朝设立的集贤殿书院，主要职能是为政府修书。开元五年（717），收集天下典籍，在乾元殿整理，设各种专职整理和管理人员。开元六年（718），乾元殿更号丽正修书院，改修书官为丽正殿直学士，并于光顺门外亦设一丽正修书院。开元十三年（725）大明宫光顺门外，东都明福门外两所丽正修书院均改为集贤殿书院。集贤殿书院主要是一个刊辑编定经典，帮助帝王了解经典史籍的官方学术机构。唐代集贤书院除了具有收藏整理图书、荟萃才俊、纂辑著述、侍讲顾问等职能外，还兼有聚徒设教的职能，有其特定的教学内容和教学对象。

《唐太宗建弘文馆图》

集贤殿书院藏书总数达八九万卷，这在当时是一个相当大的数字。同时又是当时中央最庞大的文人贤才荟萃之所，兼有国家图书馆和研究院的性质，并编修著译了《唐六典》《开元大衍历》《初学记》《大唐开元礼》等20多种著作，内容涉及经学、史学、目录学、典章制度、音乐、历法、类书、佛道、文选学、文集等门类。其中有不少是卷帙浩繁的典籍，编纂、校刊、抄写的工作量非常大，单靠学士与直学士若干人和修撰、校理官数人是难以胜任的，因此又配有“书直”及“写御书”100人。由于“直书”和“御书手”抄写的是皇朝重要典籍，仅书法优美还不够，还须有一定的文化素养，掌握必备的文史知识，才不至于在校理抄写典籍的过程中出差错。

唐太宗还积极鼓励学官对经籍进行撰集和注释。太宗因“少尚威武，不精学业，先王之道，茫若涉海”，命魏征与虞世南、褚亮、萧德言等编选一部“有关政术、存乎劝诫”的选本。贞观五年（631）九月，编辑完成，总共50卷。太宗称赞说：“览所撰书，博而且要，见所未见，闻所未闻。”同时，敕皇太子诸王各传一本。史家多称：“古籍之精华，略尽于此。”后来魏征又撰成《类礼》50篇20卷。国子博士徐文远撰《左传义疏》60卷，国子博士陆德明撰《老子》15卷、《易疏》20卷、《经典通释》30卷，并行于世。许叔牙撰《毛诗纂义》10卷。

唐代的私人藏书也很发达，不少都在万卷以上。唐代还有了私人藏书楼的建筑，如李泌“构筑书楼，积至三万余卷”。田弘正“于府舍起书楼，聚书万余卷”。还有李沈在江夏建万卷书楼。徐寅在莆田建万卷楼，白居易作池北书库，孙长儒为楼以储书。藏书室有命名，大概也是唐代开始的。

五、光辉灿烂的唐诗

唐代是中国文学艺术史上一个光辉灿烂的时代。唐代文学艺术的光辉灿烂，首先是因为有了光辉灿烂的唐诗。大唐以诗文而鸣，独步

一时，令后人神往、敬仰、追寻和陶醉。正是绚丽多彩、气度非凡的万千诗篇营造了唐代文学的巅峰状态，如果没有唐诗，唐代文学乃至整个中国文学史就会黯然失色；甚至还可以说，如果没有唐诗，所说的盛唐气象便会失去很多风采；没有唐诗，就没有中华文化的辉煌灿烂。唐朝首先是诗的唐朝。假若人们对中华文化史上的每一阶段只指认一种最有代表性的文化现象或文化创造，那么对于唐代，仍得说那是唐诗。

唐代诗歌在中国历代诗歌中最华美、最丰富，艺术水平也最高。它和唐代书法、绘画、音乐一起，配之以强大国力、空前的自信与开放，形成令后人无限向往的大唐风韵、盛唐之音。

唐代是诗歌创作空前活跃的时代，诗人辈出的时代，同时也是全民族诗情勃发的时代。从皇帝到平民，从达官贵人到贩夫走卒，无不写诗爱诗。唐代的君主大都喜爱或能作诗歌。受到特别重视的进士科考试，也以诗歌为重要内容。诗的优劣在录取进士过程中，起决定性作用。正因为这样，所以唐朝文人不仅人人会作诗，而且都竭力将诗作好。唐代文人以诗会友、酬赠唱和的情形十分普遍，这都促进了唐代诗歌的繁荣。不仅如此，当时整个社会都弥漫着炽热的诗情氛围，成为一个全民“诗化”的时代，如白居易所说：“今时俗所重，正在此耳。”唐宣宗挽白居易的诗中有这样两句：“童子解吟《长恨》曲，胡儿能唱《琵琶》篇。”刘禹锡也写道：“人来人去唱歌行”“新词宛转递相送。”社会各阶层人士，都充满着高涨的赋诗热情。在留传下来的唐诗中，其作者既有帝王名士，又有布衣平民、僧道隐士，还有少儿妇女。现存唐诗情况，据清人《全唐诗》及今人陈尚君《全唐诗补编》，计有姓名可考的作者 3600 余人，诗 55000 余首。在这名家辈出、名作如林的诗坛上，出现了李白、杜甫、白居易等影响远及世界的伟大诗人，产生了山水田园诗派、边塞诗派、新乐府诗派、韩孟诗派等风格不同的诗人流派。

唐代是中国诗歌创作成熟的时代。中国是诗的国度，中国的诗

（南宋）梁楷《李白行吟图》

歌有非常悠久的历史。先秦两汉时期，一部《诗经》，一部《楚辞》，还有几十篇汉乐府，是很足以让人兴奋自豪的。隋唐之前的魏晋南北朝时期，被称为“文学的自觉”时代，诗歌创作已达到很高的水平，出现了古典诗歌的真正繁荣。这一时期思想的大解放、五言诗的成熟、音韵学研究的成果等，为唐诗的出现和繁荣打下了良好的基础。唐代诗人上承魏晋诗风，继承和改造了魏晋南北朝的诗歌传统，使中国诗歌创作达到高度成熟境界。建安文学发达于二三世纪之交，唐代诗歌可以说是500年诗史之总结。律诗与绝句是唐人的骄子，但这是集500年诗家的努力，才得以诞生的诗界之精华。

唐诗的繁荣，首先是因为那个文化发达的时代，诗人们倾心家国，“以一国之事，系一人之本”（《毛诗序》）的高尚情操铸就了唐诗挺劲峥嵘的气骨，体现的是那个时代宏阔刚健的时代精神。不仅如此，

唐诗还是那个时代社会生活的记录，是我们今天了解唐代的社会生活史的一种“文本”。唐诗中有许多“咏史诗”，是对“史”的记录与感怀，所谓“咏史诗”，就是以诗歌的形式或体裁，表达史事、史意与史识，史笔自在其中。所以，“所谓咏史，不必尽咏古事，咏近事今事，而具有历史意义者，或也可称之为咏史，而成史之咏的时事诗，就其实质而言，与咏史诗同，何况时光流转，稍纵即逝，时事迅成史事，所咏者非史而何？”[1] 钱穆先生曾提出“以史证诗”的方法，就是讲史和诗的相关联性，诗和史可以对照起来读，从史中体会诗的意境，从诗中了解史的内涵。周振甫先生指出：“诗是反映生活的；史是记录生活的。诗的反映与史的记录有不同。昔人认为史好比煮米为饭，诗好比酿米为酒。史要记录事实，保持事实的原样，诗要加以提炼。用史证诗，可以看到生活的原

（明）周臣《香山九老图轴》

[1] 汪荣祖：《诗情史意》，江苏教育出版社 2006 年版，第 2 页。

样是怎样的；诗又怎样加以提炼，显得和原样不同。”“以史证诗，诗和史写的都是亲身感受的事，只是写法不同罢了。从不同的写法中体会到诗反映生活的特点，体会诗人含蓄的情意。”[1]

唐代诗歌在前人诗歌的基础上，形成了丰富多样的体式，包罗了古体诗（五言、七言、七言歌行）、近体诗（五、七言律诗、绝句、排律）、乐府诗（古体乐府、新乐府），以及新产生的词体。其中五、七言律诗是唐代新兴的诗体，具有格律严整、音韵协调、技巧精美等特点。新乐府诗经杜甫、白居易的大量写作，也形成了记事名篇、感讽时事的传统。这些都是前所未有的成就。唐代诗人还对诗歌的形式技巧和艺术风格进行了深入探讨。唐人的诗论对后世的诗论和诗歌创作都有很大的影响。

唐诗是中国古代文学的高峰。鲁迅曾有“古诗都被唐人做完了”的感喟，并非真的好诗全然做完，后人已没诗可作，而是唐诗已经达到历史高潮，具有永久的魅力。在古代诗歌体裁这个范围内，后人已经很难超越了。

唐代文坛是诗的时代，唐诗的光辉灿烂使唐代的文学达到了一个历史性的高峰。与唐诗耀眼夺目的光辉相映成趣的，唐代的词、散文、小说等文学形式也有很大的成就。

六、印刷术的发明与文化传承

印刷术是中国古代最伟大的发明之一，是中华民族贡献给人类文明的最珍贵的礼物。在中国历史上，雕版印刷术和活字印刷术的发明和发展，使人类科学文化知识的传播传承获得了一种崭新的形式，即印刷读物的形式。印刷术的发明，大大提高了书籍的复制速度，有力

[1] 周振甫:《古代诗词三十讲》，重庆大学出版社 2010 年版，第 12—13 页。

地推动了科学文化知识的广泛传播和普及，对人类生活的各个领域的进步和发展都产生了重大影响。因此，印刷术被誉为“文明之母”，印刷术的发明被看作是“人类文明史上的一个里程碑”。

中国印刷技术的发展，主要包括两个不同又互相联系的阶段：一个是雕版印刷技术的阶段；另一个是活字印刷技术的阶段。这是两项同样具有重大意义的发明。而这两项伟大的发明，都是中华民族的伟大创举。

关于雕版印刷术发明的年代，比较可靠的文献记载和实物证据，学术界一般公认为发明于唐代。唐初即有雕版刊刻图书之事，8 世纪已有印本书在书肆出售。唐穆宗长庆四年（825），元稹为白居易诗集作序：“而乐天《秦中吟》《贺雨》《讽喻》等篇，誊写模勒，衒卖于市井。”元稹注说：“扬越间多作书模勒乐天及余杂诗，卖于市肆之中也。”

唐初，雕版印刷术虽已发明，却用得不多，而且，印刷品多为诗集、韵书、佛像及佛经等书，没有关于印刷儒经的记载。至晚唐和五代时，雕版印刷术已经得到较为普遍的推广和使用，成为一种新兴的重要手工业部门。随着雕版印刷技术的发展，刻板印书之风日盛，书籍流传速度快、范围广，在一定程度上促进了经学的恢复和发展。帝王和重臣提供经书、版本并主持经书的印行，使经学图籍传布天下。唐明宗时，国子监四敏校对“九经”，刻板印卖，当时虽逢乱世，但传布甚广，推动了经学教育的普及。学者可以在任何地方研习儒家经典，而不必到京师抄写石经，为学人提供了极大的方便，尤其为私学的发展创造了良好的条件。这对当时教育的发展和文化的传播起了很积极的作用。雕版印刷术的发明和应用，改变了书籍的制作生产形式，为科学文化知识的广泛传播开辟了广阔的道路，对人类文明的进步和发展产生了极为重要的影响。

雕版印刷比手工抄写不知方便多少倍。正是由于雕版印刷术的发明，使书籍的大量生产和广泛传播成为可能。但是，虽然雕版印刷一版能印制几百部甚至几千部书，但印一页必须雕一版，刻一部大书往往要多少年工夫。另外，存放版片又要占用很大的空间。印量少又不重印的书，版片用后便成了没用的废物。因此，在雕版印刷发展到一定程度的时候，又有了一种新的发明来克服雕版印刷的这些弱点。这种新发明就是活字印刷术。活字印刷术发明在雕版印刷趋于鼎盛的北宋时期，它的发明者是一位叫毕昇的平民。毕昇发明活字印刷术，大约是在宋仁宗庆历年间（1041—1048）。这项发明克服了雕版印刷的弱点，非常经济和方便。它在中国和世界印刷史上都是一项伟大的创举，具有十分深远的影响。

中国人发明的印刷术，从雕版印刷到活字印刷，逐步得到完善和发展，技术日臻成熟精致。和中国的许多伟大发明一样，印刷术发明以后，陆续传播到海外，对世界文明的进步和发展产生了重大影响。

印刷术出现不久，便受到社会各界的普遍欢迎和高度重视，印版的图书成为文化传承的主要载体，对于中华传统文化的发展具有重大的意义。印刷术的发明根本上改变了图书的流通方式和人们的阅读方式，使阅读不再是少数人的特权，而变成了一种可以大众共享的文化形态。对于文明的发展史来说，这是一个具有重大意义的变化。在纸和印刷术发明之前，中国使用的书写材料竹简和锦帛，欧洲人使用的羊皮纸，价格都十分昂贵，即使在纸发明以后，书籍的复制主要是靠人工的手抄，不仅费时费工，费用高昂，而且还会出现不可避免的讹误。这些情况为书籍乃至文化的普及带来相当大的障碍。所以中国发明的造纸术和印刷术对于书史具有极大的意义。我们在世界各国文化的发展史上都看到，印刷术的推广和使用，彻底改变了书籍的存在形态，同时也就出现了一个书籍大发展的时期，因而也就出现了一个文化大繁荣、大进步的时期，比如在中国的唐宋时代、朝鲜的高丽时代，以及欧洲的文艺复兴时代。

七、盛世大唐：中华文化的历史高峰

大唐时代，是一个辉煌灿烂的时代。在那个时代里，人们充满着文化创造的激情，充满着文化创造的智慧，充满着文化创造的理想。因而，在那几百年里，人们创造了中华文化历史上一个宏伟壮丽的巍峨高峰。当今天我们回望那个时代的时候，我们仍能感到大唐文化势如长虹，光芒万丈；仍能体会到那个时代的勃勃英姿，万千气象。"大唐气象"成了那个时代的文化标签，成了一个历史阶段的象征。

盛唐文化的辉煌是一种世界性的辉煌。在当时的世界文化格局中，唐朝是疆域广大、威力远被的最强盛、最繁荣的帝国，中华文化是朝气蓬勃、气象万千的最发达、最先进的文化。繁盛的唐代文化，不仅以其博大精深而给当时的中国人以文化滋养，而且光被四表，广泛传播于周边地区，建立起在地理上以中国本土为中心、文化上以中华文化为轴心的东亚文化秩序和中华文化圈，还远播于中亚西亚地区，促进了那里的文化发展，进而与欧洲和非洲建立起直接的文化联系。盛唐文化不仅是中华文化发展到那个时代的最高成就，而且是世界文化在那个时代的最高成就。不了解唐代文化，不了解唐代文化在世界各地的传播和影响，就不能全面而深刻地了解当时世界文化的大势与世界文化史。

大唐文化的盛世是在魏晋南北朝时期的分裂和离乱基础上建立起来的。魏晋南北朝的400年，虽经离乱困厄，战火纷飞，给中华文化的发展造成极大的冲击，但与此同时，汉代大一统的局面被打破了，"独尊儒术"的文化政策被打破了，也释放出文化发展的内在能量，呈现出生机勃勃的气象，孕育了文化大发展、大繁荣的生机。然而，文化的大发展、大繁荣，还需要国家统一的和平局面，需要强大的国家实力。而唐代则就是这样威力远被的时代，国力强盛的时代。统一强盛的时代培育了远大的理想。正是在魏晋南北朝时期释放出来的文化能量，在大唐盛世里开放出万紫千红的文化成果。

唐代的文化繁荣是建立在社会经济繁荣基础上的，是与经济繁荣同步发展的。这一时期的各个经济部门，不论是农业、手工业方面，还是商业方面，在发展水平上都超越了以往的时代。唐代农业生产技术和工具有显著的改进和提高，河渠陂塘等水利工程的修建大为增多，促进了农业生产的发达，农业生产率比汉代有了明显增长。而农业生产的迅速发展为手工业奠定了可靠的物质基础，手工业生产也迅速发展起来。据统计，唐代的手工业生产部门和作坊有50多种，其数目和种类都远远超过了汉代。唐代的商业达到空前的繁荣，当时的京都长安和洛阳，淮南的扬州，四川的成都，岭南的广州，都是极其繁盛的商业大都市。

在漫长的历史进程中，大唐文化是中华文化发展的一个宏伟的高峰。两汉与盛唐，奠定了中华文化发展的基石。钱穆先生指出："中华文化在秦、汉时代已完成其第一基础，即政治社会方面一切人事制度之基础。在隋唐时代则更进而完成其第二基础，即文学艺术方面一切人文创造的基础。"[1]"汉代人对于政治、社会的种种计划，唐代人对于文学、艺术的种种趣味，这实在是中华文化史上之两大骨干。在后代的中国，全在这两大骨干上支撑。"[2]

这样，到了盛唐这个时代，中华文化已经是体制完备，博大广阔，在文化的各个方面、各个领域，都创造了令人惊叹的成果，都站到了历史的制高点上。这是一个在各个领域都显示出蓬勃生机、蒸蒸日上的时代，是一个在各个方面都充满创造活力、满壁风动的时代，是一个超越前朝历代并在发展的总体水平上领先于世界的时代。这一时代"丰富而优秀的文化遗产，贻惠后代巨大而深远。由于这是与其他时代相比较而极富特色又特别繁荣的文化，在许多方面被后人当作

[1] 钱穆：《中国文化史导论》，商务印书馆1994年版，第164页。

[2] 钱穆：《中国文化史导论》，商务印书馆1994年版，第173页。

模仿的蓝本和借鉴的楷模。从典章制度到风俗习惯，从思想、学术到文学、艺术，后代人都从中汲取到有益的滋养，对各时代的文化建设起了重大作用。”[1]

[1] 孙昌武:《隋唐五代文化史》，东方出版中心 2007 年版，第 12 页。

第九讲

西夏、辽、金文化

一、文化冲突与融合的时代

唐代末期，藩镇割据，中央王朝势衰，最终导致唐朝在 907 年灭亡，继之而起又出现了五代十国的分裂割据、战乱繁争的局面。然而“五代”的乱世持续时间并不长，大约只有半个多世纪，最后，在建隆元年（960），由赵匡胤建立宋朝而实现统一。

在中国几千年的历史上，中原的农耕文明与北方的游牧文明的冲突和融合，一直持续不断，成为中华文化史反复出现的一个主题。宋代自立国之始，就受外患困扰，长期与辽、西夏、金等游牧民族政权对峙。契丹、党项、女真及蒙古势力对宋朝的长期包围与轮番撞击，产生了双重文化效应。一方面，在两宋文化系统中引发出一种极为深重的忧患意识。北宋人因被动挨打而产生的忧患，南宋人因国破家亡而产生的忧患交织在一起，渗透于宋文化的各个层面。同时也迫使南宋完成了中华文化中心的南迁。

宋朝南迁后的重要后果之一是全国的经济文化中心南移。中国从古直至西晋末年，北方经济和文化发展的水平远远超过南方，汉文化的核心地带一直在黄河的中下游流域。魏晋南北朝时，有“永嘉之乱”引起的“衣冠南渡”，汉族士民大规模南迁，他们将北方文化传播至南方，促进了南方的文明开化和经济开发。至唐初，南方经济开始超过北方。唐中叶安史之乱后，由于藩镇割据，政局动荡，促使北方士民再次大规模向南迁移，出现了中国历史上的第二次“衣冠南渡”，南方人口迅速增加，经济发展亦已远远超过北方。因此，至唐末，中国经济重心已完成由北向南的转移。但直到北宋时，全国的文化重心仍在长安—洛阳—开封的东西轴线上，虽然北宋已有文化中心南趋的态势。金朝军队攻陷汴京后，随着宋王朝的南渡，出现了第三次“衣冠南渡”，因而最终完成了中华文化重心南迁的过程。

南宋时，都城临安（杭州）发展迅速，经济繁荣，百业兴旺。至南宋末临安户籍已有 39 万，人口 124 万。江南另一名城苏州也极为富庶繁荣，北宋末年时便已有户籍 40 万。杭州和苏州成为全国的文化中心。与之相应的是，学术中心也由洛阳迁至福建，闽学兴盛，“宋大儒君子，接踵而出，仁义道德之风，于是乎可以不愧于邹鲁矣”[1]。自此直到近代，南方学术文化一直为中国学术文化之嚆矢。

另一方面，游牧民族从汉文化中吸收到丰富营养。在宋、辽、夏、金分治割据期间，各个民族及其政权之间，除了间断性的相互兼并征伐之外，和平相处的安宁也时复出现，并保持着较宽裕的和平发展时期。各民族之间在政治、经济、文化教育方面也发生着广泛的交流，并通过这种交流和自身的改造，不断地缩小彼此间的文化差距，增进了民族文化的大融合，大大强化了中华民族大家庭的凝聚力和一体化进程。因此，这一时期，既被认为是中国历史上的第二次南北朝割据时期，又被认为是继盛唐以来的又一次经济文化的繁荣时期，其科技文化、学术与教育的成就甚至远远超过盛唐时代。

分别建立西夏、辽、金的党项族、契丹族和女真族，其社会发展水平远远落后于中原汉族，但其统治的部分地区却是“汉化”程度很高，或者直接就是汉人居住区。如辽朝所统治的燕云十六州和渤海地区，如西夏统治的河西走廊一带，至于女真族更是直接占领和统治了广大的北方中原地区。契丹、党项、女真对这些地区大都沿袭了原来的汉制、汉法。在政治体制、经济制度上逐步仿行汉制、汉法，是辽、夏、金诸朝历史和文化发展的主线。而在制度文化方面，宋朝的典章制度直接影响少数民族政权的建制。继承发展本民族传统习俗与组织制度，和接受中原文化不断整合的过程，标志着民族文化制度结构的变迁。

这些民族充分吸收了汉民族的物质文明和精神文明的优秀成果，

[1] 引自冯天瑜等:《中华文化史》，上海人民出版社 1990 年版，第 716 页。

西夏王陵遗址

更多地表现汉化的特点，各民族文化之间的交融不断向深度和广度拓展。西夏、辽、金政权积极实行汉化政策，反映了对汉文化的普遍认同。辽、西夏、金都尊孔子为圣人，建孔庙，拜孔子。以契丹文、西夏文、女真文大量翻译儒学经典；学两宋以策论儒经进行科举。其提倡之盛，实不次于宋。钱穆先生指出："自宋以下的中国，不断有异文化的外族入侵，中国人在武力抵抗失败之余，却还是抱着此种教化主义之勇气与热忱，依然沿着中华文化传统精神，来继续完成民族融合之大理想。""中华文化比如是一个电气炉子，看不出什么鲜热烈的火焰，但挨近他的便要为他那一股电力所熔化。"[1]

许倬云先生指出："若论文化的高下，辽国和西夏都相当程度地接受了中国的文化。……从考古的资料看，这两个北方的胡人国家持有的水平并不低于中国，无论是瓷器、冶金、编织、建筑等，都达到了与当时宋国同样的精密程度。西夏的钢剑锋利无比，东方称最。两个北方国家的医术和算术，由于接受唐代已经综合的东、西传统，而且颇已普及民间，其水平也不下于宋人。辽国和西夏的知识分子所接

[1] 钱穆:《中国文化史导论》，商务印书馆 1994 年版，第 185 页。

受的教育，也是中国传统的典籍，从他们的著作来看，水平也不低下。”[1] 许倬云的这个评价，也适合于女真人的金国。

但是，辽、夏、金三朝在仿行汉法的过程中，并没有也不可能完全放弃本民族的文化传统。三朝的“汉化”，在很大程度上只能是“契丹化的汉化”“党项化的汉化”等等，其民族特性并未丧失。这些民族选取汉文化中对他们有吸引力的元素并适当改造，而对其他元素坚决排斥。他们很快采纳了汉人的条约体系、建筑和宗教，他们经常是在自己统治之下的汉人帮助下做到这些的。

总之，这些北方民族在与宋朝以及汉民族的长期交涉往来中，一方面把自己的民族文化带进了中原；另一方面也大规模学习中原汉族文化，实现了自南北朝以来又一次北方草原民族文化与中原文化的大交流、大融合。这是我们在历史上反复看到的情况。外族的入侵和冲击，对中华文化有一定的冲击和破坏，但更多的是，这些外族在接触了中华文化的博大和丰富之后，为之感叹和欣赏，因而学习和继承中华文化，加入到这一伟大的文化洪流之中。在一定意义上说，这些外族的汉化，也成为中华文明得以延续传承的重要因素。西夏、辽、金的种种汉化政策，实际上正是为中华文明的传承做出的贡献。由此我们注意到，所谓中华文明的传承，并非仅仅是中原汉族的使命，也成为那些入主中原、与中原汉族密切接触的北方草原民族的使命。所以说他们都是中华民族大家庭的成员。这种情况，我们在论述南北朝时期已经看到了，在此后的元代、清代，这种情况还是一再出现。

异族的冲击刺激了中华文化的调整、更新和发展，而融入中华文明中的外来文化则被整合到中华文明体系中，成为中华文明的组成部分。所以，民族文化的大融合，成为中华文明得以传承延绵和持续发展的重要形式。

[1] 许倬云:《说中国——一个不断变化的复杂共同体》，广西师范大学出版社 2015 年版，第 128 页。

二、西夏与党项人文化

与宋代同期的西夏王国建都于兴庆府，是党项族的政权。以党项族为主体的西夏政权实际存在了 347 年，共传十代，先后与北宋、辽及金、南宋鼎立，历时比同时期的宋、辽、金更为长久。疆域上西夏境土之大，“东尽黄河、西界玉门，南接萧关，北控大漠”，即拥有今宁夏全部，甘肃大部、陕西北部和青海、内蒙古部分地区。

西夏是以党项族为主体，包括汉、吐蕃、回鹘等民族的多民族政权。中唐、五代以来，党项部落内家长奴隶制迅速向早期封建制即领主封建制过渡。西夏开国皇帝李元昊为了强化自己的统治权力，一方面效法汉官礼仪以提高君权，一方面又保存和发扬党项固有的淳风悍俗。他参照中原王朝制度并结合本民族特点，逐渐完善了统治机构，并下秃发令，以求在风俗上突出民族特点。

党项人原来主要从事畜牧业。后来提倡垦殖，兴修水利，使境内农业生产有所发展。夏国的主要农业区，除东部的横山、西部的天都、马衔山一带外，兴庆府、西平府地区有良好的水利条件，农业生产也很发达。李元昊注重发展经济，他特别重视发展农业，不仅修整秦渠、汉延渠、唐徕渠等水利设施，在已废弃的古渠上开凿新渠，后世称为“昊王渠”。夏国在许多地区都设有御仓，大量收储粮食。党项、吐蕃和回鹘人则以畜牧业为主，横山以北和河西走廊地带有极良好的大牧场。国家专门设置群牧司来管理畜牧，官营的畜牧业是政府收入的重要来源。李元昊与宋朝和好后，恢复了中断的宋、夏贸易，进一步加强与中原地区的经济交流。

西夏人创造了异常璀璨的文明。这种具有民族和地方特点的西夏文化，是党项族、汉族、藏族、回鹘族等多民族文化长期交融、彼此影响、相互吸收而形成的多来源、多层次的文化。

西夏建国前夕，李元昊便让大臣野利仁荣等创造了记录党项族语言的民族文字——蕃文，即后世所谓的“西夏文”。这种文字借鉴汉字的笔画和构成原理，又有自己的特点。西夏文的创制对西夏文化的兴盛、佛教的传播、文学的繁荣、印刷术的进步都有着直接的影响，对整个西夏文化的发展有划时代的贡献。作为中国 20 多种民族古文字之一，西夏文似乎成了西夏文化的代表，为中国悠久的历史文化增添异彩。西夏大力弘扬佛教，境内僧人众多，寺庙林立。西夏花费了 50 多年时间，用西夏文翻译了 3600 余卷《大藏经》，堪称稀世珍品。

西夏在注重弘扬党项族传统文化的同时，兼收并蓄，吸收其他民族文化的精华。西夏文化深受汉文化影响，西夏的统治者多喜爱汉文化，西夏的政治制度及职官制仿照汉族，在治国思想上也奉行儒学。自开国皇帝景宗元昊起，便倡导儒学。第五朝皇帝仁宗把儒学推到了统治思想的地位，使之成为西夏文化的主流思想。西夏与宋朝的往来表奏，均用汉字和西夏两种文字。西夏还印制了西夏文——汉文双解语汇辞书《番汉合时掌中珠》。西夏始终奉行宋朝历法，“读中国书籍，用中国东服”。宋朝“许夏国用汉衣冠”，每年十月派人“押时服赐夏国”。西夏还参照汉族乐制修成新的乐书，名为“鼎新律”。

蕃学是西夏国的贵族学校，是仿唐、宋科举取士的办法，为培养西夏官吏所创办。天授礼法延祚二年（1039），元昊改变过去官吏由世族世袭，或由幕府擢升的制度，建立蕃学，运用创制不久的西夏文大量翻译《孟子》《孝经》《尔雅》《四言杂字》等儒家经典和启蒙课本，以教授党项、汉的贵族子弟，并根据结业考试成绩，量才授官。不久后，元昊下令各州都设蕃学。自创建蕃学以后，培养出了许多精通蕃文的知识分子和官吏。蕃学之外又建国学（即汉学），还立科举，尊孔子为文宣帝，令各州、郡建庙祭祀。

教育和科举上的这些改变，使蕃学、汉学并立，进一步巩固了儒家思想在西夏的地位，也培养了一批对汉文化颇有造诣的文人学士。

三、辽朝与契丹人文化

辽王朝是契丹族领袖耶律阿保机于五代后梁末帝贞明二年（916）创建的，本名契丹国，至后汉天福十二年（947）改国号为辽。它在一个很长的时期里统治中国北部地区，以今天的天津市海河、河北霸州市、山西雁门关一线为界，与北宋对峙。

辽朝国内的契丹人、奚人、汉人、渤海人等各民族从事不同的生产职业，在各族相互的经济交往中，又不断地交流各自的生产经验。辽朝的畜牧业发达，契丹人和北方各民族以畜牧为业，逐水草游牧，畜牧业在辽经济中占有重要地位。辽朝的农业主要在南京道、西京道汉人居住区和东京道的渤海人住地。辽太宗以后，部分契丹人和奚人也从事农业耕作。辽道宗时，屯田积谷，农业有较大的发展。

辽朝的五京（上京、中京、东京、西京、南京）不仅是各地区的政治中心，也是商业贸易中心。辽朝与周邻诸国的贸易不断发展。五代时，辽与梁、唐、晋都有经济往来，与南方的吴越、南唐也通过海路交换商品。宋朝与辽朝先后在边地州军设置榷场，在官员的控制管理下进行商品交换，征收商税。私人之间也进行走私贸易，互通有无。辽朝卖给宋朝的主要是羊、马、珍珠和镔铁刀。宋朝输入辽朝的有茶叶、药材、丝麻织品、瓷器、铜钱、香料等。

契丹族原无自己的文字，"惟刻木为信"。在与汉族长期的交往过程中，受汉族影响很大，渐渐使用汉字。辽太祖耶律阿保机、太子耶律倍、耶律德光等，都能识能写汉字。阿保机建国后，为发展本族文化，于神册五年（920）命创制契丹文字。初创的契丹字，取汉字的一半，或简化或增添，成一个契丹字，代表某种含义。同时，其念法用拼音方式，以几个音符叠为契丹语一个音缀，写法上仿汉字，合成一个方块字，笔画繁赘，被称为契丹大字，于创制当年九月开始使

辽墓壁画《备茶图》

用。天赞年间（922—926），阿保机之弟迭剌又创造了契丹小字。契丹小字是在回鹘文基础上制成的，但在笔画和字体上，仍受汉字影响，属方块字。契丹大、小字的使用，只限辽代贵族，使用范围实际上并不广泛。辽朝的对外正式公文、朝廷诏令奏议、对中原和西夏的所有文件，都用汉文。佛经的解释、著述，士人的科场考试，契丹文学家的诗文集等，也都用汉文。汉文在当时是通用文字。

在中国古代，对于作为中华民族主体的汉族来说，契丹民族是异族、少数民族，由他们建立的政权是异族王朝，西方史学家一般都把由少数民族建立的王朝如辽、金、元、清称为“征服者王朝”。在中国历史上曾多次出现由少数民族建立的王朝，但多是边境地区的地方性政权，或是享国不长的短命王朝。而辽朝占据中国半壁江山，统治达 200 多年之久，并且在当时中国并存的宋、辽、西夏等王朝中，辽朝实际上居于宗主国的地位。

但是，由于契丹人原是居住于偏远地区的游牧民族，在生产方式和社会生产力发展水平上远远落后于中原汉族地区，其经济社会组织、政治制度、生活方式乃至整个民族文化，都远比中原汉族落后。当契丹人侵入中原地区后，在与汉族人的接触和共同生活中，必然要接受中原先进的生产方式和生活方式，接受汉族思想文化的深刻影响，在典章制度和统治形式上也模仿和学习中原王朝。所以，契丹人在征服和统治汉族人时，深受汉文化的影响，也使自己发生了改变，从而演出了一部征服者被征服的历史活剧。这样的"征服者被征服"的故事在中国历史上还要继续，辽朝之后的金朝、元朝和清朝，在入主中原后都被汉文化所征服，全面地接受汉文化。所以，虽然这些王朝的统治者是少数民族或称"异族"，但在经济、政治、社会、文化各个方面都保存和承续着中原汉文化的传统。契丹人和辽朝的汉化过程，充分证明了中华文化强大的生命力、融合力和同化力。

辽朝从初建时期即受到汉文化的影响，日后更加强烈。从辽太宗创建辽朝政治制度起，辽朝就是按照历代中原王朝特别是唐朝的方式进行政治运作和实行统治的。契丹人不仅在政治制度上模仿中原汉族王朝，而且以中国自居、以中国正统自居。在辽朝的诏书、国书、册文等正式文件中，都以"中国"自称。不仅肯定自己继承中国之正统，而且还以中原王朝常用的"天朝"自居。在意识形态方面，辽朝也全面接受了汉族的思想观念，以儒家思想作为治国的指导思想。儒学受到辽廷的进一步重视和提倡，在政治、社会生活中起到重要作用。

由于辽朝统治者的大力提倡，契丹人全面接受汉文化，从社会生活的各个方面都相当程度地汉化，并以中华文化的继承者自谓，向往文化上"不异中华""华夷同风"。辽道宗自己就认为契丹已是"文物彬彬"，同汉人没有什么两样，再不是"荡无礼法"的夷狄。

辽代建立了仿照汉制的官学制度。早在辽太祖建国之初的神册三年（918），便在上京设置了国子监及下属的国子学和孔子庙。至太宗时，又在南京设置太学（又称南京学）。辽代太学初建后，发展

速度很快，规模也得到逐步的扩充。辽道宗清宁元年（1055）十二月，又诏设学养士，颁“五经”传疏，置博士助教各一员，从而正式确定以儒家经典为法定教材，并建学官，使太学走向正规。清宁五年（1060），辽廷又分别于上京、东京、西京、中京同时设学，合称“五京学”。随后又创置了中京和西京国子监，使辽代的中央官学制度基本定型。

辽代中央官学的内部设置，一是国子监、太学的教职官员仿汉制设置。国子监设祭酒、司业、监丞、主簿等职，国子学及五京学设有博士及助教，这种体制的设置，说明辽代中央官学实际是中原汉族体制的移置形式。二是辽代国子监、太学均重视尊孔祭孔仪式，国子监依附于孔庙，并特别强调“以时祭先圣先师”的宗旨。辽代的地方官学，与中央官学的发展也大体呼应，初步形成了府州县学的多层学校网。

四、金朝与女真人文化

女真族是中国境内的一个历史悠久的少数民族。原居住在黑龙江流域，辽人和宋人称他们为“女直”或“女真”，包括黑龙江流域和松花江流域属于同一族系的各个部落，使用大体相同的语言。生活在南部辽阳一带的女真部落，逐渐接受辽文化，被编入辽朝户籍，称为“熟女真”。松花江以北、宁江以东的女真诸部落，保持着本族的习俗制度，被称为“生女真”。生女真散居在山河之间，从事农业和狩猎，用木板和桦树皮构筑房舍。当时，生女真正处在父权制的氏族部落时期。他们向辽朝交纳贡品，并以马匹、皮毛等与辽人交换货物。

大约在辽兴宗景福元年（1031）后，活动在安出虎水一带的女真完颜部强大起来，通过统一战争，组成统一的女真部落联盟。完颜旻（阿骨打）继任联盟长，称“都勃极烈”。收国元年（1115）正月元旦，完颜旻依仿汉族制度，称皇帝（金太祖），建国号大金，正式建立金朝。金朝建国后，前后发动了对辽和北宋的战争，天会三年（1125）灭辽，天会四年（1126）灭北宋王朝，占领了大片土地，成为雄踞中国东北及中原广大地区的强大政权。

金朝是在女真族氏族部落制基础上建立的国家。初期仍保留女真族的若干旧制，兼采辽朝制度。金太宗完颜晟统治时期，在所占领的辽、宋之地，仍实行辽、宋旧制。金熙宗完颜亶时期，对各项制度作了改革。金海陵王完颜亮迁都中都，统一制度，又作了进一步的改革。随着统治地区的不断扩展和女真族自奴隶制向封建制的过渡，金朝越来越多地采用汉族的统治制度，女真旧制逐渐削弱或消失。

女真族原无文字，建金朝后，金太祖命大臣完颜希尹和叶鲁创制女真字。完颜希尹依据契丹字和汉字造字，拼写出女真语言，于金天辅三年（1119）颁行。据史载，金熙宗完颜亶于天眷元年（1138）又颁行一种女真文字，皇统五年（1145）开始使用。金太祖颁行的称“女真大字”，金熙宗颁行的称“女真小字”。

女真各部统一后仅十余年，就先后灭亡辽和北宋，成为庞大国家的统治者。而在太祖建国时，女真人还实行氏族部落制。在建国后的扩张中，女真人掳掠大批外族人为奴隶，奴隶制度获得较大的发展。灭亡北宋后，统治范围大为扩展，居民中有大量汉人、契丹人、渤海人，人数远多于女真人，女真人自身没有发展起相应的制度管理如此庞大的国家。所以，金朝在占领辽、宋地之后，在这些地区仍实行辽、宋旧制，与女真故地有所不同。这样也避免了中原等广大地区社会经济关系的倒退。

在金朝占据北方的初期，北方的经济再次遭到严重的破坏。特别是中原地区，经济蒙受巨大损失。随着社会安定，战争的减少，北方的社会经济有一定的恢复和发展。北方经济的格局发生一定的变化，北方经济的重心开始由中原向北转移到今河北、山西一带。从金代中期起，统治的重心便移到中都（今北京）。这里在辽代时曾为南京，

是经济较发达的地区，金海陵王天德三年（1151）迁都于此，并役使百余万兵士、民夫在辽南京城的基础上加以扩建，使中都很快发展成为与北宋旧都汴京相匹敌的北方重要商业城市，并为其以后的进一步发展奠定了基础。金朝还采取了向中都及其周围地区大量移民的政策，将中原地区的人口大批向北迁徙，使这一地区的人口迅速增加。中都以及河北、山西等地经济有较大的发展。

金代初期，注重保持女真文化，在其统辖区内要求各族习女真风俗、穿女真服装、剪女真发式等。女真“旧俗”尚占据上风，崇奉原始的萨满教。但南下后，女真族很快接受了辽、宋的汉族文化，通用汉语。金海陵王迁都中都后，上京一带的女真人大批南下，分布在燕山以南、淮河以北的广大地区。女真人南下后很快接受了汉文化，甚至通用汉族的语言。金文化虽然保留和吸收了女真族的某些文化传统，但基本上是继承辽、宋的汉族文化。在此期间，女真族以开放的姿态，吸收和融合了汉族及其他各族文明的精华，促进了本民族的飞跃发展。同时，对异族文化博采兼纳，又使女真文化获得了丰富的滋养，成为具有较高水平的多元文化。女真文化与中原文化双向渗透的结果，形成以儒家思想居主导地位的多元一体的金文化。金文化并非同时并存的宋文化的附属，而是中华文化的有机组成部分。

金太祖在创业之初，便曾依靠汉族士儒杨朴的辅助，奠定基业。建国之初便积极收罗博学雄才之士，并仿照汉制筹谋文化教育事业。太宗天会元年（1123）正式仿汉制，建立科举取士制度，开辟了辽朝故地汉儒读书仕进的途径，将金代教育发展推向了一个新的台阶。

金熙宗继位后，开始实施更彻底的汉化政策。除了在政治上废除传统的谙版勃极烈等辅政制，全面实行汉族官制之外，在文化教育方面，也采取了一系列有利于缩小女真与汉族文化差距的措施：天眷元年（1138）五月诏以经义、词赋两科取士；天眷三年（1140）十一月册封孔子四十九代孙孔璠袭衍圣公；皇统元年（1141）金熙宗又亲祭孔庙。

熙宗以后的金代历朝皇帝也都十分重视引进先进的汉族文化和教育事业的建设。海陵王完颜亮主持建立了国子监等教育设施，并规定了以儒家经典、诸子、史传为主要内容的课程体系。到世宗完颜雍时期，金代社会实际已经完全汉化了，以至金世宗反复告诫大臣及宗室子弟勿忘女真旧风，另外，他又主张将女真的旧俗与汉族的典章文化融为一体，并组织翻译“五经”等汉籍，命将这些译著颁行天下。世宗之后的章宗、宣宗、哀宗诸朝，也均对尊孔、读经有明文的规定，并在科举和兴学方面做了一定的努力，出现了“儒风丕变，庠序日盛”（《金史》卷一〇三《文学传》）的文治局面，推动了儒学在金代的传播。

在世宗、章宗时期，儒家思想已成为金统治的思想基础，并渗透到社会生活的各个方面。儒学的精神原则成为衡量是非的标准，儒家的忠孝观念被奉为调整君臣上下和家庭、宗族关系的准则。在礼俗、丧葬、文体、游艺、岁时杂俗乃至心理素质等深层文化中，都不同程度地表现出“华夷同风”的文化积淀。

有金一代，中国古代的各种思想灿然皆备，百家争鸣，儒家、佛教、道教尤为盛行。儒家思想独占鳌头，成为金朝统治思想的核心和主体。金崇奉的儒家思想，是继承北朝以来兴起的新儒学。这种新儒学不尚虚名，注重博实，敢于摒弃“贵华夏，贱夷狄”等观念，敢以北方王朝自重，以“正统”自居，完全适合金王朝力图树立“正统”形象的需要。金统治者带头尊孔崇儒，使女真人皆以学习华夏文化为荣，以儒学为核心的汉文化逐渐为女真人普遍接受。

第十讲

风雅的宋代文化

一、文化史上的“黄金时代”

从宋代开始，我国古代社会经济发展进入了一个新的时期，从而为科学技术的高度发展和文化的普遍繁荣创造了必要的条件。

宋代的疆域远没有唐朝那样广大，其气势也远没有唐朝那样宏阔，虽然它结束了五代的分裂与动乱，也是中国历史上的一个统一王朝，但实际上只是处于中国领土的一隅，另外有西夏和辽、金先后与其对峙。但是，从中华文化史的角度来看，宋代是中华文化发展的一个高度成熟的阶段。如果说秦汉时代的文化高峰还带有初创时期的勃勃生机和粗犷风格，盛唐时代的文化盛世带有无与伦比的恢宏气度和雄壮风范，那么，宋代的文化，则处处表现出精致和完备典雅的成熟之境。正是由于这种在文化的各个层面、各个领域中普遍表现出来的成熟境界，使这一时期构成中华文化史上的一个相对独立的发展阶段。宋朝辉煌的文化成就和富庶是当时世界上任何其他地方的政权都难以匹敌的。

宋代文明对其后代的影响，要远胜于汉唐文明。甚至可以认为，宋代文化是中华文化史上承上启下的新起点。历史学家邓广铭说：“宋代的文化，在中国封建社会历史时期内，截至明清之际西学东渐的时期为止，可以说，已经达到了登峰造极的高度。”[1]

经济的繁荣，城市生活的发达，中外文化交流的扩大，为文明的发展创造了有利条件，促进了文明的繁荣和进步。宋代统治者主张“以文德致治”，在政策上向文治倾斜，文化上比较开放，教育显示出普及化、平民化趋向，也有利于文化的发展。综观两宋的300多年，文明较之以前时代有了特别重要的发展，并且具有十分明显的阶段性特点，使中华文化进入成熟之境。

[1] 邓广铭:《宋代文化的高度发展与宋王朝的文化政策》,《历史研究》1990年第1期。

所谓“成熟之境”，就是说，以往的发明和文化创造在这一时代趋于定型，制度、礼仪、风俗等趋于完备，各种文化形态更趋于严密化、精致化。所以，宋代是中华文化发展史上有特殊意义的一个重要阶段。就于今天的影响而论，人们现今所感知、所了解、所接受的中华文化，实质上是经过宋代定型之后的文明形态。秦汉一统，盛唐气象，可以视为遥远的过去，可以视为我们祖先的辉煌，但宋代文化离我们并不遥远。例如今天日常生活中的许多习俗，实际上大都是在那个时代成为定制的。再如今天所理解的儒学，实际上并不是孔子那个时代的儒学，而是经过宋代理学家们剪裁、改制和体系化的新儒学。

宋代在学术思想、文学艺术等领域都是一个全面发展、普遍繁荣的时期。在学术思想方面，这一时期最突出的成就，是宋明理学的出现和兴盛。从此理学一直是儒学的主流，成为几代封建王朝的官方思想，并且传播于朝鲜、日本、越南等国家，对那里的学术思想和官方意识形态产生了重大的影响。

宋代学校教育非常发达，京师设有国子学、太学等等，另外有专业性很强的武学、律学、算学、画学、书学、医学。宋仁宗以后，鼓励各州县兴办学校，至宋徽宗时期，全国由官府负担食宿的州县学生人数达到十五六万人，这种情况在当时世界上是绝无仅有的。除了官办学校外，私人讲学授徒亦蔚然成风，其中以书院的兴盛最为引人注目。书院在宋代以后的中国古代教育体制中占有很重要地位。教育的普及既是宋代文明高度发展的重要标志，也是宋代文化之所以取得重大成就的重要原因。

宋代史学也取得很大成就。宋代官修史书有《新唐书》，新、旧《五代史》，都是“二十四史”中的重要组成部分。宋代史学的最高成是司马光的巨著《资治通鉴》，这部巨著共294卷，记述了上起战国时期周威烈王二十三年（公元前403），下迄五代后周世宗显德六年（959），凡十六代1362年的历史，是封建王朝历史书中的一部最大的编年体通史。

宋徽宗《文会图》(局部)

宋代文学高峰迭起，各领风骚。和唐代的诗潮发展如日中天、盛极难继一样，宋代的词也百花齐放，成就斐然。宋词与唐诗并列，为中国古代诗歌创作上的两大奇峰。

宋代绘画艺术发展到很高水平。五代时，中国山水画分南北二宗，南宗以董源、巨然为代表，多画江南景色；北宗以荆浩、关仝为宗匠，擅画关河之势。宋代朝廷十分重视和提倡绘画艺术，官设画院，培养了不少画师。许多文人士子追求诗、书、画一体，将绘画作为宣泄自身情感与表现自我的一种艺术形式，从此绘画成为中国文人的一种副业，文人的画与画师的画分为两派。

宋代是中国古代文化发展的鼎盛时期。宋继唐后，承传开拓，形成了璀璨恢宏、独具风神的时代文化。陈寅恪先生曾经对宋代文化作过这样的评价，“华夏民族之文化，历数千年之演变，造极于赵宋之世。”[1] 宋代的物质文明和精神文明所达到的高度，在中国古代社会历史时期内，可以说是空前的，在世界历史的范围内，这一时期的中华文化仍居于世界领先地位。

[1] 陈寅恪:《金明馆丛稿二编》，上海古籍出版社 1980 年版，第 245 页。

二、儒家文化的传承与新发展

宋朝十分重视思想教化。宋初三朝，实行释、道、儒“三教”兼容的方针。但与唐代不同的是，宋代皇帝行“三教”并设，特别扶持儒家。宋朝推行重文崇儒的文化政策，提高文人学士和儒学的社会地位。宋太宗时在科举考试中增加了通过考试经书入仕的人数，设有“九经”“五经”“三礼”“三传”等科目。宋初还设立专为皇帝讲儒家经义的讲席（经筵），以翰林侍讲学士、侍读学士及崇政殿说书等充任讲官，显示了倚重儒家文化的意向。儒学自身也有其积极入世、贴近现实的优势。北宋中期以后，儒学成为宋代思想学术的主流。

宋代社会发展的变化，推动了学术思想文化的发展和变化，出现了儒学发展的新形式——理学。

早在唐代末年，学术界就出现了不拘训诂旧说而凭己意自由解经的思想潮流，一直影响到宋代初年。北宋初，学术界仍沿用唐代钦定的《五经正义》。庆历（1041—1048）以后，风气渐变，疑经、改经、删经成学界时尚。宋代一些儒生、学者一方面“舍传求经”，直接面向儒家经典；一方面疑经改经之风盛行，不再专注于经典文本和语句的字面，而是根据自己的思想观点去取舍儒经和解说经书，着重发挥经文“义理”。他们认为经典本身的作用只不过是“载道之具”，而其中所包含的成贤成圣、修齐治平的道理才是更根本的。将章句训诂改造成阐发义理，促使儒学从章句注疏之学向义理之学的转变。这种自由解经的方法，充满了革新精神，影响了一代学风。这种思想潮流，在一定程度上打破了儒家经典和注疏的权威地位，是对传统经学的某种否定和批判，同时也是当时学术界的一次思想解放。

义理之学的主要形式是理学。理学是以儒学思想为主，汇通、熔铸了释道思想精华而形成的一个纳自然、社会、人生为一体的博大的思想文化体系，是宋元时期思想文化的主流，是学术史上具有划时代意义的标志。宋代理学体系的形成，标志着中国古代学术思想领域发生了一次新的变革，儒学进入了新的历史阶段，演化为哲学化、抽象化的新儒学，形成了一个内容包罗万象、形式严密完整的理论体系，是继先秦百家、两汉经学、魏晋玄学、隋唐佛学之后，于11—12世纪崛起在中国古代思想史上的又一座高峰。由于这一思潮将孔孟之道重铸成博大精深的学说，又使其贴近现实、易于实践，因而自宋起被历代立为正统思想，统领学术，规范人伦，指导社会，在当时和以后产生了广泛而深远的影响，被视为影响中华文化700年的正宗道统之学。

（南宋）刘松年《十八学士图》（局部）

宋代学术思想非常活跃，各种学派纷纷设帐讲学，著书立说，各抒己见。其著述之丰，人才之盛，学派之多，远远超出先秦“百家争鸣”时期的诸子之学。仅就理学而论，宋代有

四个主要学派，一般称为“濂、洛、关、闽”四派。“濂”指原居濂溪的周敦颐；“洛”指洛阳的程颢、程颐兄弟；“关”指陕西的张载；“闽”指南宋时讲学于福建的朱熹。关于这四个学派之间的传承关系，宋儒的“心性义理”之学，是由周敦颐首先阐发，而后才由于二程、张载诸儒辈出，方出现“圣学大昌”的局面，之后则又有朱熹集其大成。这便是后来所称“濂、洛、关、闽”的理学流派。

张载的“关学”和二程的“洛学”在北宋时皆为显学，各有传人，一时颇具声势。及至南宋，朱熹在继承发展二程“洛学”的基础上，又博采周敦颐“濂学”、张载“关学”等理学学派的部分思想，集北宋理学之大成，并吸取了佛、道的某些思想资料，从而建立了“闽学”学派和丰富而完整的“朱子学”思想体系。

朱熹先后在几处任地方官，最后官至焕章阁待制兼侍讲。在任职地方时，曾先后重建白鹿洞书院，创建紫阳书院、考亭书院，并制定了一整套书院教育制度章程，对当时及后世的教育都产生了很大影响。后因“庆元党禁”，朱熹被罢官，回乡从事讲学和著述。朱熹创建的“闽学”学派，弟子众多。他们聚徒讲学，宣传理学思想，在学术界形成一股很大的力量。

朱熹以后半生心血编撰理学著作。乾道三年（1167），朱熹完成了《二程遗书》选编，以表明自己进入儒学道统和二程谱系之中。10年之后，淳熙四年（1177），朱熹集理学大成的代表作《论语集注》《孟子集注》二书问世，标志他的哲学体系诞生。

朱熹一生中约有40年的时间，从事教育活动。关于他讲学的目的，大致有两方面：

一是他立志复萌先王之道，承接孔孟道统，希求改变孟子死后圣人之学不传的局面。朱熹指明其讲学目的，即在于上继绝学，以倡明性命道德的学问，批评了汉儒舍本求末、耽于烦琐注疏的偏弊，肯定了近世新儒学的功绩，更潜在昭示了朱熹集理学于大成的历史使命。

二是他决意扭转风俗日乱、人才日衰的现实局面，为封建王朝培养忠君孝父的人才。朱熹指斥当世徒有学校之名，以利禄人欲教坏了人心。朱熹讲学正是针对时弊要重振儒家道德教化。

在学术上，朱熹是中国思想史上最有建树者之一。朱熹在经学、史学、文学、考释古籍以至自然科学等方面，均有成就，后人称朱熹为中国古代最大的学问家和思想家。朱熹理学思想体系的核心是“天理论”，这是继承和发展了二程的理学思想，但他还吸取了周敦颐、张载等人的理学思想，使其最高哲学范畴的“理”或“天理”得到了充分的论证。朱熹认为“理”或“天理”是宇宙之本体、天地万物的根源。“理”是不依赖天地万物而独立存在的，它无始无终，永恒不灭，而又无所不在。在朱熹的思想体系中，“理”或“天理”不仅是宇宙之本体，还是社会道德规范的源泉，一切道德的准则和礼仪，都是“理”

朱熹著书图

或“天理”的体现。他认为，作为道德规范与准则的“理”，是先于各种社会道德关系而存在的，“未有君臣，已先有君臣之理；未有父子，已先有父子之理。”朱熹对“天理”绝对性和实在性的论证，正是给“三纲”“五常”的道德规范和准则寻求形而上的根源。朱熹的认识论，即“格物穷理”说，其出发点和最终目的，在于把握“天理”，“要在明善”，从而把“仁义礼智信”的“五常之德”赋予“天理”的哲学高度，以提高自身道德的自觉性。而且，主张“格物穷理”要讲究先后缓急之序；首先应明人伦、讲圣言、求世故，进行道德践履与体验。

朱熹总结了北宋以来理学的成就，为理学集大成者，其理学体系更为严密、丰富。朱熹思想学说不仅是理学的成熟形态，也是中国儒学发展的一个新阶段。理学是对传统儒学进行变革而形成的一种新的儒学形态。理学思想文化体系的确立，“第一，使儒学一改玄学、佛学时代长达数百年的萎靡不振的局面，为儒学在新的历史条件下的复兴开辟了一片新的天地；第二，摆脱了以往儒学的那种质朴平淡的政论形态，使传统儒学‘直白浅近’的道德训诫，被赋予了一种透彻了悟的哲理意蕴，一个将儒家的入世和释、道的静泊空寂的旨趣融合为一体的人生哲学合乎时代需要地创立出来。这样，宋代理学自身完成了由‘知天而知人’，即从宇宙观到社会观到人生观的整体建构，儒学也完成了它在中国古代历史上一次最大的蜕变，从而对中华民族的思维结构、价值心态、精神观念等等，都产生了至大至深至远的影响。”[1]

朱熹理学思想在当时和后世，都产生了很大影响。朱熹晚年，曾受到迫害，列入“伪学逆党籍”，被罢官出朝。在他死后 9 年，宋宁宗重又深悟到朱子学在维护封建秩序上的不可替代作用，在嘉定二年（1209）追谥朱熹曰“文”，称“朱文公”。次年，又追赠中大夫、宝

[1] 王育济等:《中国文化发展史》(宋元卷)，山东教育出版社 2013 年版，第 131 页。

谟阁学士。嘉定五年（1212），朱熹的代表作《论语集注》《孟子集注》被尊为南宋官定教科书。后来到宋理宗时，于宝庆三年（1228）下诏赠朱熹为太师，追封信国公，并认为朱熹注“四书”，“发挥圣贤蕴奥，有补治道”，提倡习读朱熹著作。从此，以朱熹为代表的理学就成为正统思想，在学术思想领域中确立了统治地位。

宋代新儒学的发展，对人们的思维方式产生了很大影响，也间接地影响到当时的文学风格和文化气象。宋儒诸子融汇各家，援佛入儒，建构成新儒学体系，不仅升华了抽象思辨，而且高扬士人刚健挺拔的道德理性和节操意识。道家的反观内省，禅宗的妙语机锋，则从不同的方面引发了文人的兴致，开阔了人们的思理。这种种因素，陶冶出宋代文学尚理的特点。气魄宏大、壮怀激烈，深沉的历史感、高远的政治胸襟，是宋代诗词的突出特点。

宋代新儒学，作为中国古代思想史上最后一座高峰，其学术成就，高于宋以前的汉、唐两代，也远为宋之后的元、明两代所不及。宋儒学堪称儒家传统思想的一次大总结。

汉代经学、唐代佛学，是矗立在宋代儒学之前的两座思想高峰。儒家经典，被秦始皇焚书后，除《易经》外，大都成断简残篇，缺佚散乱。经汉代的收集、发掘、整理，又把儒学提到独尊地位，才使这一思想传统得以保持。在整理、注释、传授儒经的过程中，汉文字学、训诂学得到了充分发展，使保存文化典籍，总结历史经验，成为延续至今的民族传统。隋唐时期，虽然学术界曾有人试图完成以儒为主，调和释、道的思想工程，但是，儒学尚无力兼容思辨程度高于自己的佛学，佛教心性义理之学和万物生成思想达到了高度抽象的理论水平，成为唐代思想界的主流。宋儒吸收了汉经学、唐佛学的精髓，扬弃了经学专事注疏的僵化和佛学追求虚幻的消极成分，把佛学养神修行，涅槃寂静，祈求来世的出世，引入到儒学“齐家治国平天下”的入世，又把儒学简单的伦理纲常上升到“存天理，去人欲”的理论高度，完成了以儒学为主干，包容佛、老及诸子的理论创造。

宋代学术的这一成果，已经不是先秦儒学的单纯复兴，而是一种既继承传统又适应现实的全新建树。宋儒学的成就，达到了对汉、唐学术的超越，为此而被称作“新儒学”。宋以后的元明两代，各有杰出的思想家、学问家立世，其学术成就对中国思想史各有不可磨灭的贡献。但是，就学术界整体而言，其水平远未超过宋儒学，也没有形成新的思想体系。在这个意义上，元、明学术是宋儒学的延续。

三、图书的收藏与刊刻

中国历代王朝都有收集民间图书入藏皇宫的传统。宋初崇尚文治，重视图书文化事业。建国初，因袭唐制，设立三馆（昭文馆、史馆、集贤院），收藏图书 12000 余卷。平定蜀国、江南等地后，又得蜀书 1.3 万卷，江南书 2 万余卷。宋太祖乾德四年（966）八月，诏求亡书。凡献书者，经学士院考试吏理，凡堪任职官者，多委官任职，或赐以科名。得献书 1228 卷。

太宗时更重视图书的收编和收藏，把访求图书典籍，视为国家“致治之先，无以加此”。太平兴国三年（978）另建三馆书院，赐名崇文院，正副本藏书总数达 8 万余卷。淳化三年（992）建秘阁，专门收藏三馆正本及古画墨迹。秘阁建成后宋太宗亲书赐额，幸阁视察，并召武将观书，以使武臣知文儒之盛。

此后历朝皇帝对书籍的收集和整理也都十分用心。真宗晚年又建天章阁收藏太祖、太宗御集，并为两宋历朝皇帝因袭为例。

宋代国家藏书事业出现前所未有的兴盛局面，并由此带动和影响了其他三大藏书系统（书院、寺观和私人藏书）的发展。

金兵攻陷东京后，北宋历朝所收藏的书籍毁于一旦。南宋建立后，高宗即下诏搜集亡书。孝宗淳熙五年（1178）编的《中兴馆阁书目》，收书 44486 卷。宁宗嘉定十三年（1220）编的《中兴馆阁续

（宋）《景德四图》之《太清观书图》

目》，又得 14943 卷。南宋时期，由于刻书事业很发达，当代著述多，所以藏书比北宋尤丰。《宋史·艺文志》著录图书 9919 部，119972 卷，在数量上大大超过以前各代。

宋代私人藏书也有空前的发展。宋代是我国官私藏书事业繁盛发展的时期，藏书数量超越了历史上藏书量的总和。私家藏书远胜于唐，藏书家数量也空前庞大，这些藏书家或广建楼阁，或辟室设斋庋藏典籍。宋代刻书业发达，书籍品种多，价格低廉，给私人藏书提供了方便。上自宗室公卿，下至四方士民，私家藏书蔚然成风。当时仕宦“稍显者”，家必有书数千卷。据周密《齐东野语》记载，藏书 2 万卷以上者有数十家，仅浙江湖州一地，拥书数万卷的藏书家就有七八家。

雕版印刷术发明以后，书籍的刊刻成为一项盛大的文化事业，对于文化的传承与发展具有重大的意义。印刷术的发明根本上改变了图书的流通方式和人们的阅读方式，使阅读不再是少数人的特权，而变成了一种可以大众共享的文化形态。对于文明的发展史来说，这是一个具有重大意义的变化。由于印刷术从根本上改变了图书生产的条件及图书的物质形态，同样也改变了其适应环境。印刷术发明最基本的

影响在于它带来了书价的降低和书的相对平凡化。

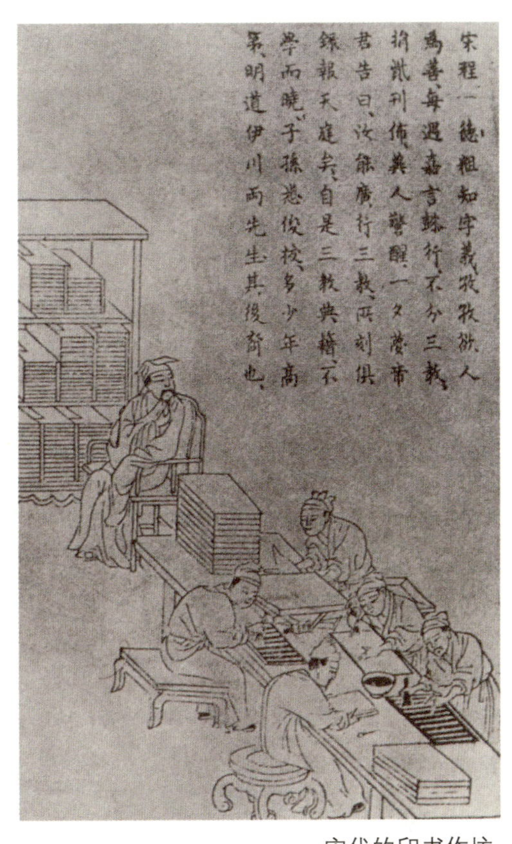

宋代的印书作坊

宋代是我国雕版印刷事业发展的鼎盛时期。雕版印刷与造纸技术的进步，使文献的记述和书籍的流通大大便利，扫除了文化发展的技术性障碍，为文化的传播与普及提供了关键性的手段，成为宋代文化大发展的重要条件。前人传抄之书至宋刻印定本，时人著作诗文得以付梓流行，尤其是卷帙浩繁之书的大规模刊印，使有宋一代出现划时代的文艺复兴高潮。

为了适应政治和文化的需要，许多政府机构、单位、书坊和个人都积极从事刻书事业。北宋真宗、仁宗时期，刻书业开始兴盛起来，刻书最多的是仁宗时期，许多大部头书籍，如“七史”和医药书，都是这一时期刻成的。南宋时期刻书更为繁荣，官府、官员、民间书坊都从事雕版印刷，印本书籍广为流传。临安、福建和四川是印刷业的主要中心。临安国子监印制的监本质量较高，福建印制的书籍还运往高丽、日本等国。

宋代刻书不仅刻工技艺精湛，而且纸墨装潢精美，书法精妙，纸质坚润，蝶装黄绫，开卷墨香。北宋时刻书多用欧阳询字体，整齐浑朴，以后逐渐流行颜真卿、柳公权字体，南宋时逐渐出现一种秀劲圆活的字体。宋代的装订多采用蝴蝶装，用较厚的纸包裹作为书皮，从外表看，厚皮包背。宋代后期，又出现了包背装。北宋时期，木版雕刻已经发展到铜版雕刻了。这时还出现了用两色三色套印的钞票，这是雕版印刷的一个重大突破。

宋代刻本印书业代的发展，印书的内容十分广泛。宋代以前的书籍陆续翻印，宋代作品也大量印刷。我国现存的最早的古代书籍，不少是宋代雕印流传至今的。唐代名医孙思邈的《备急千金方》，是我国最早的临床实用百科全书，是北宋时期刻版印刷的；我国现存最早的数学著作《周髀算经》和数学专著《九章算术》，都是南宋哀宗正大八年（1231）刻成的；我国现存最早的刻印围棋专著，是南宋御书院棋侍诏李逸民编辑的《忘忧清乐集》。此外传世的宋刻本还有《说文解字》《尔雅》《文选》《资治通鉴》等。

"宋四大书"，包括《太平广记》《太平御览》《文苑英华》《册府元龟》，都是北宋时编写的百科全书性质的大书。其中《太平广记》《太平御览》和《文苑英华》是宋太宗时编写完成的，《册府元龟》则是宋真宗时完成的。后世合称此四书为宋朝四大部书，或"宋四大书"。

四、兴学运动与教育体制

北宋初年社会稳定，促进了思想文化的繁荣。一方面是科举大兴，极力培养修社稷大业、以教化为心的新官僚人才；一方面出现了全社会性的办学。当时学校制度，有官学和私学两类。官学分为中央学与地方学，即中央设国小学、太学，地方设州县学。私学的基本形式是私家学馆一类。书院教育在宋代大发展起来。同时，各种专科教育在宋代也受到重视，除了律学、算学、医学之外，还出现了武学、画学、书学等专科学校，此外还有专门研究道教的道学。

北宋教育在仁宗朝前期，出现了一些重大变化。朝廷改变了以往

间接赞助民间办学的做法，开始直接管理和资助、兴办地方州学，将重要藩府的州学正式纳入官学的体制之中，逐步形成了若干具有全国性影响力的地方教育中心。这些中心形式多样，是北宋州县之学多年演变、趋于成熟的典范。诸如范仲淹主教的应天府书院，胡瑗主持的苏湖州学，孙复、石介的泰山、徂徕之学，以及陈襄的福建古灵之学，都具有很高的教学水平，并讲求民间利病之急，提倡圣人之道和经世致用的实学风范，具有拓开芜茺、化通士学风气之功。

由范仲淹主持推动的庆历兴学，是北宋历史上第一次全国性的大规模兴学运动，是庆历新政的重要内容之一。庆历兴学的措施，主要有以下几个方面：第一，诏州县立学，选部属官或布衣宿学之士为教授，并立听讲日限，规定士须在学校习业 300 日，方许应举。第二，振兴太学，选用拥护新政的著名学者石介、孙复主持太学讲席，采用胡瑗苏湖教法为太学法度，以改进太学教学及规章体制。同时，设立四门学，允许八品至庶人子弟入学，扩大了中小庶族地主子弟入学深造的机会。第三，改革科举考试方法。

庆历新政维持不过一年零几个月，便在旧官僚权贵集团的强烈反对下失败，兴学也告夭折。但庆历兴学诏为地方办学提供了合法的凭据，首开州县广兴学校的先例，普遍激发起州县地方兴学的热潮。在新政失败后，州县兴学的成就仍部分保留下来，一些新政人士被贬到地方后，仍热心创办地方学校，使庆历兴学的成果得以保存和扩大。庆历兴学之后至北宋末年，经过三次大规模兴学，逐步形成了以中央太学、国子监为中心，诸多专科学校和地方州县学配套的全国官学系统。

庆历兴学整顿和改进太学、国子学的教学制度，一批硕学名儒如石介、孙复等人先后主讲太学，结束了国子学、太学徒为游寓取解而无教学之实的状态，开创了北宋中央官学的空前盛况。由他们主持中央官学的讲席，对于改变浮靡巧伪的士学风气发挥了重大的作用，并对全国各地学校起到了主导示范的作用。

（南宋）刘松年《山馆读书图》（局部）

直到北宋末年，人们论及学校教育人才、士风丕变，仍盛称“庆历之风”。

自范仲淹庆历兴学失败后，要求兴学和针砭时弊的努力始终没有终止。神宗继位后不久，朝野上下就围绕着学校和科举如何培养、选拔人才的问题，再次展开争论，并围绕着这一主题，开始了一场内容更为广泛、细致的变法运动。宋神宗熙宁二年（1069），王安石任参知政事，主持变法大计，次年再次提出兴学复古、改革科举的建议，并得到了大多数朝臣的赞同。熙宁四年（1071）二月，神宗下诏改革学校科举，揭开了熙宁兴学的序幕。

熙宁兴学的内容主要包括以下几个方面：第一，改革太学体制，扩建太学规模。第二，改革人才选拔制度。第三，颁布《三经新义》。第四，创建和整顿国子监、地方学校及各种专科学校。地方官学的改进，主要采取了以下两项措施：一是设置诸路学官，以加强地方教育，改变州县有学而无教的状况。二是为地方学校拨充学田，在物质条件上为州县学校的维持提供了保障。王安石主持的熙宁兴学，推动了北宋教育事业的发展。从此，在中央和地方形成了一个学科、内容、形式相对完整配套的学校网络。

由蔡京主持的崇宁兴学，是北宋第三次大规模的兴学运动，其规模和范围超过了庆历、熙丰兴学，也是北宋历史上规模最大的兴学运动。崇宁兴学的内容主要包括以下几个方面：第一，诏令州县设学。第二，扩建太学。第三，改革科举制度。第四，恢复、扩建专科学校。经过崇宁兴学，北宋的中央和地方官学体系基本建立就绪，规模空前，学校经费也得到了保证，以往两次兴学企望的目标，在崇宁兴学中大体实现。不仅中央太学臻于鼎盛，达到生员 3800 人的空前规模，地方州县学校也大幅度发展。

（宋）《科举赶考图》

北宋的三次兴学运动，实际上都是涉及教育体制的改革。经过历次兴学，宋代的官学教育体制逐步定型。宋代官学因袭唐制而有所损益，大体包括以下几种类型：其一，国子监直属的学校：有太学、辟雍、广文馆、武学、律学、小学等；其二，朝廷直属的宗室学校，有宗室内学、诸王宫大小学；其三，中央政府有关部门直属的专业学校，有医学、算学、书学、画学等；其四，地方政府直属的府、州、县学，及州县小学；其五，附设于州县学内的道学。

五、文人书院的兴盛

与理学的蓬勃发展相适应，宋代的文人书院也兴盛起来。宋代书院集前代书院之大成，以学术讲习为主旨，为此后近千载所宗续。书院具有敦隆教化、繁荣学术、培育人才等功能，阐扬中华文化中尊师重教、勤问好学、教学相长等优良传统，在文化教育史上有着特殊的地位，也是中华文化发展史中重要的时代内容。

书院之名，始于唐代。唐代私人创建的书院，已兼有个人读书治学和授徒讲学的职能。但唐代私人书院的这类讲学活动规模较小，尚不普遍，且未形成定制。唐末五代社会动乱，文教衰落，士儒无由显身，穷居草野，潜心讲学之事，书院应运而生，进入书院职能全面转入讲学读书的初级阶段。

北宋初年，乱世渐平，社会安定，朝廷虽多褒奖文事，却又无力广设州县学校，故“士子病无所学，往往相择胜地，立精舍，以为群居讲习之所”。书院的兴起，一方面满足了广大士子读书求学的愿望；另一方面也缓解了朝廷尚文治而又教力不足的矛盾，为朝廷培养了大批文治人才。这些书院，在皇帝诏令兴学后，得到朝廷赐敕额和田亩、书籍，委派教官等待遇，逐渐成为半民半官的地方教育中心。

北宋时期影响比较大的书院是宋仁宗时期的苏州郡学和湖州州学，对宋代主流思想理学的形成，复兴儒学，产生了很大影响。胡瑗青年时代与同窗孙复、石介，求学于泰山凌汉峰下，“攻苦食淡，终夜不寝，一坐十年不归。”学成后到湖州收徒讲学，专治儒学经术。宋仁宗景祐二年（1035），范仲淹在知苏州任上，办苏州郡学，特延请胡瑗为师。仁宗宝元二年（1039），湖州成立州学，遂又聘胡瑗为教授。胡瑗在苏湖书院讲学，阐发儒家“六经”，主张经世实用，摈弃声律浮华文章，创立了崭新教学方法，世称“苏湖教法”。宋仁宗

在庆历年间，垂诏苏湖州学，取其法著为令于太学，遂使胡瑗教法，超出州学书院，而规范朝廷太学。

胡瑗苏湖教法的宗旨是“明体达用”，体指儒家纲常礼教，用指以纲常原则教化天下，明者即树立，达者即实现。胡瑗以此为教育方针，旨在以儒为宗而整饬风俗。胡瑗以体用之学，教授诸生。在苏湖时，使东南之士莫不以儒家之道为至学。在京城太学执教时，听者竟如云至。神宗称赞他深得孔孟之宗，“议礼定乐，以迪朕躬；敦尚本实，还隆古之淳风；倡明正道，开来学之额蒙。”神宗的评价，说明了胡瑗明体达用对国家政治生活、社会风俗和发展教育的极其重大的社会意义。

孙复、石介学成后，也各自讲学授徒，志在儒学，成绩斐然。故南宋理学家推崇胡瑗、孙复、石介三人，称赞三者开儒家讲学的风气之先，奠定了理学产生的思想基础，敬称他们为“宋初三先生”。

到北宋后期，由于朝廷几次大规模兴学，官办的州县学校渐起，书院则渐入沉寂。进入南宋以后，书院复又振兴，而达到鼎盛阶段。南宋孝宗以后，各地官员竞相创建书院，几乎遍及全国。有人统计宋代书院总数有 203 所，大部分在江南文化发达地区，南宋为北宋的 4 倍左右。南宋书院不仅数量大幅度增加，而且书院的规模和设置也更为完善，办学条件多有改善，书院的内容和功能也有所扩大。在培养人才、广开言路、刊刻著作、保存典籍等方面，书院作用大大超过各州县学。并且，南宋书院形成了较完备的规章制度，涉及书院的教学内容、方法、教学目的、培养学生的方向以及书院的日常行政管理条规等等。

宋代书院创制了中国书院的基本模式，其中著名的当推白鹿洞书院、岳麓书院、嵩阳书院、睢阳书院，号称“天下四大书院”，都有过聚书数千卷、学徒逾千的盛况，尤其以白鹿洞书院、岳麓书院影响最大。四大书院在当时声名颇旺，皇帝均赐有匾额，以肯定其以仁义纲常育化人才的功绩。它们对发展宋代文化教育起了重要作用。此外，还有应天书院、茅山书院、丽泽书院、象山书院、紫阳书院、考亭书院等，都颇有影响。

书院的兴起，使讲学之风盛行，促进了学术的发展。宋代许多大儒，都自设书院，主持讲学，广收弟子，形成派别。理学家们为了专研学术，讲明义理之学，并广泛传播自己的思想，扩大影响，积极发展书院教育，创办书院，宣讲性理，并以书院为论坛，争鸣学术，指论朝政。朱熹、陆九渊、陈亮、叶适、吕祖谦、真德秀、魏了翁、胡宏、张栻等著名的理学家，都是积极创办和推进书院教育的代表人物。理学的一些重要著作，如《朱子语类》、陆九渊《书堂讲义》等，都是在他们的讲学活动中孕育出来的。书院讲学形式活泼，主讲人不限于本院讲师，还可别请名师做临时主讲或作专题讲授，书院往往成为名师荟萃的中心。听讲者也不限于本院生徒，四方学士都可前来，学生可不拘一家一派之学，自由择师。书院师生专心研究学问，学术研究空气特别浓厚，学术风格开放，气氛活跃。学校环境较为宽松，除了正统的儒家学说而外，其他各种学术也可以讲授，不同的思想可以相互交流、切磋、辩难，如朱熹、陆九渊的“鹅湖之会”，朱熹陈亮之

白鹿洞书院

间的“王霸义利之辩”等等，从而活跃了师生的思想，推动了学术的繁荣和进步。实际上，宋代自书院兴起后，真正的学问研究不在学校而在书院。

宋代是一个儒生士大夫关注道德人格建构的时代。但是，当时的科举制度的腐败，导致士学风气的堕落，一些志趣高洁、仰慕圣学的学者厌恶仕禄功利之学。而书院则提倡高风气节、不为功名利禄折腰，自由讲学，专研学问，推崇修已至诚之道。朱熹等理学家们希望把书院办成有“德行道艺之实”的教育机构，进而透过书院教育来弘扬道德主义的文化信仰和道德理想主义的价值观。也正因为如此，书院方为一大批文化素养较高的士子所景慕。

书院是宋代文人生活的重要内容。士子们不仅以书院为研究学术、推广道德教育的基地，而且在书院生活中交流情感，声气相求，追求一种精神上的自得。书院生活寄托了中国知识分子追求道德及知识独立的理想与情趣。正如朱熹在一首诗中写道：“青云白石聊同趣，霁月光风更别传。珍重个中无限乐，诸郎莫苦羡腾迁。”

六、婉约与豪放的宋词

宋代文学的最高成就是宋词。宋词被视作一代文学的标帜。就像人们说唐代文学首先而且要特别着重讲唐诗一样，讲宋代文学，则首先要讲宋词。唐诗、宋词和元曲，往往并称，前人有“诗盛于唐，词盛于宋，曲盛于元”之说，都是中国文学史上的高峰。

词是从中唐以后流行起来的一种新诗体。词在唐、五代通称为曲子词，原是为乐曲配唱的，后来逐渐脱离乐曲而成为独立的文体，简称为“词”。每首词最初都有与其相配合的乐调，称为词调，每一词调都有一个或几个名称，称为词牌。每一词调在句数、字数和声韵方面都有特定的格律形式，被称为词谱。因为多数词谱的句式长短不齐，所以词又称“长短句”。写词，要依谱填写，叫作填词。

词从晚唐五代发展到宋代，呈现出空前繁荣、多姿多彩的面貌，在中国文学史上占有特殊地位。宋代的词，则把这种晚唐、五代草创时期的文体，发展为一种成熟的可歌可吟的文艺样式，有着以前任何一种文体所没有的广为群众所爱好的特点。由于词是合乐诗体，既可传诵于文士案头，又能流播于乐人歌喉，流传广远，风行于社会各阶层，拥有广泛的创作队伍。宋代词作，据《全宋词》辑录，共收词人1300余家，词章近两万首。孔凡礼《全宋词补辑》又增收词人百家，词作400多首。

宋词大体上可分类为婉约和豪放两种风格流派。婉约派的词，内容主要写男女情爱，离情别绪，伤春悲秋，光景流连。其形式大都婉丽柔美，含蓄蕴藉，情景交融，声调和谐，风格典雅涪婉、曲尽情态。像柳永的“今宵酒醒何处？杨柳岸，晓风残月”；晏殊的“无可奈何花落去，似曾相识燕归来”；晏几道的“舞低杨柳楼心月，歌尽桃花扇底风”等名句，都是情景交融的抒情杰作。豪放词作是从苏轼开始的。他把词从娱宾遣兴里解放出来，发展成独立的抒情艺术。山川胜迹、农舍风光、优游放怀、报国壮志，在他手里都成为词的题材，使词从花间月下走向了广阔的社会生活。不过，两种风格既有区别的一面，也有互补的一面。上乘词作的风格，往往豪放而含蕴深婉，婉约而清新流畅、隐有豪气潜转。

宋词的发展一般分为北宋前期、北宋后期和南宋三个阶段。

北宋前期的词，大体沿袭晚唐五代形成的婉约艳丽的风格。这时的代表词人晏殊、晏几道、欧阳修等，主要写作小令，丰富和提高了传统令词的表现手法和格调。晏殊的词具有特殊的闲雅气度和婉转情思，而晏几道的词则章法曲折多变，情感起伏婉转，具有凄清顿挫的艺术风格。欧阳修的词大多写离别相思题材，独具清流和婉的风格。他还写了一些即景抒怀的词，写景清流如画，格调欢快轻松，表现了士大夫流连风景的雅兴。

二晏和欧阳修写的“令词”还是继承了唐五代词风的余绪，而柳永的“慢词”（长调）则开创了宋词特有的崭新天地。柳永原名柳三变，早年科场失意，放荡不羁，经常流连于教坊青楼，以善于填词而得名。有人在宋仁宗面前举荐他，仁宗批了四个字：“且去填词”。故自称为“奉旨填词柳三变”。柳永是全力作词的名家，有《乐章集》传词近 200 首。他继承了前代诗词创作的经验，又接受了民间词的影响，在词的题材上有所扩展，反映社会生活内容较广泛。他的突出贡献是创制了大量篇幅较长的慢词长调，扩大了词体的容量。其中有的长达 200 字。他的词的语言大都明白如话，通俗流畅，音调谐婉，并善用铺叙手法作细致的描绘，甚至不避俗俚，如“衣带渐宽终不悔，为伊消得人憔悴”“系我一生心，负你千行泪”等情话，似叙家常，脱口而出。柳永的词深受市民大众的欢迎，并对后来的词人产生了不小的影响。

苏轼是北宋词坛独树一帜的大家。苏轼在诗、词、散文方面都有着极高的成就和独特的艺术风格。在词的创作方面，他打破了“诗庄词媚”的观念，扩大了词的题材和境界，开创了豪放词派，使词冲破了艳科的藩篱。他还用写诗写文的手法写词，革新了词的语言，而且不拘音律，使词初步与音乐分离，成为一种可以单独吟咏的抒情诗体。他开拓了词的题材领域，将词作为一种随意抒情写景、无事不入的新诗体，表现了独具个性的人生体验和思想感情。苏轼现存 300 多首词作，涉及感旧怀古、抒情议论、记游咏物、乡村风物、山水景

《苏轼回翰林院图》

色、朋友赠答诸多题材，完全突破了词为艳体的传统界限。他还开创了清旷豪放的词风，读其词“使人登高怀远，举首高歌，而逸怀浩气，超然乎尘垢之外”。苏轼的词还善于借景寓理，表现深沉复杂的人生感慨，从而形成了清空旷达的风格。他的这些作品打破了自晚唐五代以来，词拘泥于男女恋情、离愁别绪的旧有模式，“以诗为词”，开创了“独树一帜，不域于世，亦与他家绝殊”的一代词风，奠定了苏轼在有宋一代，乃至中国词史上举足轻重的地位。

苏轼的风格在当时词坛引起了广泛反响，北宋后期的许多词人都受到了苏轼的影响。苏轼门人秦观，承续婉约词风，以创作婉美妍丽、语言工致、音律协和的词而被称之为“婉约之宗”。贺铸作词善用健笔，带有一些豪放之气，但仍以婉约词风为主。以周邦彦为代表的大晟词人，精通乐律，能自度曲，注重词的格律、典雅，铺叙曲折多变，言情体物更加工巧。在提高词的总体艺术水平的同时，推进了词的声律艺术的发展。这对于南宋格律派词人产生了很大影响。

南宋的词人应首推辛弃疾。辛弃疾是一位有传奇色彩的英雄人物，年轻时曾在山东参加抗金义军，后率万名义军投奔南宋朝廷。但他的抗战主张没有得到朝廷的支持和重视，只能在词章中寄托壮志难酬之悲愤。辛弃疾存词600多首，向来被人称为“英雄之词”。这些词表现了辛弃疾以英雄自许，以恢复中原为己任的壮志豪情。他热烈歌咏历史上创立功业的英雄人物，如《南乡子·登京口北固亭有怀》，面对不尽长江，感慨“千古兴亡”，不禁赞叹三国时代的少年英雄孙权：“年少万兜鍪，坐断东南战未休。天下英雄谁敌手？曹、刘。生子当如孙仲谋。”辛弃疾还表现了壮志难酬、报国无路的悲愤心情。辛弃疾这类“英雄之词”大都使气逞才而作，情感激昂悲壮，风格沉郁雄放。他的语言也独具风格，不仅以前人的诗句入词，还广泛引用经史、小说的字面典故以及民间口语，可以说熔铸百家，自由挥洒，多姿多彩。

辛弃疾在上承苏轼豪放词风和南宋初爱国词的基础上，抒发了更

为激越愤慨的抗战复国的豪情，壮志难酬的勃郁之气，并创造性地融汇多种文学形式之长，形成了辛词的多样化的艺术风格，将词这一艺术形式的发展，推上了一个新的高峰。为此，在词史上他和苏轼并称“苏辛”，成为豪放词派的主要代表。

辛词给当时和后起的大批词人以深刻的影响。与辛弃疾同时的陈亮、刘过和南宋后期的刘克庄、刘辰翁等一批词人，被称为“辛派词人”。他们的作品多抚时感事，充溢豪迈悲壮激越之气，与辛词基本上是一脉相承的。

在南宋，女词人李清照的词作与辛弃疾则完全异趣。李清照号易安居士，是一位诗、词、文赋都有成就的作家，但最擅长、最有名的是作词。她的前期词作主要描写伤春怨别和闺阁生活的题材，后期则是在靖康之变、避乱江南之后所作，充满了“物是人非事事休”的浓重感伤情调，表达了她对故园、旧事的深情眷恋。她善用白描，并以其生动的形象描绘来表达抽象的思想感情。语言自然清新，具有独特的艺术风格。李清照以其女性身份和特殊经历写词，塑造了前所未有的个性鲜明的女性形象，从而扩大了传统婉约词的情感深度和思想内涵。她的词独具一家风貌，被后人称作“易安体”。

南宋词人中较著名的还有姜夔、王沂孙、张炎、吴文英、周密。后四人号为“南宋四家”。他们作词追求格律精严，造句精工，意境清幽，艺术上各有所长。其中也有一些作品寄托了家国之恨，但情调低沉。

宋代是词的繁荣兴盛的时代。文学史上，词以宋称，说明宋词代表一代文学的重要地位。

宋诗在承传唐诗的基础上开拓创新，形成了可与唐诗抗衡比肩的独立营垒，创作数量空前丰盛。大体估计流传至今的宋诗超过《全唐诗》数倍，已知的诗人有 8000 多人。宋代多高产诗人，陆游自谓“六十年间万首诗”。宋诗反映社会视野较前有所拓展，切入生活力度有所深化。宋与唐的时代气象与氛围不同，诗家又勇于创新，因而形成与“唐音”殊异的“宋调”。宋代的诗，以其意深语新，开诗歌创作一条新路，在伟大的唐诗之后，创造性地开拓了一种诗歌的新境界。宋代诗歌是宋代文学史上最具有新变性质的领域，宋诗不仅是唐诗的继续和发展，而且有它不可忽视的新成就。就数量而言，宋代诗人很多，大诗人也不少。就技巧而言，宋诗较唐诗更为精细。就内容来说，宋诗较唐诗更为广阔，而且有新的开拓和发展。300 多年间，宋诗出现了不少创作群体，创作了大量名篇佳作，先后辉耀诗坛。

七、市井文化的兴盛

市井文化，是建立在都市商业经济繁荣基础之上的一种文化形态，具有野俗的活力与广阔的普及性的特点。市井文化与贵族口味、士人情调决然不同，却是中华传统文化系统中的一个重要组成部分。

我国早在商周时期的城市就已经有了一定的规模，城市娱乐文化也随之出现。娱乐游戏向来就是市井文化的特色，也是市井生活的主要内容之一。春秋时代出现了蹴鞠、弄丸、飞鹫、郊游、棋类、雅歌、投壶等娱乐形式；秦汉三国“百戏”的兴起，“歌舞俳优，连笑伎戏”，魏晋南北朝围棋与投壶的大兴，有“手谈”“坐稳”之说；隋唐五代的击球、角抵、武艺、击鞠（马球），以及“壮士裸袒相搏而角胜负”的角力、相扑，都反映了城市娱乐的兴盛。傀儡戏、参军戏是中唐以后市井间流行的歌舞小戏，堪称中国最早的戏剧。明确标明以“市人”为读者对象的“市人小说”也开始出现，如《枕中记》《莺莺传》等。

宋代城市繁荣。北宋年间，城市经济发展迅速。一些城市不仅繁荣程度超过盛唐，人口增长也很快，如宋都汴京，人口多时达 26 万户，且“太平日久，人物繁阜。垂髫之童，但习鼓舞；斑白之老，不

识干戈。时节相次，各有观赏……新声巧笑于柳陌花衢，按管调弦于茶坊酒肆。”（孟元老:《东京梦华录》）南渡之前，杭州还不过是个“参差十万人家”的小城市。南渡后，大批王公贵族、地主官僚、豪绅富贾及北方中原一些市民、农民，为避金兵屠杀抢掠，蜂拥而入江南大小城市，临安流入人口最多，史载“近百万余家”。（吴自牧:《梦粱录》）暂时偏安局面，使“人烟生聚，民物阜蕃。市井坊陌，铺席骈盛，数日经行不尽”。（吴自牧:《梦粱录》）其余如扬州、荆州、成都、广州等城市，均已具有相当规模。

城市的发展是与商品生产的蓬勃发展和商业的繁荣密切相关的。中国的商业起源很早，作为商品交换地点的市也起源很早，几乎是与城市一同出现的。但在唐朝以前，市场都是由政府设立，并由政府管理的。管理的目的是抑制商业的自由发展。这是历代王朝奉行的抑商政策的重要内容。例如在唐朝，尽管市场上的货物种类已经很多，已是“货财二百二十行，四面立邸，四方珍奇，皆所积集”，长安城内的交易场所却仅限于东、西二市，在长安城的百余坊中只占四坊之地，其中的东市“东西南北各六百步”，市用垣墙圈围起来，四面设门，定时启闭，稽查出入人等，市关闭以后以及在市之外，禁绝任何交易行为。到北宋建国以后，坊市制度完全取消，城内不再划分方形之坊，城内市场也不再由官府设定，商业交易的时间、地点等完全由商人自由选择。原来为管理市而设立的众多市官也随之撤销。此外，城郭以外的草市、墟市也发展起来，有的成为固定的交易场所。在此基础上，北宋首创在县以下的商业繁荣之地设立镇市，使镇由过去的军事设防之地变为商贾交易之所。这些不仅是中国古代城市格局和国家行政体制的重大变革，也是中国古代商业的一次重大的革命性的变化。城市的经济功能大为加强，发展起众多的商业城市、手工业城市和海外贸易城市。城市也不仅是政治、行政中心，还成为地区性的经济中心，有些城市在经济上的影响遍及全国。长江、运河等河流和众多的陆路通道，则把各地的经济中心城市联结成为全国性的商业网络。

宋代市井文化十分发达。张择端的《清明上河图》描绘了清明时节，北宋京城汴梁充满浓厚生活气息的市井风情。画中酒肆、肉铺、茶坊、庙宇鳞次栉比，街市行人、商贾、小贩摩肩接踵，轿子、骆驼、牛马车、人力车川流不息，完整记录了宋代别具特色的市井文化与社会风俗。汴京倚汴水而建。汴水南连淮河、长江，直通东南和西南。与河北、西北则有陆路往来。在汴京的市场上，有来自江淮的稻米，沿海各地的水产，辽、西夏的牛、羊，江、淮、闽、蜀的茶叶，各地的果品，南方的丝织品，两浙的漆器，各地的瓷器，磁州（今河北邯郸附近）的铁器，福建、成都、杭州的书籍，还有来自日本的扇子，高丽的墨料，大食的珍珠、香料等。城内有众多酒楼、食店、茶坊、妓馆，饮客常达千余人。除遍布城市的店铺外，还有定期的集市，相国寺集市每月开放数次，一次可容纳万人。

临安是南宋最大的城市，其规模超过了北宋时的汴京，因而也是整个宋代最有代表性的商业城市。南宋的临安城，周围 70 里，府属各县还有 15 个镇市。宁宗初年，城内人口已达到 11.2 万户，即四五十万人。到南宋末年，临安府（包括所属各县）已发展到 39 万户，124 万口。临安城内外总是船只云集，往来的客商不绝于道。临安城内的大街小巷，各类店铺“连门俱是”。同类店铺多聚集在一起，形成专门的市。街市上的买卖昼夜不绝。每天早上五更早市开门营业，晚上又有夜市，直至三四更时游人才渐渐离去，冬季有大雨雪时亦如此。早市、夜市颇有江南地方特色，热闹非凡，其盛况远胜于汴京。除各种店铺以外，城内还遍布各种食店，经营各种风味小吃；为数众多的茶肆，不仅是市民闲暇时饮茶的场所，也是一个社交场所，各行的行头、牙人常聚于此，沟通行市，洽谈生意，雇工卖伎之人也常在此寻觅主顾；瓦舍、勾栏每天演出百戏杂技，说书讲史，是一般市民的主要娱乐场所；城内的大批工匠分属各种“作分”，专门从事各种制作或土木修建；街面上还有各种走街串巷的小商贩和修旧

人，贩卖各种日用杂品、菜果小吃，或从事简单的修理服务；高级茶肆、酒楼、歌馆则是达官贵人娱乐、聚会的主要场所，他们在此酣宴歌舞，往往要到夜半以后方才离去。由于商业发展、商贾云集，像北宋时汴京邸店之类为商业服务的货栈也非常发达，当时人们称之为“塌房”，专供客商住宿和寄存货物。塌房多为富商所经营，规模较大的有屋数百间乃至千余间。

（宋）李嵩《市担婴戏图》

宋代市井发展文化显著的表现是“瓦子”和“勾栏”的出现。瓦子又称“瓦市”“瓦舍”，指易聚散、较为自由简陋的娱乐场所，取“来时瓦合，走时瓦解”之意。瓦子的大小、范围不等，内设勾栏（棚）若干。勾栏即栏杆，意为用栏杆围成的演艺场地，可独设，也可设于瓦舍之中。瓦舍满足参与性的娱乐，勾栏则是满足专门的观赏。汴京东角楼一代是瓦舍勾栏最集中的地方。临安城则有瓦舍 20 多座，其中规模最大的瓦舍内，有勾栏 13 座。

演出的技艺，在北宋有小说、讲史、诸宫调、合生、武艺、杂技、傀儡戏、影戏、讲笑话、猜谜语、舞蹈、滑稽表演等 20 余个品种，到南宋则发展为 50 余种。因此不论风雨寒暑，到戏棚里观看的人天天比肩接踵。有人形容南宋著名“四瓦”的盛况：南瓦“衣山衣海”，中瓦“卦山卦海”，上瓦“南山南海”，而北瓦（下瓦）“人山人海”。汴梁城保康门瓦舍以东，沿城墙都客店，南方来的官员、商贾、兵校、都在这里靠船。行商流官为此时瓦舍的主要服务对象。各路客商“终日居此，不觉抵暮”。

在瓦舍里，说唱艺术、歌舞艺术都得到了长足的发展。特别是瓦舍里经常演出的鼓子词、缠达、唱赚和诸宫调。“鼓子词”可以说是后世弹词以及其他说唱艺术的肇祖。它是一种融说书与歌唱为一的叙事艺术形式，以唱为主。“缠达”也是瓦舍经常出现的一种表演艺术，它的主要艺术形式是叙事歌舞。约在北宋末年，又从“缠达”脱胎出一种叙事的歌曲形式，叫“唱赚”。“唱赚”后来成为元杂剧每折一宫调、一韵到底的先河。在当时，“唱赚”选用的经常是流行曲调。“唱赚”也采用大曲、曲破、嘌唱、耍令、番曲等等，曲调优美，委婉动听，为后世的南曲联套打下了基础。

宋代“说话”是伎艺演出中受到市民群众广泛欢迎的一种。当时有数量可观的职业“说话人”，他们还有专门组织，称为“书会”或“雄辩社”，研习传授技艺，整理编写话本，以提高说话水平。仅《梦粱录》《武林旧事》所列载说话人已过百名。讲故事和听故事的人大都属于市民阶层，说话艺术从思想内容到语言和表现形式，都为市民阶层所熟悉和喜闻乐见。“说话”主要在瓦舍演述，其听众以市井民众为主，故可视为市井文学。

在南宋的瓦市中，力技、角抵、相扑成了最流行的项目。《梦粱录》记载：在护国寺南高峰举行“露台争交”，特别选取各州郡臂力高强、州内无敌的人，来此比赛夺赏。头赏的奖品有“旗帐、银杯、彩缎、锦袄、官会、马匹”。所谓“露台争交”，相当于“打擂台”，胜者甚至可博得一官半职。著名的相扑高手王侥大、撞倒山、宋金刚、倒提山、铁板踏、韩铜柱、曹铁凛等都在瓦市中作场。还有女选手的成套对打，女大力士又称“女飐”，出名的有女关索、嚣三娘、女急快等。在瓦舍里，以班主为首的杂技班子也已经出现，比较出名

的是以卢逢春、姚润为班主的杂技班子，擅长表演弄傀儡、杂手艺。

除了瓦舍以外，还有大量的“撂地”艺人，称为“路歧”。举凡城市的路边空地、茶楼酒肆、候朝门外、殿司教场，都有各色路歧在此作场，其中也包括那些杂技艺人，演出一些比较简单的杂技项目。

第十一讲 激荡中发展的元代文化

一、元代文化的发展

在中国北方的草原和大漠地区，世代聚居着以游牧和狩猎为主要生产生活方式的游牧民族。游牧文明和农耕文明是两种不同类型的文明。在中国古代的历史上，北方游牧民族时常侵扰中原，游牧文明与农耕文明的对抗和冲突是民族冲突、军事冲突、文化冲突的主要内容。但是，在北方游牧民族与中原农耕民族即汉族的对抗冲突中，也广泛地接触到先进、发达的汉文化，部分地或全部地吸收了汉族先进的生产技术、生活方式、政治制度乃至思想观念，从而使自己的文明水平得到很大提高，并且在一定程度上汉化了，成了中华文明的负载者和传承者。前文提到的党项人、契丹人和女真人，就是汉化程度很高的民族。

在 13 世纪，蒙古人则充当了欧亚大陆上文化交流的主角。

在 13 世纪上半叶，蒙古军队先后发动了三次大规模的西征。在近半个世纪中，蒙古帝国以蒙古大漠为中心，通过三次西征，以及对中国内陆地区包括金朝、西夏以及南宋王朝的征服，把欧亚大陆的大部地区都纳入蒙古帝国的版图中，形成了从东到西的庞大的蒙古汗国。蒙古人的西征，一直抵达多瑙河、波罗的海和地中海。蒙古的都城哈剌和林和元朝上都成了当时世界的政治中心和文化中心，中西交通出现了前所未有的盛世，东西方文化的接触、碰撞、交流和融和出现了前所未有的规模。

1271 年，蒙古大汗忽必烈把原来属西夏、金、宋、大理和蒙古本土合并成一个帝国，国号“大元”。元朝的统一，结束了自唐末藩镇割据以来国内南北对峙的分裂和战乱局面，建立起多民族的统一国家，大大加强了各民族之间的文化交流和融合，促进了多民族统一国家的巩固和发展，基本上奠定了中华民族的版图。

自秦统一以来的历代封建王朝，以疆域之广而论，都不及元代。元朝北至阴山以北，南至南海诸岛，东北到今库页岛，西北达到新疆、中亚地区。蒙古统治者进入中原以后，也越来越多地接受了汉族文化。忽必烈在藩王时就热心学习汉文化，向刘秉忠、元好问、张德辉等文士请教儒学治国之道。他登基后，自命为中原正统帝系的继承者，将中原地区作为他的立国基础。他采用了汉人的建议，改国号为“元”，取《易经》“大哉乾元”之义。这些都意味着蒙古政权文化性质的某种转变。蒙古国从此由一个北方游牧民族建立的政权，变为中华正统王朝的一个朝代。忽必烈采用许衡等儒士“必行汉法乃可长久”的建议，变易旧制，以适应中原地区传统的政治、经济和文化形态。

元世祖狩猎图

在元代，汉人儒士被任用，儒学得到重视。在忽必烈之后，又有仁宗、文宗等力倡学习儒学，倚重汉人文臣，实施汉法。仁宗通过对孔孟的崇奉，表明以儒家的纲常之道作为统治思想。他加封孔子为大成至圣文宣王，又以周敦颐、二程、朱熹等从祀。皇庆二年（1313），下诏正式实行科举。科举实行后，在政治上多少满足了汉人要求广开仕途的愿望，也使汉文化在蒙古、色目人中进一步传播。

在文宗统治时期，汉文化更得到多方面的提倡。天历二年（1329）二月，文宗在大都建立奎章阁学士院，聚集人才，儒学在蒙古、色目人中进一步发扬。同年九月，又命翰林国史院与奎章阁学士院编纂《经世大典》。这是文宗行“汉法”崇文治的一个标志。文宗在信用文臣的同时，又极力表示尊孔崇儒，以争取汉人文士的拥戴。

元朝重视儒学，尤其推崇宋代理学，朱子学说开始成为官学。在元代的科举中，以朱熹的《四书章句集注》为标准，确立了程朱理学在意识形态领域的统治地位。元代以朱子学义理解经之作纷纷出现，“四书讲章，浩如烟海”。在元人丞相脱脱主撰的《宋史》中，首开《道学传》，把程、朱和与程、朱观点相近的两宋人物，正式列入孔孟以后的儒学“道统”中。由于统治者的大力提倡，理学在元代大为发展，在中国儒学史上占有重要地位。

官方虽然推崇儒学，但对其他宗教思想也取宽容态度，从整个元代的情况来看，统治者崇信佛、道，更有甚于儒教。

二、元代的中西交通与文化交流

有元一代，中西文化的交流达到了一次新的高潮，大规模的民族迁徙，广泛的人员交流，外国文化特别是阿拉伯文化在中国的广泛传播，以及伊斯兰教和也里可温教等在中国的传播与发展，都为中华文化的发展提供了新的内容、新的激励，同时也促进了中国人对外部世界的认识和了解的进一步扩大。与此同时，在整个元代，中华文化在中亚地区、伊斯兰世界乃至在欧洲，都有更广泛的传播、更普遍的影响、更崇高的声望。

从汉代张骞通西域开始，就在建立起贯穿欧亚大陆的交通大通道——丝绸之路。这条丝绸之路承担起东西方物质和文化交流的重

要使命，把中国的丝绸以及其他物产和有关中华文化的信息源源不断地传播到西方。但是，这条大路并非时时畅通，在东汉的时候就曾出现过“三绝三通”的现象。唐代安禄山之乱以后，中国通西域的道路已不大通畅，到了宋代，特别是南宋时，因辽、金、西夏的阻隔，中西陆路交通中断多年。元代对外交通的一个突出成就，就是陆路交通得到恢复和发展，丝绸之路实现空前的大畅通。

不仅如此，元代的对外交通，尽管传统的丝绸之路得以畅通，元朝还大力发展海上交通，实际上，有元一代，海路的作用和重要性远

《卢沟运筏图》(局部)

远超过陆路。

畅通的道路带来了空前的人员往来的便利。人是文化交流的载体，文化交流主要的依靠渠道是人员往来。人员往来使不同民族、不同文化的人有了面对面交流的机会，就有了互相认识、互相了解的机会。交通的畅达、人员的流动，都为蒙元时代中西文化的大交流创造了条件。

蒙古西征的一个重要后果，是造成了欧亚大陆上广泛的人员交流和民族交融。在蒙古大军的三次西征中，有大批蒙古军士兵驻扎在征服占领的广阔领土上，同时也有成千上万的蒙古族人和汉族人从中国迁至中亚、波斯、阿拉伯地区乃至欧洲。另外，也有大批的西方人迁徙到东方，其中包括被俘的工匠，被遣发的百姓，被征服地区和国家统治集团的成员，以及从事贸易的各国商人等。他们中有中亚人、波斯人、阿拉伯人、欧洲人。这些移居中国的西方人有的从事农业、手工业生产，有的充当职业军人，担任传教士，或者从事贸易，还有少数人在元朝当了官。无论是哪一种情况，这些入元的西方人与中国人杂居共处，耳濡目染，深受中华文化的熏染和影响，有一部分已经华化了。

在这一时期，蒙古的都城哈剌和林与元朝大都先后成了国际交流的政治中心和文化中心。1229 年窝阔台继大汗位后，选定位于今蒙古乌兰巴托附近的哈剌和林作为都城，修葺一新，使之成为热闹非凡的一座国际都市。在和林城中，不但有畏兀儿人、回回人、波斯人，而且有匈牙利人、弗来曼人、俄罗斯人，甚至还有英国人和法国人。布累斯劳、波兰、奥地利人也有的奔赴东方，威尼斯、热那亚和犹太人也前来进行贸易。忽必烈入主中原后，在原来辽朝南京和金朝中都的所在地即今北京地方建元朝大都。在马可·波罗、柏朗嘉宾和鲁布鲁克等人的记载中，都提到在大都、和林以及在中国的其他地方见到过来自欧洲不同国家的人，有的是专业的工匠，在大汗的宫廷里服务。

元大都是当时世界上规模最宏伟的大都市。在大都里聚集了来

自亚欧各地的贵胄、官吏、卫士、传教士、天文学家、阴阳家、建筑师、医生、工程技术人员以及乐师、美工和舞蹈家等。除和林、大都外，当时还有一座国际化的大都市，即上都。上都位于今内蒙古锡林郭勒盟正蓝旗境内，是元朝仅次于大都的第二个政治、军事、经济和文化中心，是忽必烈在蒙哥汗五年（1256）修建的，初名开平府，至元元年（1264）改名元上都。每年 4—7 月元朝皇帝率群臣到这里避暑并处理政务，元朝的很多重大事件都在这里发生。元朝各方人士汇聚上都，使它成为当时“蒙古草原上最繁荣的城市”。由于它的政治地位，贵族、官僚、商人云集于此，许多来华的外国人也聚于上都。

元帝国的建立，打破了原有民族、地域之间的界限，增进了各民族在经济、文化方面的交流，出现了有异于唐宋时期的盛况。

元帝国之内，四海一家，所谓“四海为家，声教渐被，无此疆彼界”。商业领域打通了地域、民族方面的限制，出现了全国范围内经济、文化交流的大发展，西域人入仕元政府，学习汉文化，皆以中国为家，即“西域之仕于中朝，学于南夏，乐江湖而忘乡国者众矣”。

空前的人员大流动造成了空前的文化大交流。在这 100 多年的时间里，在欧亚大陆上出现了前所未有的“流动”的浪潮，有各类人员的流动、物质商品的流动、技术发明的流动、思想观念的流动、文化的流动。蒙古人的作用不仅仅是充当了文化交流的媒介和载体，他们还担当了催生新的文化形式的使命。各种文化的相遇、交流和冲撞，一种文化要素从一种文明进入到另一种文明，不仅仅是原封不动的移植，还会出现许多新的变异，或者激发出新的文化因素的出现。

在这种空前的文化大交流中，中华文化在欧亚大陆上获得了空前广泛的传播。作为当时蒙古大帝国的“大本营”的元朝，也就是中华文化的本土地区，经过唐宋时代的高度文化繁荣，进入到一个文化高度发展、高度繁荣的时期，在文教科技、社会民俗、物质生产等方面都处于世界的领先地位，比如代表中国古代科技文化最高成就的“四大发明”，就是在这个时期完成完善并且向外传播的。与整个欧亚大陆的其他地区比较起来，无论在物质文明成果，还是在科学技术进步方面，还是在精神文化艺术水平方面，都远远领先于中亚西亚地区，也远比同时期的欧洲要先进许多。所以，在这个蒙元帝国时代空前的文化大流动、文化大交流中，更多的是中华文化的优秀成果向西方的流动、向西方的传播。

正是在这样的人员交流、文化交流的高潮中，西方第一次真正地认识了中国。如果说，在古罗马那个时代，通过丝绸，欧洲人对于中国只是有一些模糊的影像，那么，随着蒙古大军横扫欧亚大陆，开创了大交通、大交流的新局面，欧洲人则看到了一个真实的中国，一个充满神秘和魅力的中国。

三、理学的新发展

儒家学说中经两汉经学、魏晋玄学，至北宋发展为理学，由南宋朱熹集大成。元代理学，上承两宋、下启明初，为理学的进一步发展起了重要的传递作用，在中国儒学发展史上占有一定的地位。

宋元之际，元军南下攻宋，儒臣杨惟中、姚枢随军前往，受命在南宋地区“求儒道释医卜者”。窝阔台汗七年（1235）元军攻陷德安，南宋理学家赵复被俘。杨、姚加以保护，并礼送至燕京太极书院，请他传授程朱理学，“学子从者百余人”。赵复向姚枢献出二程、朱熹等人的著述 8000 余卷。

由于周敦颐、二程之后，儒家的书籍内容广博，学习者难以融会贯通，赵复便推求伏羲、神农、尧、舜所以能继承天道建立准则的原因，孔子、颜回、孟子所以能立下永世长存的教诲的原因，周敦颐、二程、张载、朱熹所以能发扬、阐明、继承儒学的原因，撰写了《传道图》，将有关书目条列于后。这样，就进一步理清了儒学发展传承的道统关系。又著有《伊洛发挥》一书，以揭示出二程思想的主旨。

朱熹的门徒，分散在四面八方，赵复根据从有关记载中看到的和从传闻中得到的共 53 人的情况，撰写了《师友图》，以寄托自己的敬仰。他又根据伊尹、颜回的言行，撰写了《希贤录》，使学者知道有所向往和敬慕。

赵复自谓朱熹的私淑弟子，经他的传授，北方出现了一批有影响的理学人物，如许衡、郝经、刘因、窦默等。再经由他们的递相传授，理学在社会上迅速传播开来。在赵复所传之人中，以许衡影响最大，后人称其为“朱子之后一人”，是儒家道统的接续者。另一重要理学人物是刘因。他不像许衡积极用世，而是高蹈不仕，潜心理学，与许衡同为元代北方两大儒，被世人称为“元之所藉以立国者”。

朱熹的文脉也得以代代相传。他的弟子黄榦为传播朱子学作出了贡献。黄榦的弟子饶鲁，虽为朱熹嫡传，但并不株守朱学门户。饶鲁之后，其最著名的，是饶鲁的再传弟子吴澄。元代中期，随着许衡、刘因的相继去世，吴澄成为元代著名的理学大师，与许、刘并称为元代“三大学者”。

元代理学与宋代理学是一脉相承的。元代理学总体上说继承了宋代理学最基本的思想原则，他们的天道观、心性论、知行观等，都是旨在论证封建伦理纲常的合理性，即合乎天理。元代理学家同样都十分看中“四书”“五经”，讲求儒家经义，探究义理之学，坚持儒家传统的道德修养方法。

元代的理学家都重视儒家经典的研读。在他们看来，圣人未出之前，道在天地；圣人在世之时，道在圣人；圣人既没之后，道在“六经”。因此，要知“道”，就得学圣人之言。而最能正确地阐发圣人之道的，则莫过于程、朱。因而提出了“由传以求经，由经以求道”的主张。

与宋代理学比较，元代理学最重要的一个特点，就是由原来的“朱陆之争”逐渐趋于“朱陆和会”。朱陆之间的分歧，主要集中在陆学的“发明本心”与朱学的“格物穷理”的争论。朱熹在认识天理的方法步骤上，强调由外知以体验内知，即由外界的格物以达到致知的过程。这一过程又叫作“格物”“下学”的笃实工夫。但“格物”“下学”的笃实工夫，容易流于支离烦琐，或者流为训诂之学。而陆九渊的本心论强调直指本心的“简易”工夫，但虽为“简易”，却存在着谈空说妙、流于禅说的弊病。元代朱学和陆学人物，除极少数坚守自家藩篱、不杂异说者外，其他人看到了朱、陆的争论，“支离”或“简易”各走极端，以致使各自的学统难以为继，故主张打破门户，以汇综朱、陆两家之长。正由于如此，所以在元代便出现了朱陆日趋“和会”的情况，使其既减少了空疏，又具有了笃实。元代理学对于两宋理学，不仅仅是继承，而且有所发展，弥补了宋代理学的某些不足，为理学在明清的进一步发展奠定了思想基础和社会基础。

元代统治者重视兴办以宣扬儒家道义为宗旨的国子学、地方各级儒学和延伸到基层乡村的社学，还重视民间祭孔时随堂讲授的庙学，积极鼓励私人办学。对各地书院也采取支持的态度，并使之向官学化的方向演变。还重视兴办弘扬本民族文化传统的蒙古字学、蒙古国子学，和兴办培养翻译人才的回回国子学和专门人才的医学和阴阳学等。元廷不仅重视治术人才的培养，而且还重视各类实用人才的培养，并通过各种形式的教育，进行封建伦理道德的教化，提高人民群众的文化素质。

元代的学校教育制度，大体承袭了唐、宋的教育传统，借鉴了辽、金的办学经验，在此基础上又结合实际创造出一些适合本民族特点的新的办学形式，在一定程度上发展和完善了各级各类学校的管理体制，推动了教育事业的发展。元代对中国的统治虽然不到百年，但在学校教育制度的建设方面较前朝有所进步，尤其是培养专门人才的专科教育和民间庙学、书院的发展，是很有特色的。后来的明、清各朝，从总的方面来说，基本上都不曾改变元代的办学模式。

四、散曲与杂剧

元代文学呈现出异常活跃而繁荣的面貌。元代以前的文学，从《诗经》、先秦散文，到唐诗、宋词以及唐宋八大家散文，尽管作品不可计数，但不出诗歌、散文两种形式，小说还只是雏形。至元代，诗文作家、作品依然不少，刘因、赵孟頫、虞（集）杨（载）范（梈）揭（傒斯）“四大家”和杨维桢、萨都剌、王冕等人也均有一定成就，但只不过是文坛的星点之光。元代文学与以往时代的文学最显著的不同是，一直居于正统地位的诗歌、散文相对衰微，俗文学，特别是戏曲文学兴盛起来。

在元代，戏曲、小说成为新兴的文学样式，走在中国文学发展的前沿。这是与宋元市井文化的繁荣密切相关的。戏曲与小说，无论在题材、内容或美学形式方面，都表现出世俗生活的众生相及其美学情趣，为中国文学增添了新的东西，体现了中国文学的原创活力。而传统的文学样式如诗、词、文，仍与知识阶层有密切关系，也不同程度地受到来自通俗文学的冲击和影响，呈现新的特点。元代文学的这些特征对后世文学的发展产生持续的影响。

元代文学，以“元曲”与“唐诗”“宋词”并称。我们通常称的“元曲”，包括戏曲（杂剧）和散曲两个方面，这两方面是既有联系又有区别的两种文学形式。元杂剧的主要部分曲词，是合乐歌唱的，性质跟散曲一样，但杂剧的体制和所表现的生活内容要比散曲复杂丰富得多。杂剧的文体，实际上是一种诗剧，是继唐代声诗和宋人歌词之后新兴的音乐文学。

散曲的出现和初步流行始于金末，盛行于元，是一种新兴的诗体，是一种新的格律诗形式。散曲在元代取得了超出于传统诗词的很高的艺术成就，成为极富特色的一代诗歌。

在以前的文艺类型中，散曲和词的关系最密切，体制也最接近，都属于有固定格律的长短句形式。据王国维统计，元曲曲牌出于唐宋词牌的有 75 种之多。所以，有人把散曲叫作“词余”。散曲和词一样，都来自民间，都是合乐歌唱的长短句。但是，词发展到南宋晚期，在文人手里日趋典雅化。到了元代，词基本上完全脱离了音乐，成为单纯的书面文学创作。民间的“俗谣俚曲”因跟人民生活紧密结合而得到发展。

散曲是我国多民族文化融合的产物，也是文学形式推陈出新的结果。宋元鼎革之际，异族的音乐大量流入，汉族地区原有的音乐与这种外来音乐相结合，产生新变，同时产生了与之相适应的新的歌词，这就是所谓“北曲”。在北曲酝酿成熟的过程中，金代的说唱艺术诸宫调对于音乐的整理定型和文字表达的提高起了重要的作用。其后，这种曲子一面用于杂剧，成为剧中的唱词，一面作为独立的抒情乐歌，也就是“散曲”，并由于文人的参与而进一步发展成为重要的文学样式。现存最早的可以正式称为“散曲”的文人作

山西洪洞县广胜寺大殿壁画（局部）中的戏剧演员

品，出于金末名诗人元好问之手。到了元代，众多的文人加入进来，形成了散曲的繁盛。

散曲的语言风格，与词有明显的不同。词也有写得通俗的，但其总体的倾向是精雅；散曲也有写得精雅的，但其总体的倾向是通俗。散曲的语言特点，一是大量运用俗语和口语，包括“哎哟”“咳呀”之类的语气词。二是散曲的句法大都比较完整，不大省略虚词语助之类，句与句的衔接也比较连贯，一般在精练含蓄方面不太讲究。三是散曲常常通过一个短小的情节，写出人物正在活动着的情绪。这种写法带有一种戏剧性的效果，比诗词更显得生动。语言风格的这些特点，形成散曲活泼灵动、浅俗坦露、欣赏者毫无间隔感的总体风貌。

元代散曲的兴起和发展，是元代俗文学兴盛的标志之一。它最初的作者大都为民间艺人，后来出现了文人专业作家。虽然也有朝廷大臣、世袭贵族写散曲的，但元代散曲的主要作者，却是抑郁不得志的穷儒寒士、地方小吏，还有一些优伶、歌伎，江湖隐逸之士。元代文人既受到过传统诗词的教养，又熟悉民间生活和民间艺术，因此他们使这种人民群众喜闻乐见的俗文学在形式上更臻完善，题材、内容也得到拓展和丰富，大大发展起来。据《金元散曲》辑录，元代散曲作家约 200 余人，作品 4300 多首。现存元散曲大多是歌唱山林隐逸和描写男女风情的作品，此外还有一些咏史、写景、咏物之作。这些作品主要表现了元代文人的精神风貌和审美情趣。

元代散曲分前后两期。前期从金末到元成宗大德年间，前期散曲作家的活动中心在大都，主要有刘秉忠、杨果、卢挚、姚燧、关汉卿、白朴、王和卿、马致远等人。散曲作为一种新鲜的诗体，很快呈现出鲜明、独特的艺术魅力，呈现出富于时代特征的风貌神韵，奠定了它在中国文学中与诗、词比肩而立的地位。元代后期，许多出生于北方的作家纷纷南下，而一些南方文人也参与进来，散曲创作的中心转移到南方。随着散曲的繁盛和发展，出现了一批专攻散曲，或主要精力和主要成就在于散曲创作的作家，如张可久、乔吉、贯云石、徐再思等人。他们勤于探究散曲的体制和规律，写出不少好作品，丰富了散曲园地。

除散曲外，戏曲也是元代最高的文学成就。元代戏曲主要有杂剧和南戏两种形式。元杂剧是在融合宋金以来的音乐、舞蹈、说唱等各种艺术形式而形成的戏曲艺术，并在唐、宋以来的词曲和讲唱文学的基础上产生的韵文和散文相结合的、结构完整的文学剧本。由于元杂剧是以北方流行的曲调演唱的，因此也称北曲或北杂剧。元杂剧的繁盛，标志着中国戏剧艺术的成熟，中国成了世界上的“戏剧大国”之一。

成宗元贞、大德年间（1295—1307）是杂剧创作和演出的鼎盛时期，人才辈出，硕果累累，呈现出空前繁荣的局面。元代杂剧作家约有200人，姓名可考的元代作家的作品有500种，元代无名氏的作品有50种，元明之际的无名氏作品有187种，总计737种。保存至今的作品共162种，其中明代臧晋叔的《元曲选》收入100种，今人隋树森汇集近几十年发现的元杂剧刻本和抄本的《元曲选外编》有62种。由于明代中叶以后，杂剧的演唱逐渐失传，剧本也大量散佚，元代杂剧的实际作家和作品数当超过以上数字。

所谓“元曲四大家”的关（汉卿）、郑（光祖）、白（朴）、马（致远），除郑光祖年代较晚，其余3人均生活在元代前期。关汉卿是杂剧创作年代最早的作家之一。他的作品数量和类型最多，总体上的思想和艺术成就也最为杰出。而王实甫以其不朽名作《西厢记》，与他们同时高居于元代最杰出的剧作家的行列。此外，其他一些作家也创作了若干优秀的作品。在一个不长的年代中，中国戏剧迅速崛起并闪射出耀眼的光芒。

第十二讲

极致博大的明代文化

一、文化传统的恢复与定型

中华文化自商周初定形制以降，经历了几千年的发展，中间有秦汉大一统的黄金时代，盛唐文化的世界性辉煌气象，以及宋元时代的博大与成熟，到明代，则进入到一个定型的时代。

许倬云先生说："明代的中国，各方面的发展都已到达极致。"[1]明代经济的空前繁荣，使中国在世界舞台上保持着东方大国的地位和气势。东起鸭绿江畔丹东虎山口，西迄嘉峪关的明代万里长城，雄关坚壁，烽墩迭起，至今被视为中华文化的象征。郑和七下西洋率领世界上最庞大的舰队航行于蓝天碧波之间，以高超的科技水平和航海技术载入世界航海史册。至今犹存的宏伟壮丽、金碧辉煌的北京故宫建筑群和庄严奇魂的天坛、明陵等，显示了当时世界上建筑的最高成就。

明代的科学技术也有很大发展。在医学方面，医家辈出，著作宏富。明永乐年间编纂的《普济方》168卷，是重要的医学和药物学的总结性著作。明代李时珍穷其毕生之力，编《本草纲目》52卷，所载药物1892种，附方11096条，被誉为"东方医学巨典"，对16世纪以前中国药物学全面总结，提出了与近代进化论观点基本吻合的、当时世界上最为先进的药物和动植物分类法。在农业和手工业生产技术方面，明代后期宋应星编著《天工开物》，凡举当时农业和手工业技术，都有详细记载和说明，号称"中国17世纪工艺百科全书"。明末徐光启著《农政全书》，是古代农业科学集大成著作。另外，还有包含着地理学、地质地貌学和矿物学丰富知识的《徐霞客游记》。此外，还有农学如《救荒本草》、治河如《河防一览》、建筑如《园冶》、军

[1] 许倬云:《历史大脉络》，广西师范大学出版社2009年版，第97页。

明代皇陵

事如《武备志》等，都记录或综合、总结了此前的研究成果，体现着古代科学的集大成，而且多有创造和发展。

在文教方面，明太祖亲自筹划，设立文华堂，招揽人才；明成祖召集 3000 人编纂《永乐大典》。同时，又大力提倡程朱理学。太祖规定“四书”“五经”为国子监必修的功课，并明令县学及私塾都要以“孔子所定经书诲诸生，毋以仪，秦纵横坏其心术”。成祖又命人编“四书”“五经”，修《性理大全》，积极提倡程朱理学。在提倡理学的同时，实行八股取士制度，明太祖和开国文臣规定了八股文的程式，内容上严格要求只专从“四书”“五经”中吸取，而且只能依朱注解释，即“其文略仿宋经义，然代古人语气为之”。形式上限制在八股体制以内，字数多寡也有严格规定。

通过这些措施，明代的文化发展呈现出一种博大而完备的气象，成为中华文化定型的时代。在以后，清代前期的文化，都是按照明代确定的路径进一步发展的。

二、从理学到心学

明代文化的定型，首先表现在确定了理学在思想文化领域的独尊地位。自宋元以来，学术文化占统治地位的是程朱理学。明初进一步强调了理学的地位，理学不仅成为思想界的独尊，钦定的正统，而且诸儒也为王佐之才。

程朱理学独尊的局面持续了100余年，直至正德年间以后，学术思想界才有了新的声音。陈献章及其弟子湛若水，王阳明及其弟子王畿、钱德弘等人，不满于学术思想的僵化状况，打破理学一统天下局面，开拓了学术思想方面新局面。

陈献章以“随处体认天理”为宗，在儒学范围内提出了新的观点。他继承和发展了陆九渊的心学，修正和补充程朱理学。他的学说经弟子湛若水的大力提倡，到处讲学，开办书院，产生了广泛的影响，成为当时有名的“江门学派”。

王守仁心学异军突起，以“致良知”的学说，对程朱理学提出挑战，为蹈常袭故的思想学术领域带来了清新的空气，具有开一代学术风气之先的积极作用，在冲破传统观念的束缚和促进人们思想解放方面产生了深远的影响。

王守仁因筑室阳明洞，人称阳明先生。王守仁生活在政治、经济空前动荡的时代。他认为，政治、经济的动荡是由于道德沦丧，而道德沦丧是由于学术不明，学术不明是由于朱学的流弊所造成的。于是，他以“正人心，息邪说而后天下可得而治”为己任，从攻讦朱学入手，企图另辟蹊径，为当时的社会探寻一条新路。在这种目的的引导下，王守仁潜心探索心学理论，最后完成了心学思想体系的建构。

王守仁的学说集宋明理学史上心学一派之大成，达到了心学的高峰。他的心学的中心思想，是所谓“发明本心良知”。它注重人的

主体精神的价值，以人的存在和精神质量为参照来确立世界万物的意义，这实质上是对人的尊严和价值的确认，有着重要的理论意义和实践意义。

王阳明心学的基本观点是“心即理”，“心外无理，心外无物”。也就是说，心是万物、天地的本原，宇宙间的一切事物都是心的体现。这个“心”，就是他所谓的“天理”“良知”。他认为，心是知的本体，心自然而然会知，见到父母知道孝，见到兄弟知道悌，看见孺子落井知道恻隐，这就是“良知”。“良知”人人先天具有，所谓“致良知”，就是反观自身而得；所谓格物致知，就是“致吾心之天理于事事物物”。“致良知”，就是认识良知，也就是认识自己。王守仁把“致良知”看作“圣门正法眼藏”和“千古圣学之秘”，除此之外，都是邪说，异端。

王阳明反对朱熹“先知后行”的观点，主张“知行合一”。他认为，“行”是意念的发动，是由心产生的，“知”也是由心产生的，因此，“知”和“行”是一个东西。行之明觉精察处，便是知，知之真切笃实处，便是行。按照“知行合一”的体用关系来认识日常事情，那么人的一切行为，如多闻多见、前言往行、好古敏求、博学慎思、温故知新等都是知行合一的，绝非两截功夫。

王阳明的心学至明代后期风行于世，压倒了曾笼罩一切思想文化领域的程朱理学。阳明学派兴起后，程朱理学日益衰敝，至嘉靖、隆庆年间后，笃信程朱理学，不受王阳明心学影响的人，已经不多了。王学的后学分了若干派别，泰州学派和王畿使王学成为明末影响广泛的社会思潮。

三、晚明的启蒙思潮

明清之际思想史的一个重要方面，是形成了实学思潮。万历年间以后，心学的后继者们抄袭师说，不务实学，越来越流于空疏，对于当时的内忧外患毫无解决方法，于是经世致用之学“实学”，经过东林书院等的大力提倡应运而生。他们反对阳明心学，重新拥护程朱理学，重视经世致用的实学，提倡气节，以挽救时弊为己任。

实学以回归经学（原始儒学）为旗帜，与心学的空疏相对立，而以经世致用为宗旨。它萌发于明代中期，在明清之际达到高潮，延伸至清乾嘉时期而与朴学相接。实学主张回归经学（原始儒学）的重要指向，就是认为心学空谈心性，背离了经学（原始儒学）经世致用的本意。实学虽然并不排斥“修己”即修身，但要求把儒家学问从专注于个人的心性涵养拓展到一切涉及国计民生的“实用之学”。

与“经世致用”实学的发展和推动密切相关的，是科学思潮的涌起。明末科学家对中国古代科技成就进行了历史性的总结。自 16 世纪中叶至 17 世纪这一百多年，在我国科学技术史，是个群星灿烂的时期。各种科学成果异彩纷呈，总结了中国古代所有的科学技术并达到了空前的高峰。

明末的科学思潮坚持经世致用方向，批判空疏学风和迷信观念，抨击脱离实际的科举制度。不论是徐光启还是宋应星所有的著作都是抱着富国强兵的目的，改造社会的目的，表现出突破思想禁锢，向往大自然的愉悦，勇于探索的科学精神，强调和重视数学在自然科学中的作用。提倡观察、试验方法和验证手段，突出科学的实证精神。不仅如此，更重要的是引进了实证科学的基本精神和科学方法。科学主义思潮兴起之时，经传教士传入了西方科学技术文化，可以说是风云际会。

总之，王学对程朱理学的冲击，实学和科学主义思潮的兴起，使中华传统文化出现了改变与变革的倾向，虽然还没有形成巨大的变革浪潮，但思想的禁锢已经松动，使中国社会文化领域出现了“多元化”和宽容精神。比如，在魏忠贤专权的时期，却仍然有东林党的存在与之抗衡，在稍晚之后又有复社的出现。再比如，晚明各种思想学说竞相出现，相互争鸣，却没有出现由国家主导的“文字狱”。人们把晚明这一时期称为“中国的文艺复兴”，不仅是因为这一时期在许多文化领域所取得的巨大成就，更是因为这一时期孕育文化大发展的环境和氛围。

明清之际实学思潮的兴起，宣告了宋明理学在学术思想领域中长期统治的终结，在当时乃至后世的学术思想文化领域都产生了很大影响，具有一定的启蒙意义。实学也成为我国学术思想发展的一个重要阶段。继实学之后，清代众多的社会启蒙思想家，发扬儒学经世致用的传统，对于封建君主专制和宋明理学的空疏危害，给予了更为深刻、更为理性的揭露、批判，使早期启蒙思想发展到了新的阶段。以颜元、李塨为代表的颜李学派，力斥宋明理学是杀人之学、亡国之学，提倡“实文、实行、实体、实用”的“实学”。戴震提出理学是“以理杀人”的观点，达到了对理学批判的高峰。龚自珍从今文经学的思想出发，讥切时政，批判专制，探求社会改革之方案，关心国计民生之发展，复兴和发扬了清初的社会批判精神和经世致用学风。

四、官学、私学与书院

元末的战乱，给当时的学校教育造成了极大的破坏，各级各类学校、书院或在战乱中被毁坏，或被迫停废，以至于人们仅仅熟悉“战斗”之事，而不闻礼乐教化。明太祖出身于社会下层，少年时未受学校教育，但自参加反元义军后，于戎马倥偬之际，发愤自学，已经有了较高的文化修养。他认识到“天下可以马上得之，不可以马上治之”的道理，继承了“戡乱以武，定国以仁”的统治经验，注意礼乐教化的作用。

明太祖十分重视发展学校教育，先后下诏兴办国子监、府学、州学、县学、社学等各级学校。明代的官学主要有两种，即中央一级的国子监及地方一级的府学、州学和县学。此外，还有明廷一再提倡兴办的带有半官方性质的社学。明代教育系统以中央官学、地方官学和社学为主体，形成了明代较为完整的学制体系。

在明代，府学、州学、县学和卫学统称为地方儒学。明代的儒学很发达，根据诏令每一府、州、县都设立一所学校，经济、文化较发达的内地到相对落后的沿边地区都建有学校。

明代的学校体系完整，从儿童教育到成人教育，从地方到中央都设有学校，形成了一个庞大的教育网。这些学校除了教育生员，为朝廷培养官僚外，还有另一重要任务是执行社会教化，即善风俗、行教化的任务，这是社会教育的一个重要组成部分。

自汉武帝“罢黜百家，独尊儒术”后，儒学取得了独尊的地位，历代的各级学校教育也以儒家学说为主要内容。明代学校教育的内容也以儒家学说为主，但不同时期对儒家经典的解释也有所不同。洪武时采用古注疏及各家的注解，永乐时表彰程朱理学，程、朱等宋儒对儒家经典的解释成为学校教育的法定内容。这些规定，奠定了明代学校教育内容的基本格局。但是，自正德年间以后，王阳明心学逐渐兴盛，在很大程度上渗入各级学校教育内容之中。万历初年，张居正整顿学校教育，以实学教育生员，对学校教育内容产生了很大的影响。

明代的私学，大致说来有两种，一是启蒙性质的小学教育，一是跟随名师学习某一学说，相当于高级研修性质的私人讲学授徒。有明一代，私人讲学之风很盛行，讲学授徒之人，多为当地名儒。这些人或对程朱理学有很高造诣，个人修养很好，如吴与弼等；或传播了一种新学说，如王畿、钱德洪等人。私学的教育内容因师而异，没有什么规定，但总体上看，正德年间以前，以教授程朱理学为主，正德年间以后，以传播陆王心学为主。

讲学的名儒，大多数人亦官亦师，在为官公务之暇、守丧期间、致仕以后，从事讲学授徒；还有一些人，如吴与弼、陈献章，终身未曾入仕，以布衣的身份长期从事教学活动。他们的弟子多少不等，如

王敬臣从事教学活动，门下弟子多至400余人，其他名儒如王阳明、湛若水等人门徒多至上千人。

明初百余年，学校、科举较为发达，书院制度相对冷寂。太祖为了表示偃武修文，重视教化，于是沿袭宋、元之旧，于洪武元年（1368）下令在曲阜设立洙泗、尼山二书院，表示尊孔重教。此后，全国各地也陆续建立了一批书院。洪武十八年（1385），江苏省丹阳县令顾信在县学旁修建了濂溪书院，以宋代名儒周敦颐的裔孙周寿山为山长，主持祭祀活动。

明成化年间以后，各地陆续兴建了一些书院，至嘉靖朝，书院的发展达到了高潮。在江苏省，从成化年间起兴建的书院逐步多了起来。名儒王守仁、湛若水等人的讲学活动，传播了新的学术思想，直接推动了明代书院的兴盛。王守仁、湛若水等人的讲学活动，直接推动了书院的发展，在嘉靖朝达到了极盛。这时期的书院所传授的学问，已很少有程朱理学的内容了，陆王心学是书院传授的主要内容。书院以学术交流为主，是研究、商榷学问的地方。书院推崇某一位大师，往往设有专门建筑以奉祀他们，所以

无锡东林书院

祭祀活动，也是书院的一项重要内容。

明中叶以前，书院是进行学术传播、教诲生徒的地方，与朝政没有直接的关系。万历年间，神宗皇帝长期隐居深宫，不临朝听政，致使朝政腐朽，党争激烈。天启时，宦官魏忠贤专权，朝政更为黑暗。在这种情况下，一些抱道忤时的士大夫，退居林下，以讲学、评论时政为志，同朝政抗争。因而，书院与政治关系甚为密切，已不再是在山高林深、环境幽静的书院中讲论学问了，而是关心时事，关心朝政。无锡的东林书院成为抱道忤时的正直士大夫荟萃之地，他们借讲学之名，批评时政，裁量人物，并对当时朝政产生了较大的影响。

五、小说创作的成熟与繁荣

明代的文学呈现出再度辉煌的局面。无论是诗词、散文等正统文学，还是小说、戏曲等通俗文学，在这个时期都取得了令人瞩目的成就，表现出可喜的艺术开拓。

明代文学的最突出成就是小说的成熟。从文学发展的历史看，中国古典小说经过唐、宋、元三代的酝酿、准备、发展，无论在艺术方法以及情节、人物塑造、结构和语言诸方面都积累了相当丰富的艺术经验，为明代小说的繁荣打下了坚实的基础。同时，小说、戏曲以其自身的创作成就，显示了它们不容忽视的社会作用和文学价值。明代小说达到了很高的成就。在这一时期，小说数量大，作者多，名作多，思想内容广，艺术成就高，样式齐全。就题材来说，有历史演义、英雄传奇、神魔、世情、公案等；就体裁而言，有长篇小说、短篇小说，短篇小说又包括拟话本、小说与笔记，各体皆备，作品丰富，并且出现了《三国演义》《水浒传》《西游记》等经典名著。就像唐诗、宋词、元曲等是那个时代文学的代表一样，小说则可以看作是明代文学的代表。

小说在明代空前繁荣的原因，首先是工商业发展，城市繁荣，壮大了市民阶层，形成了表现自己思想要求和生活的广大读者群；传统的宋元话本在新的社会条件下得到继承发展，提供了通俗文学样式；新兴的市民读者要求和社会新的因素的发展，使说书人和文人得以创作加工，提供了“作家”。印刷技术提高，也使小说从口耳相传变为案头阅读成为可能。

中国古典长篇小说的唯一形式是章回小说，其特点是分回标目，段落整齐，首尾完备，以说话人讲述的口气进行，重于叙事。早在宋元的讲史话本就已具有章回小说的雏形。元末明初，出现了一批文人作家根据讲史话本加工改写的长篇小说，如《三国演义》《水浒传》等。这些小说各分为若干卷，每卷又分为若干则，每则各有题目。这些小说的出现，标志着章回小说体制的形成。到明代中叶，长篇小说

甘肃东大寺壁画《西游记》(局部)

的回目正式创立。而到明末清初，长篇小说回目采用工整的偶句，逐渐成为固定的形式，章回小说已完全成熟。

明代小说，以被誉为中国古典文学“四大名著”中的《三国演义》《水浒传》《西游记》为杰出代表。其他如《金瓶梅》也是这一时期的经典名著。

除了长篇小说，中短篇小说也有很大发展。传奇在唐代兴起，唐朝作家创造出以历史纪传体为主而辅以赋体某些特征，具有完整故事情节的新型小说形式，经过宋元延续至明。明初传奇小说，在当时和对后世产生过影响的当数瞿佑的《剪灯新话》和李祯的《剪灯余话》。明传奇小说上承唐宋传奇的余波，下开《聊斋志异》滥觞，在中国文言小说史上占有一定的地位，为后来的拟话本和戏曲提供了大量的素材。

明中叶以后工商业的发展，市民阶层的壮大，使通俗小说得到了发展的机会。越来越多的作家认识到小说的容量大、反映面广，理论家们给予其很高的评价，如李贽就曾把《西厢记》与秦汉文、六朝诗并论，袁宏道也称《水浒传》为逸曲。刻书业的进步和发展，为小说的传布创造了有利的条件，小说的商品化倾向，刺激了小说的创作。万历时期小说创作达全盛时期，尤其是长篇小说，仅留传下来的便达几十部之多。

从万历开始拟话本创作之风日盛，形成了短篇小说的繁荣局面。所谓“拟话本”，是指文人由对话本的编辑、加工，进而模拟话本写作，出现了供案头阅读的文人写作的话本。拟话本的体裁与话本相似，都是首尾有词，中间以诗词为点缀，故事性强，情节生动完整，描写人物的心理细致入微，个性突出，比较注意细节的刻划等。但它又与话本不同。鲁迅在《中国小说史略》中认为拟话本是“近讲史而非口谈”。“似小说而无捏合”，“故形式仅存，而精采遂逊”。

最早的话本集是嘉靖年间洪楩辑印的《清平山堂话本》，分《雨窗》《长灯》等6集，每卷1篇，共收话本60篇，故全书总名为

《六十家小说》，其中包括宋元话本和明代拟话本。天启年间冯梦龙编辑的《喻世明言》（初题《古今小说》）《警世通言》《醒世恒言》三部短篇小说集，简称“三言”，每集收话本40篇，包括宋元话本、明代拟话本两部分。“三言”对后世影响较大，此后拟话本的专集大量出现。明末凌濛初在“三言”的影响下，创作了《初刻拍案惊奇》《二刻拍案惊奇》两个拟话本集，简称“二拍”。“三言”“二拍”代表了明代拟话本的成就，是由话本向后代文人小说过渡的形态，对中国古典白话小说创作在明末以后继续发展起了相当大的作用。

六、《永乐大典》与图书事业

明代文化的繁荣与定型，与这一时期图书事业的发展有很大关系。明代图书事业之盛，以编纂大型类书《永乐大典》为代表。

类书是古代文献资料的汇编，它辑录各门类或某一门类的资料，按照一定的方法编排，是便于寻检、征引的一种工具书。类书类似于百科全书，有人称其为古代的百科全书。我国第一部类书是魏文帝时王象、刘邵等人奉敕编纂的《皇览》。唐代的类书有虞世南的《北堂书钞》，欧阳询的《艺文类聚》，徐坚的《初学记》。宋代是我国类书史上的黄金时期，当时的大型类书有李昉等人编纂的《太平御览》1000卷，《太平广记》500卷；王钦若、杨亿等编的《册府元龟》1000卷。

明代官修《永乐大典》是我国历史上最大的类书之一。明成祖即位后，欲借修纂类书以炫耀文治，登基不久便命翰林侍读学士解缙等人负责编纂类书，融天下古今典籍于一书之中。永乐五年（1407）书成，明成祖定其名曰《永乐大典》，亲自制序，称赞其“上自古初，迄于当世，旁搜博采，汇聚群书，著为奥典”。

《永乐大典》共22937卷，目录60卷，分装成11095册，达3.7

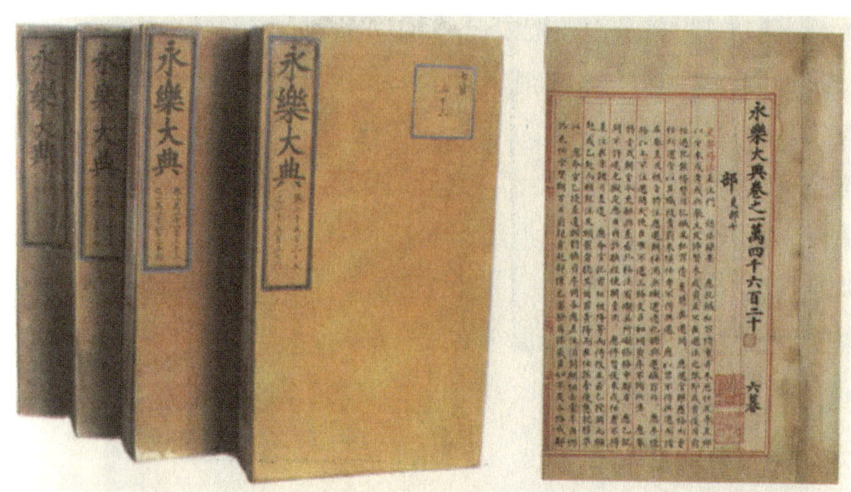

《永乐大典》

亿字，广收了上自先秦、下至明初的经史子集百家之言以及天文地理、阴阳医卜、僧道技艺等8000余种典籍。数量是前代《艺文类聚》《太平御览》《册府元龟》等书的五六倍。保存了14世纪以前中国历史地理、文学艺术、哲学宗教和其他百科文献，与法国狄德罗编纂的百科全书和英国的《大英百科全书》相比，都要早300多年，堪称世界文化遗产的珍品。

《永乐大典》在永乐年间纂修完成后，只抄录了一部，叫作“永乐正本”；到嘉靖朝，怕大典有损，又重录了一部，称为“嘉靖副本”。因为两部大典都深藏在皇宫中，没有刊印，流传稀少。至今，《永乐大典》早已散佚殆尽，现经多方收集，散藏于世界各地的约有800余卷，不过总数的3%。

《永乐大典》的最大贡献在于保存了我国明初以前各种学科的大量文献资料。在这方面，清代学者对《永乐大典》所作辑佚工作非常重视。乾隆三十八年（1773）设立了《四库全书》馆“校勘《永乐大典》散篇办事处”，到乾隆四十六年（1781），共辑出书籍385种，4946卷。其中重要的文献，如西晋杜预的《春秋释例》、唐林宝的《元和姓纂》、北宋薛居正的《旧五代史》、南宋李心传的《建炎以来

系年要录》、宋代医学名著《苏沈良方》《博济方》《伤寒微旨》等都是亡佚已久的秘籍，全赖《永乐大典》才得保存下来。

明代刻书业和图书市场十分发达。明代图书的出版分为官刻、家刻与坊刻三种。其中坊刻是书坊主自行投资的、以营利为目的的出版活动。隆庆、万历以后，随着商品经济的发展，在一些商业比较繁荣的江南城镇，出现了很多大大小小的书坊。商业出版因此空前繁荣，图书开始大规模地进入商品流通领域。

明朝继承了历代王朝重视收藏图书的传统。早在明太祖时，就初步建立了明代官府藏书体制，尽藏宋、辽、金、元的国家藏书。明成祖派员访求，募购天下书籍。明朝迁都北京后，建文渊阁，皇家藏书续有扩建。正统六年（1441），杨士奇等人清点文渊阁藏书，编《文渊阁书目》，收书 7000 余种，43200 册。

明代私人藏书大为盛行，藏书家辈出。我国古代的私家藏书源于春秋战国时期而盛于明清。据有关文献统计，宋元两代藏书家各为 84 人和 35 人，而至明代陡增到了 427 人，仅浙江一省就有 80 多家。明代著名的藏书家有宋濂、杨士奇、叶盛、杨循吉、李开先、王世贞、赵琦美、毛晋、祁承㸁等人，皆藏书数万卷，有的达 10 万卷以上。收藏古籍的风盛，出版业和图书市场的发达，催生了一大批藏书家和藏书楼，成为明代一道文化景观。

第十三讲 中华古典文化的最后高峰

一、古典文化的高峰与大总结

崇祯十七年（1644），身处东北关外的满族政权挥师西进，入主北京，建立了中国最后一个统一的封建王朝——清朝。

清朝是由边疆民族满族建立的政权。但是，与历史上其他入主中原的边疆民族不同，在此之前满族已经有了一个很长的接受汉文化的过程。

满族在盛京（沈阳）建政后，皇太极营建皇宫和盛京城，使当时的沈阳具备了帝都气象。同时，皇太极采取各种措施，加强内部的政权建设，建立稳固的统治基础。其中，他在文化建设方面做了大量的工作。皇太极的文教政策，概括地说，就是，一方面固守和发展完善本民族的文化传统；另一方面以更大的力度吸收汉文化，推行汉化改革方针，大力发展文教事业。

古往今来，征服与被征服的历史，最终都揭示出这样一条定律，那就是征服者最终都要受制于被征服地区的政治、经济乃至文化环境。马克思曾指出，野蛮的征服者自己总是被那些被他们征服的民族的较高文明所征服。满洲建立的后金政权在进入辽沈地区后，即面临着迁都后如何适应环境的问题。新兴政权在面对更大的政治舞台时，它如何作出政治与文化选择，以及在进入广大汉人的农耕文明地区后如何适应新环境，融入当地文明，这是摆在努尔哈赤与皇太极面前的难题。皇太极的一个重要选择，就是积极地吸收汉文化，而且成为他的一项重要国策。这一选择甚至成为大清王朝200多年的立国基础。

皇太极时期的文化政策，已经大体上完成了满族“汉化”的改造，同时也为入主中原做了比较充分的准备。所以，在清代，异族文化与汉文化的冲突并没有像先前出现的那样激烈，并没有因为清朝是边疆民族建立的政权而对中华传统文化造成大的冲击和破坏。有清一

代，中华传统文化得到了持续的传承，并且发展到它的最后高峰。

清入关后，采取了一系列巩固统一的政策，在内外蒙古、新疆、西藏、西南边疆等地区有效地加强了统治，并且多次成功地挫败边疆叛乱，抵御外族入侵，坚定不移地维护祖国的统一，使中国成为一个疆域辽阔、民族众多，相当强大统一的封建国家。其版图之广大，超过了以往任何朝代。多民族国家的统一和疆土的扩大，为文化的发展提供了坚实的基础。到了康乾时代，出现了前所未有的盛世，中华传统文化的发展达到了最后的高峰。

清代前期的经济在前代发展的基础上达到了持续繁荣。清政府采取鼓励垦荒、减轻赋役等经济措施，农业、手工业和商业的发展以及社会财富的积累都大大超过了前代。清代的人口也迅速增加。清初的总人口1亿多，18世纪中叶达到2亿，19世纪中叶则达到4亿。在文化的各个领域，从学术思想、教育体制、文学艺术等等，在继承前代发展的基础上，清代都取得了辉煌的成果，创造了前所未有的成就。

（清）冷枚《避暑山庄图》

清代的文化高峰，突出表现在当时对古代文化的系统化总结。这是自觉总结前代文化历史的时代。实际上，当时的文化人对古典文化的高度成熟已有一定的感受和体认。

例如清代学者纪昀说道："自校理秘书，纵观古今著作，知作者固已大备，后之人竭尽其心思才力，不出古人之范围。"纪昀在主持几次乡试和会试时，将回溯经学史、史学史、文学史，评判各派学术宗旨与研究方法，讨论各类体裁的得失，作为策问内容，亦显示了总结古典文化的意向。

这种大总结的趋势还表现在文学和学术领域。清代曾编纂了几部总集性质的大著作，其中最先编成的是《全唐诗》，共900卷，共得诗48000余首，2200余人。后又编《全唐文》1000卷，收录唐五代十国时期的文章18484篇，3042人。后又编《唐文拾遗》72卷和《续拾遗》16卷，以补《全唐文》之不足。与之相媲美的还有《全上古三代秦汉三国六朝文》，共得3497家，747卷。

而更体现这样大规模总结气势的，则是《四库全书》等空前的大百科全书的编辑和整理工作，从而形成了明清时代盛大的图书事业。

到了19世纪中期，中华传统文化的发展发生了重大转折。1840年的鸦片战争，是中国历史的分界线，即由中国古代史阶段进入近代史阶段。同时，这也是中华文化发展史的分界线，即由中华古代的传统文化向近现代文化的转变。这种转变意味着中国古代文化由它鼎盛高峰跌落下来，也意味着经过蜕变和更新而走向新的形态——近现代的文化形态。

二、从经世思潮到乾嘉学术

清初最有影响的学术思想是经世思潮。清初著名思想家大都参加过抗清复明的武装斗争，坎坷的经历和时代的剧变，对他们的思想观点在深度和广度方面造成相当的影响。清初思想博大精深，黄宗羲、王夫之、顾炎武等学术大师们总结了前代思想，开启了清代学术门径，形成了古代思想史上的又一次百家争鸣的灿烂时代。

经世思潮作为挽救社会危机的思想潮流，初兴于晚明。以徐光启和复社中的知识分子为代表，他们激烈批判了空疏学风，提倡实学，讲求学以致用。受经世致用思潮的直接影响，出现了徐光启《农政全书》、宋应星《天工开物》、徐弘祖《徐霞客游记》等具体实用的专门著作，也出现了焦竑、陈第等究心于实学的学问家。此外，西方文化的不断传入，也对久为封闭的中国产生了影响。

经世之学所具有的批判精神，促使思想界出现了尖锐抨击理学家空谈心性的言论，同时也酝酿着一种以独立思考为特征、以离经叛道为内容的崭新的思想倾向。明清之际的社会动荡，明朝灭亡的惨痛结局，使得明末清初的思想家不约而同地把亡国的原因归结为明末统治的腐败和宋明理学空言心性误国等方面。以宣传反清复明言论开其端的明末清初思想家，在清朝统治渐趋稳定之后，依旧把提倡经世致用之学和批判宋明理学作为他们思想观点的主要内容。

清初思想以博大见长。清初思想家多有丰富的社会实践经验和深厚的文化素养，他们总结了中国古代哲学家的思想观点，在批判继承前人留下的思想遗产的基础上，提出了自己的见解，在许多方面达到了古代哲学的最高点。王夫之的哲学思想，黄宗羲的社会政治思想，顾炎武的广博通贯，方以智与自然科学相结合的“质测”之学，颜李学派的“实学、实习、实用”之学，傅山对先秦诸子的研究，万斯同的明史研究，顾祖禹的历史地理学研究，等等；均显示出了清初学术思想的博大气势。其中所贯穿的经世致用思想，与脱离实际的空疏学风形成鲜明对照。

清代中期，清初顾炎武等人的经世致用学说发展成为一种专门的考据学问。后人乃将继承发扬这种学术的学者群称为“乾嘉学派”。

乾嘉考据重怀疑、重证据和实事求是的治学原则，在方法论方面，都达到了中国古代学术思想史的高峰。朴学学风是对于宋明以来“束书不观、游谈无根”的空疏学风在实际行动上的否定。乾嘉时代涌现出了一批一流的以考据见长的大学者，在学界如群星璀璨、交相辉映。他们以系统娴熟的考据学为标志，形成了中国古代继宋明理学之后的又一个主要学术流派，清代汉学遂显扬于世。正如钱大昕所言："汉学之绝者千有五百余年，至是而粲然复章矣。"

以考据为特长的乾嘉学派，在吸收前人已有成果的基础上，通过训诂笺释、版本鉴定、文字校勘、辨伪辑佚等方法和手段，对两千多年来流传下来的文化典籍，进行了大规模的、认真系统的整理和总结，做出了可贵的贡献和成绩，涌现了更多的学者和著述。在经学、小学、历史、地理、金石、考古，以及工具书、丛书、类书的研究和编纂方面，都留下可资借鉴的宝贵成果。

乾嘉时期盛行朴实考据之学风，训诂考证、复归汉学，是对中国古代文化典籍的一次全面系统的总结和整理，为保存、研读、理解、使用古代文化遗产作出了巨大贡献。它对于中华文化的发展和更新，占有重要的历史地位。

三、《古今图书集成》与《四库全书》

清代是中华传统文化发展的最后一个高峰，其突出表现在当时对古代文化的系统化总结。最能体现这样大规模总结气势的，是《古今图书集成》《四库全书》等空前的大百科全书的编辑和整理工作，从而形成了明清时代盛大的图书事业。

《古今图书集成》是现存最大的类书，清康熙年间陈梦雷奉敕纂修。陈梦雷入内苑，侍奉康熙第三子诚亲王允祉读书。皇三子诚亲王允祉喜爱治学问，延揽许多博学之士，编纂多种书籍。陈梦雷积极参与允祉的图书编纂活动。他关注的重点在于中国传统典籍。他认为现有类书，"详于政典""但资辞藻"，有许多缺点，因此决心编辑一部"大小一贯，上下古今，类列部分，有纲有纪"的大型类书。此事得到允祉支持，特拨给"协一堂"藏书，在陈梦雷藏书的基础上

又“颁发协一堂所藏鸿编”，还提供了补充文献、皇帝谕文、地方志书等，大大丰富了编书内容。自康熙四十年（1701）十月起，陈梦雷根据“协一堂”藏书和家藏图书共15000余卷，开始分类编辑。经过“目营手检，无间晨夕”的辛勤劳动，到康熙四十四年（1705）五月，终于编成大型类书《古今图书集成》。这是中国现存最大、搜集最博的大型类书。全书共1万卷，目录40卷，分历缘、方舆、明伦、博物、理学、经济6编；每编分若干典，全书共32典；每典又分若干部，全书共有6109部。该书内容繁复，区分详晰。所辑内容，往往整篇、整节抄录，不加删改，并详列出处。此书在编排体例上颇为严谨，分类序列，层次分明，所辑资料无不逐项排比，系统性强，充分体现了类书“以类聚事”的特点。全书总约1.6亿字，分订5020册，装520函。其内容庞博，被后人称之为“康熙百科全书”。

《钦定四库全书》封面

康熙五十五年（1716），陈梦雷完成了送呈稿。康熙帝将《古今图书汇编》定名为《古今图书集成》，并开设“集成馆”，命允祉主持，陈梦雷具体负责编纂事务。集成馆有80人的工作队伍，做编校、誊写等工作。康熙五十九年（1720）左右，《古今图书集成》最后定稿。

《古今图书集成》是陈梦雷一生最大的成就。《古今图书集成》与《永乐大典》《四库全书》一起，是为我国历代王朝规模最大的三部书，在古代文化史上占有重要的地位。

沈阳故宫文溯阁

《四库全书》是历史上最大的一部官修丛书，是明清文化发展的一件盛事。乾隆三十七年（1772），乾隆皇帝下诏征求天下藏书。同年十一月，安徽学政朱筠借征书之机提议，校勘《永乐大典》，并将其中亡轶及不常见的古书，抽出缮写，各自为书。此提议得乾隆嘉许，这直接促成了《四库全书》开馆纂修。“四库全书馆”以永瑢、纪昀等总裁编纂，以全国各地采集、进献、内府原藏、《永乐大典》、敕撰等方式汇集天下之书，历十年成书。

《四库全书》可以称为中华文化最丰富最完备的集成之作。《四库全书》共收书3503种，79337卷，3460多种，36000多册，分为经、史、子、集四部，故名《四库全书》。《四库全书》是成于众人之手的一部巨著，它对清以前的历代典籍进行了系统的整理和全面总结，对我国古典文献的保存与流传起到了积极的作用。

《四库全书》书成之后，乾隆皇帝下旨抄录七份，分贮于北京紫禁城文渊阁、圆明园文源阁、盛京皇宫文溯阁、热河行宫文津阁、扬

州大观堂文汇阁、镇江金山寺文宗阁和杭州圣因寺文澜阁。文渊、文源、文津、文溯阁被称为“北四阁”或“内廷四阁”，文汇、文宗、文澜阁被称为“南三阁”或“江南三阁”。

四、完备的文化教育体系

清代教育制度最初承袭明代教育制度，建立了以国学和府州县学为基干的学校体系。这个学校体系以教化和育才为两大宗旨，而以教化为基础，以育才为目标。

清代建立起完备的科举考试制度，清代官学分中央和地方两大体系。中央官学为国子监，系贡生和监生肄业之处，称国学或太学。国子监的课程设置以“四书”、“五经”、《性理》、《通鉴》等书为必修，其他“八经”“二十一史”及其他著作可由学生自选。地方官学按府、州、县及相当于府州县的厅设立。相当于府州县学的还有商学、卫学、土苗学等。地方学校的课程设置以科举考试的内容为中心，主要的考试内容为“四书”文、“五经”论、经史事务策，以及试帖诗、诏、诰、表、判等文体的写作，属于能力培养。地方官学按职责是为国子监输送贡生；为科举乡试提供考生。官学生员来自童试录取者，童试的内容是“四书”文、试帖诗、《性理》论或《孝经》论，默写《圣谕广训》百余字。“四书”文是用八股体撰写，题目选自《论语》《大学》《中庸》《孟子》。生员最重要的待遇是有机会被贡入国子监充当贡生，有权报名参加乡试。

清代对学校的管理体现了高度的中央集权。明代的国子监设祭酒为长官，隶属礼部，既是教育行政官员又是国子监校长。清代在国子监上设立管理监事大臣一人，由皇帝特命，从满汉大学士、尚书、侍郎内特简。各学区的学政官系中央派遣官，属京官系列，不列于外官系列。因此，在地方上颇受地方大吏总督、巡抚的礼遇。

中央集权制度下的学校是官僚制度的组成部分，凡进入官学者都有机会通过科举制度进入国家官员队伍，进入国子监的学生不经科举之途也能进入官僚队伍的低层。

清代的官学教育构成教育主体，作为官学的学前教育的蒙学与社学也纳入官学教育体系。蒙学和社学都属于官学的学前教育，其共同特点是以进入官学为最高培养目标。蒙学是以识字为起点，社学是以读书为起点；蒙学是完全的民间教育，社学是半官方教育，民办官管。

明末清初，经过多年的战乱，各地的学校和书院多遭到破坏。清朝实行了重儒尊道的文教政策，逐步恢复了各地的官学体系。但是，对于重要的文教设施书院却并未提倡恢复。清朝统治者担心书院的活动会使复明反满思想滋漫，顺治九年（1652）便以圣谕的名义禁止建立书院，还要求对各地官学生员严加管束，不许出现类似书院中的那些现象。但清廷的禁令并没有被严格执行。顺治十四年（1657）湖南巡抚袁廓宇请求恢复历史悠久的衡阳石鼓书院，得到朝廷的批准。石鼓书院复开后，攸县、常宁县的书院也相继复办。湖南其他地方同时恢复书院的还有澧州直隶州的延光书院、永州直隶州的濂溪书院等。有一些地方的书院不以书院为名，而以先贤祠为名，如周敦颐祠、张载祠、二程祠、邵雍祠、朱熹祠等。顺治十四年（1657）衡阳石鼓书院获准恢复后，各地的书院也悄然兴起。

雍正年间，书院恢复的速度加快。雍正元年（1723）河南新乡县改会馆为书院。雍正六年（1728）浙江乐清县改长春道馆为梅溪书院。至雍正十年（1732）各省会及学政官所在地的书院均已恢复。除了地方长官大力兴办书院以外，地方绅衿个人出资兴办书院的事也屡有所见。雍正以后，分别在乾嘉时期和道光时期出现了两个兴建书院的活跃时期。

与前代不同，清代的书院直接接受各级官府的管理，规定由督抚主管省会书院，而学臣处于附属地位，各府、州、县书院则完全由

北京国子监辟雍

地方官管理。这就形成了与府、州、县官学并行的由地方官管理的另一教育体系。书院的院长，多选用有学识的士人充任，有些从官场退休的有学识的官员也往往受聘。清代许多著名学者主持书院，或到书院讲学。书院课程设置与地方官学、国子监的课程设置相近，以“四书”“五经”为主。阐述“四书”“五经”义理的辅助性教材完全采用宋明理学家们的讲义、语录和注疏。在课程分类方面又可分为小学和大学两类。小学是基础，包括识字及其深化，如文字学、训诂学、音韵学等。大学主要是讲“四书”“五经”，特别是以经学为基础讲授朱熹的“明德、亲民、止于至善”的三纲领和“格物、致知、诚意、正心、修身、齐家、治国、平天下”的八目。

清代的书院虽具有很浓的官学化趋势，但书院毕竟不是完全化的官学，书院的山长虽由官方聘任，但不是官员，在聘期间拥有一定的办学自主权。因而，书院的办学风格同官学相比能够比较灵敏地反映不同时期内的学术风尚，从而使一些书院形成自己的办学风格。

五、小说创作的高峰

在明代小说发展的基础上，清代的小说，包括中短篇小说和长篇小说，都取得了辉煌的成就，达到了中国古代文学小说发展的高峰。清代文学的主要特征是现实主义小说取得了空前的成就，特别是出现了《儒林外史》《红楼梦》这样具有世界影响的巨著。

清初的小说，才子佳人小说有张匀的《玉娇梨》《平山冷燕》，署名“教中人”的《好逑传》。《好逑传》是一部中篇小说，叙述御史铁英之子铁中玉与兵部侍郎水居一之女水冰心的爱情故事，在明清之际诸多才子佳人小说中属于上乘。

蒲松龄的《聊斋志异》是短篇文言小说的代表作。《聊斋志异》包括近500篇文言短篇小说。《聊斋志异》的故事来源广泛，既有作者的亲身见闻，也有借鉴过去的题材加以创造的，但大多数作品是采

清代女画家徐苞的《红楼梦》人物画

自民间传说。它继承了魏晋志怪小说、唐宋传奇的传统，并加以发展创造。作者表面上是写狐鬼花妖，实际上是写人。是借鬼神世界，反映社会现实，从而发泄自己的悲愤的。《聊斋志异》暴露了封建社会的黑暗，同情被压迫人民的反抗斗争；抨击了科举制度的腐败；批判了封建礼教，歌颂了青年男女纯真的爱情；总结生活中的经验教训，赞扬高尚的道德情操。它的故事情节曲折跌宕，人物形象栩栩如生，环境烘托瑰丽多彩，加上画龙点睛的评论，形成自己独特的艺术风格。

《聊斋志异》问世后，风行百年，模拟作品很多。从乾隆到嘉庆初年，影响最大的是纪昀的《阅微草堂笔记》，共 24 卷，有笔记 1000 余则。《阅微草堂笔记》内容杂博，不局限于志怪，宣扬因果报应和封建伦理道德。鲁迅评论说："《阅微草堂笔记》虽'聊以遣日'之书，而立法甚严，举其体要，则在尚质黜华，追踪晋宋。惟纪昀本长文笔，多见秘书，又襟怀夷旷，故凡测鬼神之情状，发人间之幽微，托狐鬼以抒己见者，隽思妙语，时足解颐；间杂考辨，亦有灼见。叙述复雍容淡雅，天趣盎然，故后来无人能夺其席，固非仅借位高望重以传者矣。"

清初至清中叶涌现了一大批长篇小说，其中比较著名的有《水浒后传》《说岳全传》《隋唐演义》《醒世姻缘传》《绿野仙踪》《施公案》《镜花缘》等。乾隆时期，小说成就最大的是李百川的《绿野仙踪》。作者托明代嘉靖之名，实写乾隆时代之事。借冷于冰求仙得道的故事，寄托自己的政治理想。这是一部具有强烈现实主义倾向的作品。

清中叶的长篇小说中最著名的是《儒林外史》和《红楼梦》。

吴敬梓所作《儒林外史》，原本为五十五回。现在通行的五十六回本，是卧闲草堂刻本，其中第五十六回是后人伪作。书中的人物，是作者以真人真事为模特儿，经过加工提炼而塑造的。作者为了避免遭到清朝文字狱的迫害，把故事背景推到明代。《儒林外史》反映了广阔的社会环境，具有丰富的思想内容，他抨击以八股文取士的科举制度，揭露封建官僚的贪婪残酷，也剖析了封建道德的虚伪性和封建婚姻制度的罪恶，讽刺假托无意功名富贵自以为高的假名士。吴敬梓在继承前人讽刺文学传统的基础上，使《儒林外史》达到中国古典文学讽刺艺术的高峰。

《儒林外史》问世后，受到人们的喜爱和赞扬，它对我国文学产生巨大影响。晚清小说《官场现形记》《二十年目睹之怪现状》等，都受到《儒林外史》的很大影响。

曹雪芹的《红楼梦》是辉煌的纪念碑式的作品，标志着中国古代长篇小说发展的高峰。

《红楼梦》是清朝乾隆年间出现的一部伟大艺术作品。《红楼梦》的作者曹雪芹出身于百年望族之家，从其曾祖起，三代四人任江宁织造。但在雍正年间，曹家屡遭打击，家产被抄没，从此日渐衰微。曹雪芹幼年便经历了这种由盛变衰的过程。后来，曹雪芹随全家迁居北京，此后一直过着贫困如洗的生活。曹雪芹约在 30 岁开始动笔写《红楼梦》，“披阅十载，增删五次”，“字字看来皆是血，十年辛苦不寻常”。

曹雪芹生前已基本定稿的只有八十回，并以抄本形式流传人世。到嘉庆初年，已经出现“遍于海内，家家喜闻，处处争购”的盛况，以致有“开谈不说《红楼梦》，读尽诗书也枉然”的说法。

八十回以后的文稿未能流传下来。今传一百二十回本的后四十回，一般认为是由高鹗修补、加工完成的。有人估计，曹雪芹生前已写了一部分遗稿，并有后四十回的目录。高鹗和程伟元是在收集社会上流传的后四十回残稿的基础上修改补充而成的。题名为《新镌全部绣像红楼梦》的本子，于乾隆五十六年（1791）由程伟元、高鹗用活字排印，书前有程伟元和高鹗的序，世称“程甲本”。

《红楼梦》是一部百科全书式的长篇小说。《红楼梦》以爱情故事为中心线索，在贾府这一世代富贵之家从繁盛到衰败的过程中，写

出以贾宝玉和一群红楼女子为中心的许多人物的悲剧命运。它以一个家族家庭为中心，展开了一幅广阔的社会生活图景，社会的各个阶级和阶层，上至皇妃王公，下至贩夫走卒，都得到了生动的描画。它对贵族家庭的饮食起居各方面的生活细节都进行了真切细致的描写，塑造了一批栩栩如生的艺术人物。在小说的结构、情节、语言、艺术手法等方面，它达到了中国小说前所未有的成就。《红楼梦》继承了我国民族优秀的文化传统，又在此基础上加以创造和发展，从而达到我国古典小说现实主义的高峰。

曹雪芹创作《红楼梦》，力图以形象的画面展示在封建末世中传统文化观念与个性解放要求的激烈冲突。因此，他一方面以沉痛的笔触揭露了封建末世传统文化的种种症状；另一方面又以哀婉的情调抒发了个性解放要求终究破灭的悲剧命运。这部小说，不仅以其艺术上的精致完美达到了中国古典小说的巅峰，而且以其深刻的人生悲哀，打动被莫名的伤感所笼罩着的世人的内心。

《红楼梦》博大精深，在中国文学史上具有重要文化价值。《红楼梦》问世以后，以手抄本的形式流传了30年。程伟元《红楼梦序》说:“当时好事者每传抄一部，置庙市中，昂其价，得金数十，可谓不胫而走者矣！”1791年用活字印行之后，流传的范围更广了。《红楼梦》产生了巨大的社会影响，吸引了大量的研究者，形成了一种专门的学问——“红学”。

第十四讲

冲击、变革与传承

一、西学东渐与千年变局

1840 年鸦片战争以后，即晚清 70 年这一时段，西方文化在中国的传播，内容特别丰富，涉及的领域很广泛，几乎从人们的生产生活的各个方面，从思想文化到科学技术，从文学艺术到日常生活，从政治到经济，从军事到外交，从上层社会到下层民众，几乎都涉及，都有影响。自有中外文化交流的历史以来，没有哪一个时代像这一时期的文化交流的内容这么丰富、这么广阔、这么深入和这么激动人心。这个时期离我们并不遥远，以 1911 年的下限算起，也就 100 多年的时间；如果追溯到开端的 1840 年，也还不到 200 年。也是由于这个时期离我们比较近的原因，那个时代文化变迁的成果至今还在我们社会生活中留有很大的影响。可以说，在我们今天社会生活中的方方面面，都带有 19 世纪文化变迁的痕迹。我们在研究、论述近代的文化传承的时候，常常带着今天的情感和关怀，常常与我们今天的情况相比较、相映照。因为，今天的文化传承就是近代文化传承的继续和深化。今天文化所面对的所有问题，在近代那个时候都有其开端和萌芽。

从 1840 年开始，中国进入近代社会发展时期。所谓近代，是相对于古代社会而言，它与古代社会的政治、经济、文化等的各个方面都有实质性的区别。而近代中国的一切实质性变化，都开始于 1840 年的鸦片战争。英国的舰队带着工业革命锻造的先进武器，直接向远方的古老中国驶来。他们代表先进的西方向落后的中国开了第一炮，揭开了近代西方列强侵略掠夺中国的历史。

鸦片战争对中国近代发展的影响是十分重大的。在英国大炮的轰击下，一直被认为是稳固的中国传统社会和传统文化的大厦开始衰落了、摇晃了、坍塌了，中国人的迷梦被打破了。实际上，近代中国的

林则徐在虎门销烟

一切变化都是以这个重大事件为起点的。但是，当时的人们并没有认识到鸦片战争及其战后所签订的不平等条约的重要性，虽然有少数人如林则徐、魏源等主张变革、主张学习西方、“师夷之长技以制夷”，并且做了很多了解世界的努力，但并没有成为大多数人的共识，也没有进入主流意识和上层决策领域。在许多人看来，鸦片战争只不过是一个偶然的事件。中国人真正认识到鸦片战争的重大影响，以及因此需要进行的变革，还是在 20 年后的第二次鸦片战争时期。

第二次鸦片战争以及战后签订的一系列不平等条约，在中国近代史上具有特别重大的意义。之后开放了更多的对外沿海口岸，更进而开放内地的对外口岸城市，并允许外国人前往内地传教。清政府的对外政策也做了进一步调整，接受了条约体制的国家关系准则，使中国的对外关系进入到近代的国际体系。我们一般都把鸦片战争作为近代的起点，作为西学东渐的起点。但是，中国人真正开始主动地学习、引进西方的先进科学技术、物质文明和思想文化，是从第二次鸦片战争之后的洋务运动开始的。

近代中华文化的发展，首先是由于西方文化的传播而引起的。中国的现代化是在世界历史进程进入近代以后，在西方资本主义的外铄影响下开始启动的。在中国近代思想文化的发展中，西方文化有着不可轻视的重大影响。

19 世纪后期，所传播的“西学”是西方发展起来的工业革命及其成果，具有强大的技术优势和生产力，同时，又是在西方列强以坚船利炮开路，对中华进行了几次侵略战争的情况下进行的文化传播。这样，19 世纪的西学东渐给中华传统文化和传统社会造成了巨大的冲击，造成了重大的文化危机，促使中华文化和中国社会发生了根本性的变革，走上了从传统向现代化的转变的艰难而痛苦的过程。19 世纪的西学东渐，与中国从传统社会向现代社会的转变的过程是一致的，与中国反抗外来侵略和争取民族自强的过程是一致的，与中华文化经历的历史性蜕变和重建的过程是一致的。

晚清来华的传教士以新教为主体。新教传教士把传播西方文化作为一种传教策略，积极开展文化活动。在开展传教活动的同时，传教士们还从事了一系列文教活动，兴办教会学校、开展教育事业，培养了大批了解、接受西学的新式人才。他们兴办教会医院，开展医疗卫生事业，为许多中国人解除病痛，将西方医药学和医事制度传到中国，培养了许多中国本土的西医生，同时推广卫生保健知识，促进了社会的移风易俗。布道、出版、教育和医药，是基督教传教事业的四大支柱。

向中国传播西方文化，以西方文化的价值观和基本理念改造中国社会，以利于更好地在中国传播基督教，通过对中华文化的改造，从而更有效地控制中国经济，是传教士们从事这些文教活动的初衷和根本目的。但是，他们中的有些人在实践中往往离开了传教活动，而全力献身于翻译、教育、医学、出版等文化事业，成为著名的教育家、翻译家、医生、出版家，为中西文化交流事业做出了令人瞩目的

成绩。

这些教会学校、西医院的创办，以及出版书籍和报刊，对于向中国传播现代西方文化和科学知识，对于中国现代医学和教育、出版事业的形成和发展，对于中国人的现代观念的形成和现代科学文化事业的兴起，对中国的近代化建设，都起到了相当大的作用。可以说，在近代以来西学东渐的过程中，传教士们做了大量的甚至是主要的工作。

另外，晚清的中国人也逐步认识到了解、认识外部世界的重要性。从林则徐、魏源开始，就出现了后人称之为“开眼看世界”的努力。林则徐和魏源等人提出“师夷之长技以制夷”，呼吁加强对西方的了解和研究，成为近代中国最早放眼世界的有识之士。之后陆续有许多中国学者撰写了研究西方文化的著作。而到了 19 世纪末，又有许多中国外交官出使外国，或者像王韬那样到外国游历，还有一批一批的留学生到美国、欧洲、日本留学。这些走出国门的中国人去亲眼看西方世界，去亲身体验西方文化。除了带回来专门的科学文化知识外，还带回来他们对外部世界的直接感受。其中有不少人把他们的所见所闻写下来，传给国人直接的西方文化的信息。特别是在这一时期的后些年，这些走出国门的中国人，成了学习和吸收西方文化的主要渠道。

晚清时期，传教士们创办许多教会学校，各地陆续建立了一些新式学堂，聘请西方人或日本人担任教习，采用西方传教士或日本人编撰的教科书，或者自编西学各科教科书。教会学校和中国各级政府建立的西式学堂，是西学东渐的一个特别重要的渠道。在教会学校和新式学堂里，学生们进行的是系统的各专门学科的教育。通过几年的学习，就掌握了当代西方比较全面的各学科知识，成为拥有现代西学装备的人才。这也就意味着西学的传播深入到教育制度的层面，成为国家基础教育的组成部分。

这一时期的西学传播有一个重要特点，就是很强的现实性和实践性。所以不仅有科学理论知识的传播，更多的是实用技术的传播。洋务运动是我国一次大规模引进西方科学技术、初步现代化的运动，期间引进了西方的军工技术、机械制造技术、采矿技术等，实际上当时西方先进的实用技术都基本上引进过来了，实现了一次科学技术从西方向东方的大转移。这种物质性的、技术性的文化传播对于当时的社会经济和文化生活有着更为直接的影响。

此外，随着通商口岸的开辟，外国商品大量涌入中国市场，进而是外国殖民主义者带进大量外国资本，开工厂、修铁路、建矿山，大量使用先进的生产方式和生产技术，使西方物质文化的传播深入中国人的日常生活层面。另外，在外国商品、外资企业、外籍人员大量涌入中国的同时，也带进了西方的观念文化，带进了西方的思维方式、行为方式和生活方式。总之，鸦片战争以后的西学东渐，是全面的、整体性的、大规模的文化传播。其传播的内容之广泛、冲击之猛烈、影响之巨大，在中外文化交流史上是前所未有的。

二、另筹新局，别开生面

近代以来，中国的知识分子们面对西方文化的冲击和传统社会文化的危机，苦苦地思考，艰辛地探索，提出了许多应对文化危机、实现中华文化变革和发展的方案。这既是积极学习西方文化、与西方文化对话与互动的重要行动，也是出自中华传统文化自我更新与发展的内在要求。许倬云先生说："西潮东来，商品与文化，骑在军舰的炮管上，打进了中国。屡次败刃于疆场，失利于谈判，中国上下都有严重的危机意识。怕事者萎缩，有识之士却不能不设法挽狂澜于既倒。数千年来的棋局，已无法下招，于是必须适应时势，另筹新的棋局。从 19 世纪以降，不少人为中国筹谋对策，希望改弦更张，别开

19 世纪 70 年代福州船政局

生面。”[1]

近代的“师夷长技”“采西学”“向西方寻求真理”，是一个影响广泛的思想文化运动，是一次巨大的知识启蒙运动和思想解放运动。从林则徐、魏源开始，包括李善兰、徐寿、王韬、郭嵩焘、郑观应、严复、康有为、梁启超等，还有来自西方的传教士傅兰雅、林乐知、李提摩太等人，我们都可以看作是早期的启蒙思想家。他们在不同的时期，破除对传统文化迷信，大力提倡和积极引进西方文化，为近代的西学东渐提供了广泛的和扎实的思想基础。他们起到了先觉者、先驱者的作用。

近代中国面对的西方文化的冲击，最直接的是从鸦片战争开始的。林则徐作为鸦片战争的直接参与者，亲身感受到西方文明“船坚炮利”的强大物质力量，也最先对西方文明的冲击做出了反应。他和魏源提出“师夷之长技以制夷”的口号。这个口号在当时具有重大的

[1] 许倬云:《我者与他者——中国历史上的内外分际》，生活·读书·新知三联书店 2015 年版，第 122 页。

意义。这是在民族战争失败后的第一次重要的文化反省，是中国近代史上最早发出的向西方学习的呼声。60 年代以后，士大夫们开始认真研究和思考这样的历史大变动。在洋务运动和戊戌变法运动时期，“古今之变局”论成为一股有广泛影响的社会思潮。

“变局观”是晚清士大夫在西学东渐之后对时局所作出的一种思想反应。它首先是在外敌不断入侵，打破了封建中国与资本主义世界的封闭状态下，士大夫对国际环境或时局发生变化的一种反应和积极态度；更是在西学东渐中国，并逐渐为士大夫所汲取的基础上所形成的。“变局”观是对当时国际形势的一种认识，是对中国所处的国际大环境以及西方列强的咄咄逼人而造成的民族危机、文化危机的一种认识，更是对西方工业革命及其技术文化成果的一种认识。而面对着

《点石斋画报》图“边防巨炮”

这样的国际形势，面对着这样的民族危机和文化危机，面对着西方文明的蓬勃发展和自己的落后，就要寻求摆脱这种危机的出路，寻求改变落后局面的出路。正是从“千古未有之大变局”这一认识出发，进而提出“借法自强”“变法自强”的口号。

在西方的强烈冲击下，在认识到中国正面临着国内外形势的巨大“变局”的基础上，从60年代开始，兴起了影响广泛的洋务思潮。洋务思潮对于中国近代历史的意义在于，它不仅是一种思想形态，更转变为具体的实践活动，在中国开展了持续几十年的洋务运动，开始了中国现代化的起步，并在各方面改变着中国社会。

面对着千年未有之大变局，中国的出路则就在于“变”，所谓“变”，就是要“师其所能”，向西方学习，学习他们先进的技术与文化，即以前魏源所提出的“师夷长技”。改变传统，引进西学，这就是洋务思潮的核心内容。并且，在那个时代里，这种思想已经转变为改造社会的实践活动。

洋务运动不仅仅是一种社会思潮，更是一个对中国社会产生深刻影响的社会实践。从19世纪60年代开始，办“洋务”成为一时的热潮。在当时，无论是当朝的洋务派官僚，还是积极主张西学的知识分子，他们积极倡导洋务的目标都是要借助西方的先进技术发展工商业，以实现中国的“自救”与“自强”，因而洋务运动又被称为自强运动。因此，也可以说，洋务运动或者说自强运动，正是近代以来中国人争取民族振兴和国家富强道路上的一个阶段，是近代中国人寻求民族之梦的一个步骤。

洋务运动的重点在于军事、科技和经济，同时也触及了文化、教育和社会的许多方面，都取得了一定的发展成果。在洋务运动30年中，不仅兴办了一批现代军用工业，还倡设了中国第一批现代民用工矿企业，以及现代交通事业，实现了中国从手工制造到机器生产的起步。中国第一个现代煤矿、第一个现代纺织厂、第一条实用铁路、第一条电报线，都是在这一时期开办的，在传统的经济中形成了一种新的经济形态，成为中国早期工业化迈出的第一步。

更重要的是，洋务运动使中华文明开始具体地进入了一个向西方学习的运动。在那个时代，经过他们的提倡，学习西方成为一时的时尚，学西夷之长，兴洋务之业，日益成为社会的共识。

虽然洋务派只重视学习西方的先进技术，只着重接受近代器物文明，但是，这种近代器物文明一旦进入中国，就意味着在中华文明中加入了一种不同质的新成分。这种新成分的存在和发展，必将会引起文化深层的变化。

三、“中体西用”论：折中主义的文化策略

洋务运动的本质即在“洋务”，就是学习西方先进的科学技术，制造先进的机器，发展近代的工业，以达到富国强兵的目的。换句话说，采西学，制洋器，以“洋务”实现“自强”，是当时应对“大变局”，挽救民族危机的主要思路。

为了比较更合理地“采西学”，洋务思想家们提出了“中学为体，西学为用”的口号，作为解决引进西学与坚持本土文化矛盾的一个思路。在中国而讲求洋务，本身就包含一个必须解决的前提性问题，即所讲求之洋务是否适用于中国的问题。只有证实在“洋务”名义下所介绍的在西方行之有效的一套，如技艺、学理、经验、制度等等，施之于中国能够同样有效，能够解决国家民族面临的重大困难，西方的这些文明成果方能为国人所接受。

冯桂芬的《校邠庐抗议》对于“中学为体，西学为用”论式的形成起了承先启后的作用。他为着论证“采西学”的必要性，以“法后王”为依据，主张借鉴和中国“同时并域”的西方诸国“自治富强”的成功经验，认为如果能够“以中国伦常名教为原本，辅以诸国富强之术”，必将收到“更善之善”的效果。后来人们把这个论断概括为

中学是本、是体、是道，而西学则是末、是用、是器。冯桂芬的“本辅”说是“中体西用”思想的最早表述形式。它在中学和西学兼蓄并容的文化结构中，以突出中学的主导地位为条件，确认西学的辅助作用之价值。

换句话说，这个“中体西用”论式的问世，是在信誓旦旦地确保“伦常名教”所代表的既有政治秩序和道义信念不变的前提下，主张破除成规习见，采用西方近代文化成果以为富强之术。形式上的重点是在强调中学之为“体”，事实上的重点却在强调西学之需“用”。洋务思想家们提出“中体西用”，借用“主辅”“体用”“本末”这些概念、这些人们用惯的字眼、术语，表示中学和西学哪个重要哪个次要，哪个是主干哪个是枝节，哪个起主导作用哪个起从属作用，哪个是最高准则哪个是应用方法，即作为按照主次轻重的模式评估中学与西学。在这一理论中，他们把中学和西学的关系称之为“体”与“用”的关系，或称之为“道”与“器”的关系，“本”与“末”的关系，“主”与“辅”的关系，进而肯定两者的相对价值，即中学具有精神价值，西学具有物质价值；更进而肯定两者的功用，即中学用来“治心身”，西学用来“应世事”。在这里，中学和西学的地位虽略有高低之分，如强调中学是“本”“体”，而西学只是“末”“用”，但同时这两者又被强调是相补相救，不可偏废的。从理论上看，他们以这种思维模式将西学内容合法化，将指向现代的世俗价值目标引进传统框架内，肯定西学所指向的世俗价值，肯定其具有传统伦理价值所不能替代的实际功用。这就等于承认中学还有所不足，还有待于西学补充，西学确有超越于中学的地方，从而动摇了“礼义至上”的传统伦理价值观的绝对、唯一的权威地位。

提倡西学者，要借助“中体西用”的文化观来抬高中学的地位，并在形式上适当压低西学之作用，是为减少由于重视西学所招致的重大阻力。洋务派并不是中华文化的背叛者，而是其坚定的卫道者。他们主张学习西方文化，并不是为了颠覆传统文化，而是为了发展中华文化。“变器”是为了“卫道”，以西学为“用”，正是为了保中学之“体”。体用派通过中体西用理论首次提出了中西两种文化如何结合的大原则，提出了与社会转型相适应的第一种文化模式，引进外来文化要加以选择，要以我为主。

洋务派为强调西学之可用和当用而标榜的“中体西用”论，随着他们对于西学知识的加深，逐渐有所发展。当他们明白了西方富强之因是由于实行“重商富民”政策，并建立了相应的法度时，他们心目中的“中体西用”论式中的“西用”，无疑已迥然不同于当年所说的洋器洋技之长。他们所要学习的内容，已经不再拘守于“不师其法，惟仿其器”的狭小范围。

“中体西用”这个口号逐渐为人们所接受，成为部分官方或非官方、主流派或非主流派文化人士尊奉的文化观念准则、规范，在中华文化界有着强烈影响，甚至可以认为是晚清的官方意识形态。对于晚清的文化发展来说，这是一个相当大的进步，因为有了这样的策略，就可以大张旗鼓地引进西学。“中体西用”虽以“中学为体”，但其着重点在提倡“西用”，确认西学辅助作用之价值，强调引进西学的必要。随着洋务运动的发展，“中体西用”文化观论式的内容也发生变化，总的趋势是中学的内涵越来越小，西学的范围则日益扩大，层次日益深入。“在60至90年代洋务运动期间，‘中体西用’的思想成为洋务人士的共同理论纲领。”[1]在当时寻求中国富强之路的探索中，发挥了重要的作用。

四、传统知识体系的改造与重建

传教士在中国开展多种文化活动，其中之一是办教会学校。教会

[1] 许纪霖、陈达凯主编：《中国现代化史》第1卷，上海三联书店1995年版，第69页。

学校不仅培养了许多了解西学的青年人才，而且为中国新式教育的出现提供了推动力量和办学模式。教会学校自成系统，构成对中国固有教育体制的冲击和新式教育的示范。不仅如此，许多传教士还对中国的教育改革提出了具体的意见。他们对中国传统教育的弊病提出了严厉的批评，有的传教士还撰文强调要振兴中国教育就必须改革教学内容和方式。马礼逊教育会、益智书会和中华教育会，都对中国的教育近代化提出了具有广泛的社会影响力的建议，其中包括统一教材的编订，授课内容的挑选，对当代教育的评论以及建议等等。甚至有些传教士通过在政府的教育行政机构中或者学校中任职，实现更加有效的改革举措。

19 世纪 60—90 年代洋务运动时期，李鸿章、张之洞等人创办了不少新式学堂，这些新式学堂也被称为洋务学堂。洋务派创设的新式学堂大体可以分为两类：一类是专门培养外交人才和翻译人才的“西文”学堂，如京师同文馆、上海广方言馆、广州同文馆等；另一类是培养各种专门技术人才的“西艺”学堂，其中又有民用学堂和军用学堂之分。洋务运动促成了中国近代教育的诞生，培养了中国第一批近代科技人才。

戊戌变法期间，光绪帝连降谕旨，要求各地重视兴办专门、实业学堂。铁路、矿务、农务、工学、商学、茶务、蚕桑等学堂在各地迅速开办。各省府州县广泛设立中小学堂，一时学习西学成为时尚风气。1895 年以前，学堂仅仅分布于沿海 7 省，1899 年扩展到包括云、贵、川、陕等内陆地区的 17 个省，20 世纪以后，蒙、藏、新疆等边远地区也纷纷办起了学堂，新式教育覆盖全国。新式学堂在全国各地不断普及，从城市到乡村，特别是贫民教育及女子教育的顽强发展。1905 年正式废科举制后，新式学堂取得长足发展，成为中国教育的主渠道。

维新运动时期，中国开始创办西式的综合性大学堂。最早创办的西式大学堂有北洋大学堂、南洋公学、京师大学堂和山西大学堂等。

京师大学堂匾额

这些大学堂的创办，主要借鉴了西方大学的办学经验，同时也有一些熟悉大学教育的西方传教士参与了创办。除了开办大学堂以外，各省原有的书院也都纷纷改革教学内容，增添西学课程。此外，各省还建立了许多新的书院，如浙江求是书院、湖南时务学堂、陕西崇实书院等等，这些新办的书院也都注重开设西学课程，培养实用人才。

总之，自 1862 年开始，新式教育经过 40 年的努力，初具规模。从 1898 年起，学校类型逐渐完备，京师设大学堂，一些省城设有高等学堂，府、州、厅陆续创办了一批相当于普通中等教育的学堂，县及县以下地方则开设了类似普通小学和蒙养教育的机构。各学堂通常有具体的规章制度和系统的课程设置，有的已经相当详备，对该学堂乃至其他同类学堂的发展产生了积极影响，并为制定全国性统一学制积累了经验。光绪二十八年（1902）七月，颁布《钦定学堂章程》。因这年为阴历壬寅年，故史称“壬寅学制”。《钦定学堂章程》的制定和颁布意味着中国实行近代教育制度的开始。1904 年 1 月，又颁布了《奏定学堂章程》。《奏定学堂章程》颁布的年份为阴历癸卯年，故史称“癸卯学制”。

《钦定学堂章程》和《奏定学堂章程》的相继颁布，标志着中国近代学校教育制度的正式确立，体现出中国近代学校教育制度的正规化、体系化，在中国教育史上是具有重要意义的。

新学制实行以后，中国各省便纷纷办起了各种新式的大、中、小学堂，中国教育开始逐步走向近代化，建立健全起一整套学科体制和教育系统。取消科举制，推广学堂，使全国教育行政系统发生了根本的改变，极大地刺激了新式学堂的建立，出现了兴办学堂的热潮，“上有各府州县学堂之设立，下有爱国志士热心教育蒙学女学各种私学堂之设立”。

晚清的学制改革意义十分重大，亦即以西学为主的教育体系、知识体系取代了中国传统的教育体系、知识体系。而教育体系、知识体系是文化系统传承中最为基础的部分。教育体系、知识体系的改变则意味着整个文化体系将要发生根本性的改变。

晚清时期的西学东渐，是一次大规模的、全面的、系统的西方文化的传播，涉及科学知识、近代技术、哲学社会科学思想、文学艺术以及政治法律制度等等，范围十分广泛，规模巨大。它们通过翻译出版的西学书籍、各类报纸杂志等大众传播媒介广泛传播西学新知；教会学校和官办的新式学堂向不同阶层传授着比较正规的西学知识；通过外国商品、外资企业以及洋务运动中创办的新式企业工业，人们在日常生活中使用新的公共语汇，在商务活动中的西语与新知技能；通过在华活动的外国侨民、洋雇员和专家的传授与介绍；通过走出国门的使节、留学生等回国后的报告和记述，等等；总之，通过许许多多的渠道，日渐形成了一个不断增扩的西学新知的语汇群和知识系统。这一新知识系统以西学、西方知识为核心，是一个不同于中华传统文化知识的新的知识体系，一个新的知识空间。在晚清，所谓“新知识”，就是指与西学、西方文化及与此相关而产生的新的知识。

这样，在晚清，就存在两个并存的知识系统、知识空间。一个是传统的中华文化知识系统，所谓走“正途”的科举士子，基本上还在这个知识空间中。另一个是新式的西学的知识系统。中国传统的力量是十分强大的，外来的西学要走进中国的知识空间，并且占有一席之地，是经过了十分艰难的努力的。但是，正是经过这样的努力，西学

《点石斋画报》图“女塾宏开”

的空间逐步扩大，内容逐渐丰富，并且到清末的时候，已经与传统学问即“中学”或“旧学”相提并论了。

与新的知识空间形成相适应的，是涌现了新的知识分子群体。所谓新知识分子，指的是“接受了西方资本主义科学文化知识，具有近代政治思想意识的知识分子”。[1] 有学者把这个新的知识群体称之为“清末的一代”。“清末的一代”知识人展示了对精神价值的全新追求，从道德关怀、社会关怀、知识关怀与终极关怀，实现了从传统士大夫到现代知识分子的转型：重建价值体系，传承了士大夫的担当精神与传统道德的合理因素，同时倡导自由民主新道统，建构新价值体

[1] 侯宜杰：《二十世纪初中国政治改革风潮》，人民出版社 1993 年版，第 111 页。

系；实现社会角色转换，在废除科举被抛离权力秩序后，通过政治参与、社会团体与现代传媒等形式重建社会政治影响力；呼唤建立起分立于道统的学统、分立于治术的学术，致力于建立专业化、科学化、分科化的现代学术体系、现代知识体系；以理性精神区隔宗教狂热，又以终极关怀超越物质主义，在对中学、西学中的宗教文化采取开放立场的基础上重构信仰世界。

美国汉学家费正清编《剑桥中华民国史》说到清末新知识群体形成的情况指出："作为一个阶层的知识分子精英，已经历了若干重要结构上的变化：一方面，出现了各种新式报刊和新联系方式的社团；另一方面，建立了各种类型的学会和政治性党派。传统的科举制度已经废止，而代之以现代的学校制度，遂导致对传统文职仕途的中断，知识分子工作的迅速职业化与专门化。文化中心（中国历史上已经发展到相当水平的城市），也受到世界工业化城市生活的影响。在这些变化中所形成的知识分子，正在发展成为新的凝聚力量；这种凝聚力量，有与中国社会其他部分重新分离的危险。读书受教育已不再是为了做官；知识分子越来越出于政治权力的主流之外，也愈来愈按照外国模式接受教育，不惜抛弃传统的'之乎者也'文化模式与语言，以营造与民众相沟通的桥梁。"[1]

这些新式知识分子，既是社会思想启蒙的产物，也是推动思想启蒙进一步发展的主力军。新知识分子群的形成，对中国社会后来发生的变化至关重要。他们具有深刻的使命感和历史责任感，选择不同的方式推动着传统专制社会向现代民主社会的转型，并努力探寻着知识分子在现代条件下干预公共事务、担当公共角色的途径，包括探索在体制外以民间社会、以舆论关切等干预政治参与社会的新形式。新的知识群体转向大众化的公共话语空间，并承担起启发民众、唤醒国民的启蒙精英角色。他们创办报刊，影响舆论，引导社会，批评政府。

[1] ［美］费正清编：《剑桥中华民国史（1912—1949）》上卷，杨品泉等译，中国社会科学出版社1994年版，第315—316页。

宣传西方的自由、民主、平等、博爱的思想。他们成为晚清社会变革的重要推动力量。

五、“旧学”危机与“存古学堂”

随着西学的大规模引入，中学面临着巨大冲击，“中学”之生存成为值得关注的问题。晚清许多人包括比较先进的主张向西方学习、提倡西学的人们，都对西学输入后中学的存亡表示忧虑。

既然中国旧学面临消亡之危险，那么就必须谋求挽救。许多人提出了一些保存古学之道。保存中国旧学，首先必须保存中国文字，进而保存中国文学。这是当时很多人的共识。西学必须研求，但不能废止中国经史之学，两者应该兼顾，也是当时不少学者的看法。面对西学冲击而采取的应对之策，一是在各级新式学堂保留经学科；二是设立存古学堂。

1903 年，张之洞等人在拟定新学制时，对保存经史之学格外重视，并力图将中国旧学纳入新式学堂体制中。《学务纲要》明文规定：“中小学号宜注重读经义存圣教。”他认为，小学中学皆有读经讲经之课，高等学有讲经之课，大学堂、通儒院则以精深经学列为专科，自然会达到“尊崇圣道”“保存古学”的目的。1905 年，清政府决定废除科举，但仍然特别强调学堂“首以经学根柢为重”。张之洞坚持在大学堂分科科目中设置“经学科”，在中小学课程中设置研习经学的课程，以保存中国旧学。1907 年 5 月底，张之洞正式进呈《创立存古学堂折》，将经心书院故址改为存古学堂。他主张的存古学堂以研习经学、史学等中国旧学学科为主同时，存古学堂课程应“略兼科学以开其普通知识，俾不致流为迂拘偏执，为谈新学者所诟病”。之后，各地陆续开办了一些存古学堂。存古学堂是在诸多保存国粹办学

方案中被清政府确立为“新教育”体系内的主要“存古”形式。从光绪三十年（1904）到清朝覆亡，湖北、安徽、江苏、陕西、广东、四川、甘肃、山东等省皆正式办有存古学堂，京师、江西、浙江、福建、贵州、湖南、江宁、广西、河南、云南、直隶、吉林、黑龙江等地也都有仿办存古学堂的提议或规划。

面对西学的冲击所带来的旧学的生存危机，一些致力于保存旧学文化传统的人士，上至朝廷，下至地方大员，通过在新式学堂中开设经学等传统学问课程和建立存古学堂等形式，力图在强大的西学冲击之下仍能使得中国传统学问得以延续。这种应对有助于保存中国旧学传统，并且取得了一定的成效。但是，这时的旧学是作为一种传统的形式存在的，并没有获得生存和发展的生机。中国旧学要想获得生存与发展，必须与西方近代学科体系接轨，必须适应近代学术发展之大势。这种大势，就是接受西学新知，以西学之新知、新理、新法来研究中国旧学，通过“援西入中”方式，将中国旧学逐步纳入近代西方学科体系及知识系统中。

西学输入中国后，许多有识之士将研究兴趣从中国经史之学转移到西方近代新学上，接受了西方近代新知、新理、新法。当他们用所接受之新知再反观中国旧学时，则会发现，中国学术多局限于孔孟之经学，知识范围始终未能跳出经史子集之“四部”框架，在科学、艺术、哲学诸方面与西方近代学术有着巨大差距。用刚刚接受之新知、新理、新法整理中国传统旧籍，发明中国旧学之新义，以适应近代学术演进之大势，成为晚清学术演进之必然趋势。晚清许多学者主张用西方近代学科分类体系来分割和重新整理古代学术，即抛弃原来以“六艺”为核心、以“四部”框架之分类体系，转而按照哲学、历史、文学、政治学、法学、经济学、社会学、数学、自然科学等一系列近代学科分类体系来分割和重新归类。

用西方近代学科分类体系来“肢解”和重新整理中国固有学术，

亦即将“旧学”融入“新学”，是清末民初许多学者努力的方向。晚清学者在接受西方分科观念及学科体系后，便开始在研究和撰著中国学术史时，打破传统“学案体”，尝试用“学科”来框定中国传统学术。皮锡瑞之《经学历史》、章太炎之《訄书》、梁启超之《中国学术思想之大势》，均作了有益尝试。刘师培完全以西方近代“学科”分类体系界定中国传统学术，其所撰著的《周末学术史叙》《两汉学术发微论》等，以近代西方学科体系来框定中国古代学术，力争将中国旧学纳入近代学科体系中。

第十五讲

中华文化的更新与重建

一、20世纪的文化变革与复兴

晚清几十年西学的引进过程以及其引起的中华文化的变迁，为20世纪留下了巨大的文化遗产。

虽然在这一时期，传统文化的大厦还没有坍塌，但基础已经动摇，传统文化赖以生存的物质基础、知识体系和教育体系、制度保障等方面，都在发生着改变，这种改变必然使中华文化体系面临着变革的要求和迫切性。

在20世纪中国的历史上，发生了一系列影响深远的重大事件。特别是在这个世纪前20年中的几件大事，具有尤为重要的历史转折的意义。1905年废除了延续上千年的科举制度，是这个历史转折的最初标志。因为科举制度曾长期充当着传统中国的社会和政治动力的枢纽，科举制度的废除，从根本上动摇了封建政治制度的动力基础和代谢机制，同时也改变了与科举制密切联系的传统教育体制，以传播西学为主要内容的新式学堂取而代之，从而改变了文化传承的知识体系。1911年的辛亥革命，推翻了统治中国260多年的清王朝，结束了2000多年的封建专制制度，宣告了传统社会政治秩序的结束，继起的中华民国则是按照西方政治理念建立起来的新的国家体制。到了1919年的五四新文化运动，则把对传统社会的否定从政治制度的层面引深到文化心理、思想观念的层面，强烈地冲击和摧毁了以孔子儒学为代表的传统文化思想体系，以西方的“民主”和“科学”理念，以西方文化为目标建立“新文化”。

所以，从19世纪向20世纪的转折，也就是中国从传统社会向现代性社会的历史性转折，是整个社会运行机制的根本性的、整体性的“转型”。这个历史性的转折和转型是如此艰难又如此重要，以致在整个20世纪中，中国经历了从未有过的最激烈、最广泛、最迅速

而又持续时间最长的社会大变动。这场社会大变动极大地改变了中国人的生活背景、生活舞台、生活世界，极大地改变了中国人的生活观念、生活内容、生活方式。20世纪给予中国人的生命活动以新的文化意义，同时也在极大的程度上对中国人的心理品质和民族性格进行了再塑造。

20世纪中国的文化变迁是总体性的。在这个变迁的过程中，不是个别新文化因素的出现或旧文化因素的丧失，不是对原有体系框架的改造、调整或充实，也不是原有文化精神的继续和发展，而是一种结构性的变化。这种文化变迁，是对作为整体的中华传统文化体系的否定和扬弃，是整个社会文化形态诸层面和文化整体设计的更新和转变，是文化模式的演进与转型。价值观是文化的核心，只有实现了价值观念体系的转换，才有可能实现整个文化形态和文化模式从传统向现代的转型。然而，在几千年的历史进程中，中华传统文化的价值观念已经深深地积淀到中国人的深层心理结构，成为中国人生命活动的意义依托和归属。进行这种价值观的转换，必然会引起激烈的心理冲突和对文化变迁的抗拒。因此，现代中国的文化变迁经历了激烈的冲突和震荡。而正是经过了这种文化冲突和震荡，实现了新的文化融合和整合，实现了中华文化从传统向现代的结构性转变，形成了现代中华文化的新格局。

现代中华文化的嬗变或变迁以迎接西方文化的挑战为契机，但是，这并不等于西方文化会取代、兼并或淹没中华文化。西学东渐在中国社会发挥作用的程度，取决于中国社会的需要程度和接受程度，取决于现有中华文化架构的容纳程度。中华文化在悠久历史中锻造的强大生命力，不会在西方文化的冲击下崩溃和瓦解，而是以自我调整和自我更新的能力来迎接挑战、适应变革。这样，经过现代化的冲击和洗礼，中华文化在历史嬗变中获得了新生和复兴。在20世纪，中华文化便经过了这“不可避免的艰难苦痛”，实现了自我更新和复兴，并向世界展现出新的风采、新的气象、新的魅力。

中华文化的复兴和整个中国社会的复兴是一致的。近代以来的中国历史，是殖民主义、帝国主义欺辱、掠夺、侵略中国的历史，也是中国人民觉醒、抗争和奋进的历史。中华民族在争取民族解放和国家独立的长期斗争中表现出来的坚忍不拔、不屈不挠、自强不息的民族精神，赢得了世人的同情和尊敬。

二、新文化运动与传统文化

自从鸦片战争之后的西学东渐，便有了“新学”与“旧学”的分野。从西方传来的与中华传统文化不同的新文化形态、新观念，先是称为“西学”，戊戌维新时称为“新学”。“西学”最开始也被称为“新学”，但到了戊戌维新时期，“新学”的含义不仅仅是指西学，而是指中国学者在接受、了解西学之后，以自己的理解和需要，以自己的中华文化的背景，所创造的与中华传统学问不同的新学问，是中国学者创造的新思想、新文化、新观念。“新”“旧”之争本质上是中西之争，但又不能简单地归结为两种文化之争，而是面对西学的挑战，在引进和接受西学的基础上对中华传统文化的革新与重建。所“争”的实质是指是否需要和如何进行这样的革新和重建。

1915 年 9 月，曾经积极参加过辛亥革命和二次革命、从日本留学归来的陈独秀，在上海创办了《青年杂志》(第二卷改为《新青年》)，同样留日归来的李大钊等人是主要撰稿人并参与编辑工作。他们举起民主和科学的旗帜，倡言启蒙，预示了行将到来的大海潮音。《新青年》杂志的创办是五四新文化运动兴起的标志。虽然《新青年》在其生命的不同历史时期色彩不同，但它身边始终聚集着那个时代一批文化精英，始终引领着那个时代的文化发展的方向。《新青年》杂志从它一诞生起，就宣告了和旧文化的诀别，显出了朝气蓬勃的中国新一代知识分子要在辛亥革命推翻清王朝的战场上，和旧文

化、旧思想、旧制度决一死战的气概。

陈独秀和那个时代的思想家们提出了一条救国救民的新道路，即通过国民觉悟启蒙而走向民族复兴的道路。启蒙思想家们从总结辛亥革命的经验教训入手，认为，辛亥革命所以不能成功，共和制度所以不能巩固，其主要的原因，在于国民的觉悟问题。而国民的不觉悟，是由于国民的愚昧落后；国民愚昧落后，则是由于传统封建伦理道德影响所致。所以，“伦理的觉悟，为吾人最后觉悟之最后觉悟”。要确立共和立宪政治，建立名副其实的共和国，以及现代法制和经济，必先根除对中国政治影响特别深重的儒家伦理，进行新文化、新思想、新道德的启蒙，改造国民性，促进国民最后之觉悟。

所以，从改造国民性，铸造“新青年”和“新社会”入手，开辟一条救国救民的新道路，就成为这个时代的主题。这是这个时代的启蒙思想家的历史重任。他们自觉地担当起这个历史重任，高举起新文化运动的大旗，海啸山呼，演出了近代以来中国人救亡图存、寻求民族之梦道路上的颇为壮观的一幕。

《青年杂志》创刊号

新文化运动是中国历史上第一次伟大的思想解放运动。新文化运动对封建思想的猛烈攻击，震动了整个思想文化界，犹如狂飙席卷大地，催人猛醒。民主和科学精神的大力弘扬，民主主义思想更加广泛地传播，启发了新一代青年知识分子，以前所未有的觉悟和激情去探索救国的新道路。新思想、新文化的启蒙本因救亡而起，新思想、新文化的启蒙，又进一步推动了、促进了救亡运动。读者们称《新青年》为青年界之“明星”“金针”“良师益友”，他们说：“青年得此，如清夜闻钟，如当头一棒。”

宣传民主与科学是新文化运动的基本内容。“民主”是指民主思想和民主政治；“科学”主要是指近代自然科学法则和科学精神。“民主”与“科学”是新文化运动的两面旗帜。将民主与科学作为近代新文化的核心观念或基本价值加以追求和崇尚，这是新文化运动最伟大的历史功绩。中国人追求民主与科学虽不始于新文化运动，但“从五四新文化运动开始，中国人才将民主与科学作为近代新文化的核心观念或基本价值加以追求和崇尚，民主与科学从此才逐渐深入人心，成为促进思想解放、社会变革的有力武器。将民主与科学作为近代新文化的核心观念或基本价值加以追求和崇尚，这也是五四新文化运动最伟大的历史功绩”[1]。

民主和科学思想的弘扬，动摇了封建思想的统治地位，并且推动了中国自然科学的发展，使人们的思想尤其是青年的思想得到空前的解放。民主与科学从此也逐渐深入人心，并开始成为一种社会意识、价值观念。

为宣扬民主与科学，唤起国人“最后之觉悟”，“反孔”便成为新文化运动的一个主题。新文化运动反对的主要是儒学，特别是它的核心礼教。在新文化派学者看来，儒学是中华传统文化的核心，是封建专制制度的理论基础，是“历代帝王专制之护符”，正是儒学和孔子造成了今日中国的落后。因此，要推翻封建专制制度，谋求祖国的富强，实现平等自由，就必须反儒学，反孔教。新文化运动一开始就以前所未有的规模和力度表现了反传统的彻底性，期“以人为之力，冀其迅速锐演，虽冒毁圣非法之名，亦所不恤矣”。两千多年来久被崇

[1] 郑大华：《中国文化发展史》（民国卷），山东教育出版社 2013 年版，第 38 页。

敬的孔子变成了集中批判的目标。新文化运动的反孔的意义，不在于批判孔子的一家学说，而是要对统治中国几千年的封建思想、封建文化进行一次大扫荡，建设新的民族文化、民族思想。

五四新文化运动对于中华传统文化的批判具有重大的历史影响。“伴随着这场荡涤中国旧文化、旧观念污垢的文化运动，科学、民主观念和精神得到了空前的发扬，中国的文化迎来了一个新的时代。以科学文化为主导的西方近代文化在中国得到了更全面深入的传播。”[1]

三、现代科学体制的确立

西方科学技术在中国的传播，是近代以来中西文化交流的一个非常重要的方面。西方文化的先进性、优越性，首先体现在近代以来西方科学技术的巨大进步。也正是由于近代以来西方发展起来的新的科学技术，以及在此基础上开始的工业革命，使西方文化走到了世界的前列。19 世纪中后期来华的新教传教士，则带来了西方工业革命以后发展起来的先进的科学和技术，许多科学知识得到了普及，并且部分地进入人们的生产生活领域，在很大程度上改变了中国的科学研究形态。进入 20 世纪以后，西方的科学技术则以更为完整的形态和科学体系，继续传入中国。经过中国科学家们的努力，使中国建立起现代的科学体系和科学研究体制，并且在许多领域取得了很大的发展，甚至站到了世界科学的前沿。

在中国近代史上，科学与政治是紧密联系的。西方科学技术的引进，首先是出于应对西方殖民主义入侵的迫切需要。最初，魏源提出“师夷之长技以制夷”，就包含着以科技作为应对西方列强侵略的政治情怀。到了 19 世纪后半期，洋务派提出采西学、制洋器，针对

[1] 段治文:《中国现代科学文化的兴起（1919—1936）》，上海人民出版社 2001 年版，第 30 页。

的是从学习西方科学技术和物质文明的层面上寻找自强的方式。到了20世纪，这种思想倾向则发展为“科学救国”思潮，并促成了新文化运动的兴起与发展。

近代中国的“科学救国”思潮大致包括两方面的内容：一是在较为完整的意义上理解和宣传科学，并努力推动科学研究和科学教育事业；二是倡导科学方法和科学精神，以改造国民的思维方式和价值观念。任鸿隽是科学救国思潮的代表性人物，他的救国理想始终立基于实验科学之上。在他看来，没有科学研究做后盾，一切关乎科学的事业都将流于空谈，无果而终。因而，无论是引进科学技术和科学知识，还是培养科学精神，都非单纯的宣传或倡导所能奏效。为此，他积极创立学会和研究所，大力鼓吹和推动科学研究，力图构建堪当传承和光大西方科学的科学体制。任鸿隽希望通过发展科学和教育事业来增强国家实力，并通过科学方法的运用和科学精神的培养来完善国民人格，改革政治体制，终而臻于民族独立和国家富强。他较早地体悟到科学与教育对国家强盛的重要意义，并为此倾注了毕生心血，试图以发展科学来达到拯救国家的目的。

在五四前后多种社会思潮激荡的形势下，“科学救国”思想积极宣传科学的历史作用并促进科学事业的发展，强化了国人尊重科学、崇尚科学的思想意识，以科学知识、科学方法与科学精神启迪民智、宣扬理性，对全社会进行启蒙宣传，使人们认识到科学在人类思想解放进程中的巨大作用，为后来科学事业的发展与进步奠定了基础。到20世纪30年代，经过几代人的努力，随着科学教育体系的全面建立、科学家群体的形成、专门科研机构的创建、科研成就的取得与科学交流系统的建成，中国科学家社会角色真正形成，科学作为一种社会体制在中国社会已经生根发芽并茁壮成长起来。

现代科学知识和科学思想在中国传播的一个重要的标志，是一系列科学团体的建立。1915年由在美国的留学生成立的中国科学社是中国最早的现代科学学术团体。1915年1月，有史以来第一份综合性

的中文科学杂志《科学》在上海问世。发刊词上“科学”与“民权”赫然并列，申明“以传播世界最新科学知识为职志”。1915 年也正是陈独秀在上海创办《新青年》前身《青年杂志》的年份，此后陈独秀等人高举的“德”“赛”两面旗帜，大洋彼岸一群年轻且学业将成的留学生创办的《科学》无疑是“赛先生”更有力的代表，他们隔洋相望，遥为呼应。

中国科学社是为适应科学的专门化和大科学发展趋势而创建，既是中国科学人才聚集到一定程度的产物，更成为不断催生科学家成长与群体壮大的摇篮。经过发展，中国科学社成为一个集科学普及、科学研究、科学联络、科学奖励为一体的综合性学术团体。中国科学界的老一辈科学家，如竺可桢、李四光、茅以升等都曾是中国科学社的社员。中国科学社虽然是一个私人学术团体，但是自成立以后，就成了我国科学事业最权威的领导机构。以中国科学社为代表的科学家群体竭力推动科学体制化，形成了全国性的、综合性的科学共同体，为中国科学事业奠定了基础，其筚路蓝缕、开拓进取之功，应当永志史册。

科技体制化是衡量科学发展程度的重要标尺，科学要获得持续不断的发展，就需要科技体制化作为组织保障。所谓科技体制化，就是让科学的社会功能为大众所承认、科学有自己的操作规范和自主性等。近代以来，科学活动在社会中得到了承认，并逐渐受到重视。作为一种新型社会角色的科学家，他们之间的学术联系和交流也逐步加强，以至发展到建立相应的组织，确立一定的制度，

中国科学社徽

形成科学共同体。这个过程就是科学体制化。中国科学社构想的中国科学体制，科学家和科学活动高度分散在大学、企业和民间机构之中，通过中国科学社等权威学会组织凝聚科学家，依靠社会力量推动科学事业发展。

在中国科学社的带动下，各专门学会如中国地质学会、中国气象学会、中国生理学会、中国物理学会、中国化学会、中国地理学会、中国数学会等科学学会应运而生，形成了中国的科学共同体。它们为现代西方科学的传播以及中国科学的发展作出了重要贡献。当时，几乎每个现代意义的学科都筹建有自己的学术团体。如果说五四运动之前中国科学的发展主要依靠外在动力的话，那么此时科学发展的内在动力已经基本形成，它标志着中国近代科学研究的真正开始和近代科学在中国的确立。

四、中华文化的再造与发展

回顾我们走过的 20 世纪，满目沧桑，波澜起伏。20 世纪是中国历史上最为复杂、最为悲壮和最为激动人心的世纪。无论从哪个角度来说，20 世纪都是中国人的“大时代”。20 世纪彻底改变了中国社会的面貌，对中国人进行了巨大的再塑造，使中国人走出传统社会的中世纪，走进世界性的现代化潮流。现代化成为 20 世纪中国的主题，20 世纪中国社会文化的一切变化、动荡、冲突，都可以在现代化这个主题下获得解释和意义。在一百多年的现代化变迁中，中国人的精神经历了一个由被动转向主动的过程。几代人为寻找中国的现代化道路，进行了极为艰难的探索，经历了许多不可避免的和可以避免的挫折与失误，终于达到了今天这样的发展程度，达到了今天这样的对现代化精神蕴涵的理解程度。

经济增长是社会发展的物质基础和前提。只有经济在提高效益的

前提下长期保持相对较高的增长速度，才能具有持续地较强地扩大再生产能力，才能有更多的剩余产品用于分配，人民生活才能得到稳步提高，我们与发达国家的差距才能逐步缩小。经过多年的高速度的发展，中国建立起完备的工业体系，大大提高了国家的工业化和现代化程度，综合国力大为增强，社会文化的面貌也发生了重大变化。

现代化首先是一种思潮，是一种精神状态，是人们以新的文化精神行动的形式和方法。经过了这 100 多年，中国传统社会文化体系已经解体，现代的社会组织和政治制度已经基本建立起来，现代科学技术和工业化潮流已经大大地改变了社会生产力和经济结构，城市化加速了社会的分层和流动，使人们的生活方式发生了重大的变革。现代化变迁本身就意味着人们的观念、价值、规范和意义的变迁。经历了一百多年的冲击与变革，对民族性格和文化精神的根本性改造，从社会心理、意义信念、价值观念、伦理精神、思考方式等各个层面实现了完全的、整体性的转变，形成与新的社会条件、新的社会生活相一致的新的文化形态。

但是，现代中华文化是中国现代化的结果，是由中国的传统文化而“过渡”和“转变”来的，是中华文化的自我更新。文化在本质上是与社会历史联系的，社会历史的发展必然引起文化的改变。但是这种发展，即使是像从传统社会向现代性社会这样的根本性质上的改变，也不应该被理解为历史的中断，而是在原来基础上的社会进步，因此具有一定的连续性和继承性。中华文化在几千年的历史发展中，积淀在深层心理结构中的文化精神和民族性格，也存在一些永续性的因素。这些永续性的因素，这些历史文化遗产的继承，使中国人无论在什么时候，在什么地方，都保持着特殊的民族性格和风格。我们对现代中华文化的探讨，必须与中华文化的历史联系起来，从对中华文化的历史的各个方面的正确认识，从历史事实和发展过程中，从中华文化的历史演变的轨迹中寻找中国现代文化的特征。

传统文化与现代化的关系问题，是世界各国在现代化过程中普遍存在的一种文化矛盾。这种文化矛盾首先表现在传统文化与现代化的二元对立。这是一个普遍性的文化矛盾，是所有的国家和民族都曾遇到的文化矛盾。对于任何一个国家和民族来说，无论是先走上现代化道路的西方国家，还是第三世界的后发展国家，只要开始现代化的启动，就要接受现代化运动创造的文化成果和文化原则，它们的传统文化就要面临着现代化冲击和挑战。因此，我们一直在反省传统、批评传统，并且把如何克服传统看作是推动和发展现代化的一个重要方面。

“传统”是指一种“既定事物”，是指“过去”。但又不仅如此。它还有更多的内涵。凡是代代相传的、被人类赋予价值和意义的事物都可以看作是传统。不过，传统在代代相传的过程中必然会发生变化。人们在继承传统之后，会对所继承的传统进行解释，使传统在延传的过程中发生变异，改变了原来的面貌。然而在这些变体之间又有某种永续的东西，即共同的文化主题，共同的源泉，相近的表达方式和出发点，体现出内在的一脉相承的连续性。这种传统的“延传变体链”（chain of transmitted variants of a tradition）也被称为“传统”，或者说是传统的一种特殊内涵。[1] 正是由于代代相传的传统，正是由于传统在代代相传的过程中，在保持共同文化主题的前提下的种种变异，使得代与代之间、我们的现在与过去之间，既有变化与发展，又保持了某种连续性与同一性。

传统是从过去延传至现在的一切事物，是在过去与现在之间的一条有意义的联系纽带，也是沉积在人们心中的依恋性情感和态度倾向。这样理解了传统，也就是理解了传统在现代社会生活中存在的理由和意义，以及我们与传统的关系、我们应该如何对待传统。

当我们参与着传统的进程并规定传统、改变传统的时候，我们就与传统构成了一种关系，这种关系使“传统”转化为“我们”解释

[1] [美]希尔斯著:《论传统》，傅铿、吕乐译，上海人民出版社 1991 年版，第 17—18 页。

的新的文化成果。这种参与和创造，是从历史发展到今天的这个出发点，用现代的文化眼光，对传统文化的要素进行现代化处理，使其具有新的意义、新的价值、新的功能，从而在我们的现代生活中“发挥作用”。这就是说，要把传统“化”为现代，而不是把现代“化”为传统，更不是把现代消解在传统中。也许通过这种方式，使传统文化获得现代性生命成为可能。因为经过这样的处理，传统文化与现代化的关系就可能超越二元对立的状态，成为同一文化架构中互相影响、互相联系的两方面。中国的现代化将从中国本身的悠久文化传统中获得激发力和文化资源，以自身的传统作为动力和源泉；中国的传统文化也将在现代化运动中获得新的价值和意义，以文化的现代化作为自己生命的合理延续。

这样，传统文化与现代化之间，就不仅仅表现为尖锐的对立，它们还有相互依存，相互联系的一面。因为“传统文化”这个概念本身就是相对于“现代化”提出来的。如果没有“现代化”，谈论“传统文化”就没有意义。另一方面，“现代化”意味着对传统的超越。但对传统的超越并不就意味着彻底地、全盘地否弃传统。彻底地反传统并不等于实现了现代化，毋宁说，现代中华文化是“传统”的“现代化”，是“传统”在现时代的更新、开拓与发展。中华民族现代文明是中国现代化的结果，是由中国的传统文明而“过渡”和“转变”来的，是中华文明的自我更新。

文化在本质上是与社会历史联系的，社会历史的发展必然引起文化的改变。但是这种发展，即使是像从传统社会向现代性社会这样的根本性质的改变，也不应该被理解为历史的中断，而是在原来基础上的社会进步，因此具有一定的连续性和继承性。无论现代文化与传统文化多么不同，它仍然带有中华文化传统的气派和风格。在这个意义上，可以把传统文化和现代文化都看作是中华民族文明的特殊发展阶段。历史进程中每个新的阶段都包含着对上一阶段的重新估价和重新认识。在这种重新认识中，既实现对过去的超越，又把过去融化到现在，积淀到现在。我们对中华民族现代文明的探讨，必须与中华文明的历史联系起来，从对中华文明的历史的各个方面的正确认识，从历史事实和发展过程中，从中华文明的历史演变的轨迹中寻找中华民族现代文明的特征。我们建设中华民族现代文明的任务，就是要开出中华文化传统的现代走向，在“过去”与“现在”之间建立起有意义的承续。

现代化的过程包含着对传统文化的吸收、改造和转型，包含着充分发挥传统文化优秀遗产的功能作用。因此，现代中华民族文明应该对传统文化有着深刻的理解，能更好地利用前人的文化成果建设现代生活和创造未来。现代人反对对传统文化的迷信、保守、僵化的态度，但他们要求全力吸收传统文化的宝贵财富。现代人更理解文化遗产的价值，更主动地赋予传统文化以新的生命力和存在形式。

所以，现代化并不是要全面否定和抛弃中华传统文化的优秀遗产，而是要把它对于现代化发展的消极的因素和功能清除掉，而把它的积极、健康的方面改造为有利于现代化的东西，把它们融合到现代文明中。就是说，中华民族现代文明仍然保留着中华传统文化的优良的品质和情操，保留着民族文化特有的风范。

经历了现代化的改造与重建，中华传统文化完成了历史性的蜕变和更新，成为一个用崭新的现代文化装备的、具有现代价值观念和文化精神的现代民族文化。而在中华现代文化更新改造的过程中，我们重建着我们的文化精神，重构着我们的意义体系，重塑着我们的民族心魂，从而，创造着现代中国人的生机勃勃的、丰富多彩的文化世界。与此同时，中华传统文化经过历史性的嬗变而获得新生和复兴，向世界重现风采和魅力。在现代世界的文化交流中，具有悠久历史传统的中华文化，正以全面开放的姿态，为人类文明做出新的更大的贡献。

第十六讲

建设中华民族现代文明

一、开掘传统文化的现代生命

在中国的现代化变迁中，传统文化接受现代化价值的“解释”和“选择”，经过“现代化处理”和“价值转换”，就有可能成为中华民族现代文明有机系统中的一个重要组成部分，成为与历史发展趋势相一致的文化内容。经过这样的处理，传统文化与现代化的关系就可能超越了二元对立的状态，成为同一文化架构中互相影响、互相联系的两面。中华民族现代文明将从中国本身的悠久文化传统中获得激发力和文化资源，以自身的传统作为动力和源泉；中国的传统文化也将在现代文明中获得新的价值和意义，以文化的现代化作为自己生命的合理延续。

可以说，开掘传统文化的现代生命，或者说使传统文化的生命得到合理的延续，关键就在于使传统文化走进现代生活，在现代化变迁中与现代中国人的生活世界融合一体，成为现代中国的文化情境的一部分，而不是游离于文化主流之外。生活是文化生命之源。传统文化将在现代中国人的实践活动中获得新的生命之源。

在现代中国人的现代化实践活动中，使传统文化获得新的生命之源，首先就要挖掘传统文化的现代性因素，使之成为中国人实现现代化的文化资源，为中国式现代化提供推动的文化力量。传统文化作为一个整体，是与现代化相对立的，但其中的一些因素本身也包着某种程度的现代性特点。这些因素固然曾经是传统文化体系的一部分，其价值意义是与传统文化体系的功能相联系，但同时也包含着与传统文化功能不同甚至相反的价值取向，如果超出这个体系的范围，当它融入现代文化的功能体系中，就可能成为有利于中国式现代化的因素。

挖掘传统文化中的现代性因素，同时就要把这些因素从传统文化功能体系中剥离出来，纳入现代文明的功能体系中。这些文化要素将在现代文明的功能体系中继续发挥着作用，并获得新的价值意义。我

们主张弘扬传统文化，开掘传统文化的现代生命，就在于使传统文化走进现代化的历史进程中，走进现代生活中。

中国传统伦理价值观与中国传统社会的经济政治制度、传统文化体系是高度同构同质的。对于传统社会秩序来说，这种伦理价值观的功能作用是积极的，主要是起到促进社会稳定和谐发展的作用。但是，对于现代化来说，传统伦理价值观是一种保守的、消极的、起阻碍作用的精神力量。特别是在现代化启动初期，传统伦理价值观主要起到一种维护传统社会、排斥和抗拒现代化的社会功能。现代化浪潮给传统伦理价值观以严重的冲击，使它失去社会主导伦理价值观的意义和地位。

重建社会主导伦理价值观，其核心的要求是要反映现代社会的道德关系，反映现代化发展的价值目标。因而，它在本质上是与传统伦理价值观不同的。但是，现代社会主导伦理价值观的建立不是凭空产生的，不是对历史上的伦理道德遗产采取虚无主义的态度。传统伦理价值观作为历史留传下的思想材料，是我们进行社会主导伦理价值观重建过程中不可回避、又不可轻视的文化遗产。

但是，在重建社会主导伦理价值观的过程中开发和利用传统伦理价值观的文化资源，使它成为支援和促进中国式现代化的一种精神力量，并不是说可以简单地拿过来照搬照用，并不是说我们又要回到传统的观念框架中去，而是要做许多细致的清理工作，把传统道德文化和伦理价值观中的积极因素纳入到现代文化的框架中，开掘出传统伦理价值观的现代性生命。这种工作的实质就是要对传统伦理价值观进行“现代化处理”。所谓进行“现代化处理”，就是站在我们今天的时代，从推进中国式现代化出发，用现代化的价值观体系为尺度解释和选择传统伦理价值观，改造传统伦理价值观，给传统伦理价值的文化要素赋予新的意义、新的价值、新的功能。那么，传统伦理价值观的文化要素，由于进行“现代化处理”和“价值转换”，就会由传统文化的结构功能体系转换到现代文化的结构功能体系中，所体现的功能、价值、意义就完全不同了。经过这样的“现代化处理”，就有可能使中国传统伦理价值观的文化要素成为中华民族现代文明有机系统中的一个组成部分，成为现代中国社会主导伦理价值观的一个组成部分，成为与历史发展趋势相一致的内容。

对传统伦理价值观进行“现代化处理”，首先，要按照现代化的价值尺度，对传统伦理价值观中的诸层面内容、诸文化要素进行认真的清理。其中主要有这样几种情况：第一，传统伦理价值观中包含的超历史性的、全人类性的内容。道德文化和伦理价值观虽然反映特定时代的道德关系，具有历史性，但由于它对于社会经济基础的相对独立性，因而也包含着一切人类文明的发展的优秀成果，包含着超历史的内容、全人类性的内容。这部分内容是我们今天应该继承和发扬的。第二，在现代化启动时期就曾起到促进和激励中国人艰苦奋斗，坚定走向现代化之路的那部分内容。中国人走向现代化是从反传统开始的，但是，鼓舞和激励中国人坚定不移地为反对传统交化的束缚、否定和摧毁传统社会的封建专制制度而进行不屈不挠的英勇斗争，正是中国传统伦理价值观塑造的中国人自强不息、吃苦耐劳、艰苦奋斗的民族精神，“天下兴亡，匹夫有责”的社会责任感和理想人格的浩然之气。这部分内容也是我们应该发扬的。第三，在现代化启动时期曾起到排斥和抗拒现代化的功能作用，但在现代社会，它的消极、保守性的一面逐渐减弱，而积极作用的一面在逐渐加强。对这部分内容需要认真加以辨析，把曾经对现代化起到消极作用的因素转化为有利于现代化的积极因素。第四，在现代社会生活中仍然是束缚人的精神世界，阻碍中国走向现代化的那部分内容。这说明至今我们仍然还要继续进行反对旧道德、实现观念更新和变革的任务。只有彻底清除传统伦理价值观对于现代化的消极影响，才能真正建立起与现代化要求相适应的社会主导伦理价值观，才能把现代化事业继续推向前进。

对传统伦理价值观进行现代化处理，重要的在于实现“价值转换”。对传统伦理价值观中的积极因素进行开发和清理，同时就要把这些因素从传统文化功能体系中剥离出来，纳入现代文化的功能体系中。这些文化要素将在现代文化的功能体系中继续发挥着作用，并获得新的价值意义。例如中国传统伦理价值观与中国传统社会结构相联系的家族本位、孝亲意义以及派生的集体主义价值取向，当然都与现代化的目标相背离。但是，如果我们打破它们与传统社会经济政治结构的联系，实现“价值转换”，纳入现代化的框架结构中，那么，中国人在历史上形成的伦理精神则会有利于现代化的发展。

中华优秀传统文化有很多重要元素，都是今天应该继承和发扬的。比如，天下为公、天下大同的社会理想，民为邦本、为政以德的治理思想，九州共贯、多元一体的大一统传统，修齐治平、兴亡有责的家国情怀，厚德载物、明德弘道的精神追求，富民厚生、义利兼顾的经济伦理，天人合一、万物并育的生态理念，实事求是、知行合一的哲学思想，执两用中、守中致和的思维方法，讲信修睦、亲仁善邻的交友之道等等，都是传统文化留给我们的宝贵精神遗产。

可以说，传统文化与现代化，是建设中华民族现代文明的两块基石。所谓“文化振兴”，就是社会成员的一种自觉地、有组织地试图建造一种更令人满意的文化的努力。这种努力的价值目标，就是现代化的中国新文化，就是既与世界历史发展潮流相一致的、现代化的，又体现中国人特殊贡献的、有民族特色的现代中华文化。在向着这种价值目标努力中，传统文化和现代化将被整合为统一的文化力量。

二、马克思主义基本原理与中华优秀传统文化相结合

在近代以来的西方思想文化向中国的传播过程中，作为一种思想文化和意识形态，马克思主义在中国的传播，具有更大的影响、具有更深刻的意义。20 世纪初，中国许多先进分子为争取民族独立和国富

民强，含辛茹苦地向西方探寻救国救民真理。“他们这批仁人志士在向中国介绍西方社会主义学说和社会主义运动的同时，开始为国人翻译和介绍马克思主义的哲学著作的某些片段，而马克思主义哲学真正在中国的传播，那是俄国十月革命之后的事情。总体来讲，马列著作在中国的传播，基本上经历了一个由少数文化精英向广大民众扩展的漫长历史过程。”[1]而“马克思主义在我国的传播是中西文化交流史上前所未有的思想革命，是近代中国继资产阶级民主思想启蒙之后的又一次伟大的思想启蒙运动”[2]。

马克思主义在中国的传播，是20世纪中华文化史上的一件大事，也是中国现代化变迁过程中的一件大事。马克思主义在中国的传播，以它巨大的精神力量，改变着中国社会的面貌和中国人的精神结构，并在现代中国的文化格局中获得重要的位置，成为一种占主导地位的意识形态。马克思主义不仅仅是作为一种思想文化，更成为中国人认识世界、改造社会的思想武装。如果没有马克思主义在中国的传播和中国人对马克思主义的接受，20世纪的中国和中国人就可能是另外的一种样子；20世纪中国的文化史，以及经济史、政治史、社会史就都需要重新改写。

马克思主义在中国的传播，是近代以来中西文化冲突与交流过程的产物，中国人对马克思主义的接受和传播，是回应现代化变迁的一种方式、一种结果。近代以来，西学东渐，西方文化的各种形式都逐渐传到中国来，各种社会思想、哲学思想也都在中国有所介绍。在这种情况下，马克思主义也作为一种“西学”被介绍和引进。不过，在起初马克思主义并没有受到特别的重视。直到俄国十月革命的消息传到中国，才使中国人对马克思主义产生了浓厚的兴趣。五四以后的

[1] 徐素华:《马克思主义哲学在中国——传播、应用、形态变化及发展前景》,《东方论坛》2002年第1期。

[2] 田子渝等:《马克思主义在中国初期传播史（1918—1922）》，学习出版社2012年版，第1页。

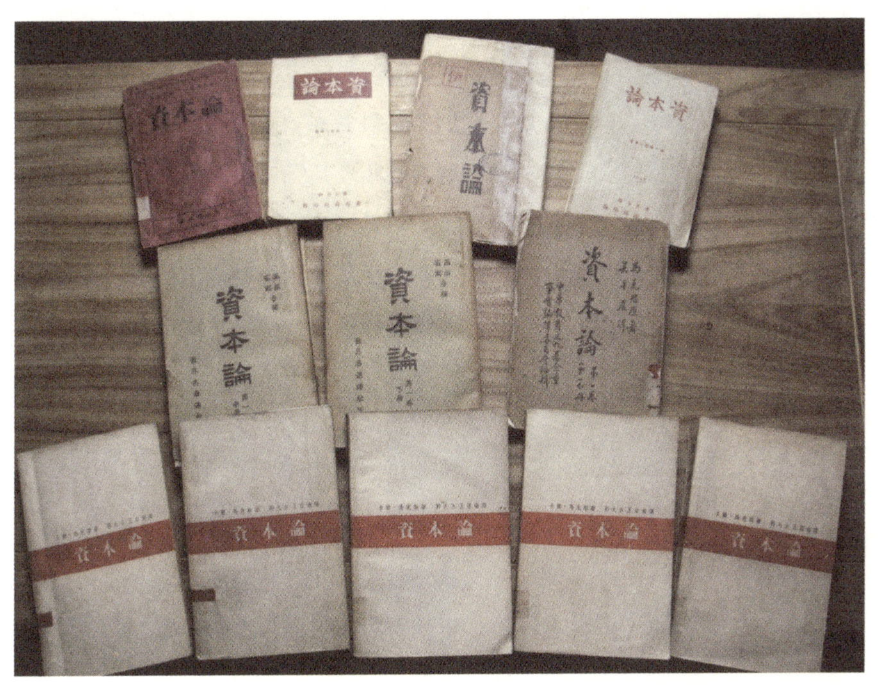

汉译《资本论》的各种版本

知识分子从追求资本主义发展到批评资本主义，进而追求一种比资本主义更为合理的社会制度。而刚刚发生不久的俄国十月革命给苦苦探索的中国人提供了一个新的榜样。从追求资本主义转变为追求社会主义，从学习西方转变为学习俄国，这是中国人在追寻国家民族希望的道路上的一次重大的转折。当时传入中国的社会主义并不仅仅是马克思列宁主义的社会主义，还有形形色色的各种社会主义流派。不过，只有马克思列宁主义扎入了中国社会的土壤之中，召集新的社会力量，以前所未有的局面掀开了百年寻梦的新一页。由色彩纷纭的新思潮到科学社会主义一枝独秀，饱含着那一代追求真理的人们在求索中付出的比较、尝试、论辩和思考，他们的选择正是体现了历史的选择。

在十月革命的影响下，李大钊、陈独秀等先进知识分子以高度的热情大规模地介绍、引进、宣传马克思主义。到了五四时期，马克思主义在中国的传播达到了一个高潮。五四新文化运动的兴起，为马克思主义在中国的广泛传播创造了条件，而马克思主义的广泛传播，又丰富了新文化运动的内涵，并使之具有了新的发展方向。中国共产党成立以后，马克思主义的传播在新的基础上得到了更大的发展，并且逐渐在现代中国的意识形态领域取得了主导的地位，成为现代中华文化的重要组成部分，被中国人作为进行现代化的指导思想的理论基础，在中国的现实生活中发挥着重大的作用。我们看到，在西学东渐之风中，没有任何一种西方理论学说、学派思潮能像马克思主义那样在中国获得广泛传播、广泛接受、广泛认同，能像马克思主义那样在中国的现代化运动（革命、建设、改革）中发挥如此重要的作用。马克思主义在中国的传播，是中华文化在回应现代化浪潮中接受、融合西方文化的一个有效的、成功的范例。

马克思主义在中国传播的成功，有其特殊的社会文化原因。中国在走向现代化的过程中面临着一个特殊的文化矛盾：中国要走向现代化，必须引进、学习、吸收现代西方文化，包括现代西方的科学技术、政治思想、哲学思想等，接受现代大工业的生产方式及其生活方式、思考方式。就是说，中国人必须对西方文化采取积极接受的态度，以促进文化的传统形态向现代形态的转变。从政治内容上讲，反封建主义是当时的主要问题。但是，现代西方文化的传入，又是在殖民主义、帝国主义的侵略、压迫下开始的。殖民主义、帝国主义带着“血与火”的征伐、侵略、掠夺，使中华民族面临着生死存亡的危机。所以，反帝救亡，又是当时中国社会迫在眉睫的大问题。因而，当时的中国人心中存在着极强烈的对帝国主义的仇恨情绪和排斥情绪。这样，反帝与反封建就成为互相联系又有区别的两大任务。学习西方与排斥（抗拒）西方两种倾向的交织，是中国人一个难解的心理“情绪”。而马克思主义的出现，则为中国人解开这个“情结”提供了机会。一方面，马克思主义是一种“西方文化”，是一种“西学”，它是西方工业社会文化的产物，具有现代文化的科学精神和进步意

义，因而它可以为反封建主义、为解决由传统向现代的转变提供思想武器；另一方面，马克思主义又是一种“反西方的西方文化”。马克思主义是在充分吸收人类优秀文明成果，尤其是在深入揭示资本主义社会运行机制和发展规律，批判扬弃资本主义社会弊端的基础上发展起来的。它对西方的历史和社会现实进行了深刻的批判，对资本主义的社会制度和剥削本质进行了尖锐的揭露，可以满足中国当时高涨着的爱国主义和民族主义的心理，可以为中国人的反帝救亡，争取民族解放提供思想武器。

马克思主义在中国的广泛传播，使“中国人在精神上由被动转入主动”，“重新考虑自己的问题”。因为马克思主义给中国人提供了一种新的观念（概念）和意义系统，提供了一种新的思维方法和参照框架，提供了一种新的世界观、历史观、文化观，给中国人以新的精神武装和新的意义依托（归属、认同），从而使中国人建立起整合现代中华文化的主体性结构和价值原则，能在传统文化与现代文化、中华文化与西方文化的冲突与碰撞中，在社会文化形态的变迁与演进的过程中，摆脱了被动、招架、应激的状态，进行主动的、积极的、创造性的选择和重组，为中华文化在 20 世纪的重建和振兴创造了条件。换句话说，马克思主义为中国人的文化振兴设计提供了一种精神蓝图。可以说，在 20 世纪特别是 20 世纪后半期（1949 年以后）中华文化的重建中，在相当大的程度上是这种精神蓝图的具体化和现实化。

2023 年 6 月 2 日，习近平总书记在文化传承发展座谈会上的讲话强调：“在五千多年中华文明深厚基础上开辟和发展中国特色社会主义，把马克思主义基本原理同中国具体实际、同中华优秀传统文化相结合是必由之路。这是我们在探索中国特色社会主义道路中得出的规律性认识。我们一直强调把马克思主义基本原理同中国具体实际相结合，现在我们又明确提出‘第二个结合’。我说过，如果没有中华五千年文明，哪里有什么中国特色？如果不是中国特色，哪有我们今

1920 年版《共产党宣言》中译本

天这么成功的中国特色社会主义道路？只有立足波澜壮阔的中华五千多年文明史，才能真正理解中国道路的历史必然、文化内涵与独特优势。历史正反两方面的经验表明，‘两个结合’是我们取得成功的最大法宝。”

马克思主义与中国革命实践相结合的过程，也就是与中华优秀传统文化相结合的过程。要把握中国道路和中国式现代化实践的中国特色和本质要求，离不开五千多年的中华文明史，离不开马克思主义及其中国化时代化发展历程，更离不开“两个结合”。马克思主义中国化时代化，马克思主义对中华民族和中华文明所产生的深远影响也愈加深刻，马克思主义的融入使中华文明的发展动力得到了增强，使中华文明的发展方向有了新的指向。中国式现代化使得中华文明获得了在新时代繁荣发展的强劲动力，马克思主义基本原理同中国具体实际、同中华优秀传统文化相结合的融合创新合力为中华民族伟大复兴提供了源源不断的动力。

中国共产党将马克思主义基本原理同中国具体实际、同中华优秀传统文化相结合，领导和团结中国人民用中国化的马克思主义指导中国的革命、建设、改革与发展，使马克思主义在扎根于中华文明之后愈加呈现其真理光芒，而中华文明亦从马克思主义科学体系中获得了现代性。这种现代性的获得是科学性、革命性、人民性、创新性

的滋养，是中国共产党、中国人民、中华民族作为社会主体实现对自身命运的自主性掌控的文化自觉，它成为中国共产党团结带领各族人民推动中华文明现代化转型和中华民族伟大复兴的科学基因和创新动能。

马克思主义基本原理同中国具体实际相结合、同中华优秀传统文化相结合，使中华文明呈现勃勃生机，将铸就一种崭新的人类文明形态，彰显了一种全新的现代化和人类文明新图景，代表着人类文明进步的发展方向。

三、推进中国式现代化

近代以来，现代化一直是中国人孜孜以求的梦想。随着西方工业文明的发展，中华文化在世界文明格局领先地位渐次衰落，让位于用现代科学装备起来的西方文化。与此同时，西方殖民主义者大举东进，开始对中国进行野蛮的殖民侵略和掠夺，使得有几千年灿烂文明的中华民族，受到了外部世界强大的压力。中华民族陷入空前的民族危机和深重灾难，亡国灭种的厄运无情撞击着中国先进分子的心灵，也就是从这个时候开始，无数仁人志士前仆后继，进行了不屈不挠的探索和奋斗，寻找民族复兴和国家强盛的现代化之路，寻找失落的民族尊严和文化辉煌，重新创造我们这个伟大民族的历史光荣。中国的现代化与中华民族的复兴是紧紧联系在一起的，实现现代化、造就中华民族新的文明形态，实现中华民族伟大复兴，凝聚着几代中国人的奋斗与思考、光荣与梦想。

现代化是一种全球性的现象，是一个世界性的历史过程。现代化的进程把各个民族、各个社会都纳入统一的“世界社会”，使世界成为一个有机的整体。在这个整体的世界中，几乎没有一个国家或民族可以游离于世界体系之外，任何国家和民族的现代化都不能忽视整个世界互相依存的事实，都必须把自己纳入整个国际秩序中去。但是，它并不是同时在世界各地普遍推展开来的，而是渐次推进、逐步开展的过程，是从西欧开始而逐渐向世界各地扩散的过程，因而世界的现代化呈现出发展的阶段性和不平衡性。每个国家和民族都要向现代化前进，但每个国家和民族的情况千差万别。因此，现代化只能是普遍性与特殊性、共性与个性的统一，现代化没有统一的模式。每个国家都要从自己的实际出发，选择最适合自己的道路，建设具有自己特色的现代化。“现代化”不等同于“西方化”。历史和现实充分表明，西方现代化道路具有其固有的弊端和局限性，它并不是走向现代化的“唯一道路”和“终极模式”，人类历史上没有一个民族、一个国家可以通过依赖外部力量、照搬外国模式、跟在他人后面亦步亦趋实现强大和振兴。那样做的结果，不是必然遭遇失败，就是必然成为他人的附庸。

中国的现代化是世界现代化潮流中的一部分。但是，中国在走向现代化的过程中，又有自己的特殊性，有自己所面对的特殊情况，所要解决的特殊问题。所以，中国在世界性现代化潮流中的特殊性和所面临的国际环境，决定了中国现代化进程的复杂性和艰巨性，决定了中国对现代化的特殊理解、接受和回应方式，决定了对现代化目标的战略选择。为了走向中国的富强之路，我们进行了艰苦的探索，就是探索中国走向现代化的道路，探索中国式的现代化。早在改革开放之初，邓小平指出，中国式的现代化，必须从中国实际出发。党的十一届三中全会后开始了改革开放，建立社会主义市场经济体制，做出了全党工作重点向社会主义现代化建设转移的决策。改革开放 40 多年来，中华大地发生了天翻地覆的变化。国家经济发展，政治稳定，民族团结，全面建成小康社会，向着实现强国建设、民族复兴的目标前进。

衡量一个国家的现代化发展水平，主要是看它的工业化程度和经济发展水平。现代化的基本含义是现代科学技术的发展引起社会生产

方式的变革，从而促进社会生产力的极大提高和经济的快速增长。经济的现代化是整个社会现代化的基础和动力，没有一定的经济实力，没有现代化的物质基础，任何社会的现代化变迁都是不可能的。只有经济在提高效益的前提下长期保持相对较高的增长速度，才能具有持续地较强地扩大再生产能力，才能有更多的剩余产品用于分配，人民生活才能得到稳步提高。中国奇迹是经济持续高速增长的奇迹。中国在1980年前后就进入经济起飞阶段，经过近40年的高速度的发展，我国经过改革开放和经济社会的全面发展，人民生活总体达到了小康水平，中国建立起完备的工业体系，大大提高了国家的工业化和现代化程度，综合国力大为增强，当前中国的经济总量位居世界第二，社会文化的面貌也发生了重大变化，政治、经济、文化、法治建设等都迈上了新台阶。

中国式现代化，既有各国现代化的共同特征，更有基于自己国情的中国特色。中国式现代化既基于自身国情又借鉴各国经验，既传承历史文化又融合现代文明。中国式现代化是人口规模巨大的现代化。我国14亿多人口整体迈进现代化社会，规模超过现有发达国家人口的总和，艰巨性和复杂性前所未有，发展途径和推进方式也必然具有自己的特点。我们始终从国情出发想问题、作决策、办事情，既不好高骛远，也不因循守旧，保持历史耐心，坚持稳中求进、循序渐进、持续推进。中国式现代化是全体人民共同富裕的现代化。共同富裕是中国特色社会主义的本质要求，也是一个长期的历史过程。我们坚持把实现人民对美好生活的向往作为现代化建设的出发点和落脚点，着力维护和促进社会公平正义，着力促进全体人民共同富裕，坚决防止两极分化。中国式现代化是物质文明和精神文明相协调的现代化。物质富足、精神富有是社会主义现代化的根本要求。我们不断厚植现代化的物质基础，不断夯实人民幸福生活的物质条件，同时大力发展社会主义先进文化，加强理想信念教育，传承中华文明，促进物的全面丰富和人的全面发展。中国式现代化是人与自然和谐共生的现代化。

我们坚持可持续发展，坚持节约优先、保护优先、自然恢复为主的方针，保护自然和生态环境，坚定不移走生产发展、生活富裕、生态良好的文明发展道路，实现中华民族永续发展。中国式现代化是走和平发展道路的现代化。我国不走一些国家通过战争、殖民、掠夺等方式实现现代化的老路，高举和平、发展、合作、共赢旗帜，在坚定维护世界和平与发展中谋求自身发展，又以自身发展更好维护世界和平与发展。

中国式现代化的核心主题是实现中华民族伟大复兴。中国式现代化总目标，是全面建成社会主义现代化强国。实现第一个百年奋斗目标之后，我们开启了向全面建成社会主义现代化强国——第二个百年奋斗目标迈进的新征程。第二个百年奋斗目标引领了我国现代化建设的前进方向。全面建成社会主义现代化强国，党和国家总的战略安排是分两步走：从 2020—2035 年基本实现社会主义现代化；从 2035 年到本世纪中叶把我国建成富强民主文明和谐美丽的社会主义现代化强国。

中国式现代化道路破解了人类社会发展的诸多难题，摒弃了西方以资本为中心的现代化、两极分化的现代化、物质主义膨胀的现代化、对外扩张掠夺的现代化老路，拓展了发展中国家走向现代化的途径，为人类对更好社会制度的探索提供了中国方案。

四、创造人类文明新形态

中华民族现代文明，是以马克思主义为指导，以中华优秀传统文化为根魂，以中国革命文化、社会主义先进文化为文化基础，以中国式现代化为实践基础，是中国共产党领导团结中国人民推动中华文明创造性转化和创新性发展的过程和结果，是以世界各国人民创造的文明成果为外部借鉴、把马克思主义中国化时代化和中华文明同马克思

主义相结合有机统一的自主创新。中华民族现代文明，既是中国式现代化的文化形态，也是中华民族贡献于世的人类文明新形态。这种新的文明形态就是让马克思主义成为中国的，中华优秀传统文化成为现代的，从而造就一个有机统一的新的文化生命体，造就中国式现代化的文化形态，造就中华民族现代文明。

中华民族现代文明是中华民族在五千多年历史中创造的伟大文化传统在新时代的延续和发展，其中包含着历史上中华民族创造的一切优秀文化成果。中华民族现代文明是历史文明的延续，内蕴着中华民族文明的历史。文化总是要随着时代生活的变化而发展的。发展而又保持其核心精神和核心价值，就是文化传承的本质意义。也就是说，现代中华文明仍然保留着中华传统文化的那些优良的品质和情操，保留着民族文化特有的风范。中华优秀传统文化为现代文明建设提供了丰富的、取之不尽的文化资源。中华传统文化的核心价值、文化理想，以及它所锻造的思维方式和精神力量，仍然以强大的生命力展现在新时代的生活中，开辟出新的境界、新的气象，仍然继续照耀着我们中华民族前进的脚步。“自强不息、厚德载物”是对中华民族进取精神、道德精神的经典概括；“仓廪实而知礼节，衣食足而知荣辱”是对物质文明与精神文明关系的正确认知，是当今现代文明形态——物质文明与精神文明协调发展的重要来源。

近代以来人们孜孜以求追求的新文化建设，特别是中国共产党人领导全国人民从事革命、建设、改革与发展事业中锻造的伟大精神，成为中华民族优秀传统文化的一个重要组成部分。马克思主义与中华优秀传统文化相结合、与中国具体实际相结合，马克思主义在中国的新发展和中国化，不仅为中华民族现代文明建设提供了理论指导，锻造了现代中国人的世界观和科学的思想方法，而且成为中华民族现代文明的重要组成部分，成为中华文明和中国精神的时代精华。中国优秀传统文化同马克思主义相结合，是马克思主义中国化时代化的必然结果，是马克思主义和中华文明强大生命力的生动体现，是中国式现代化、中华民族现代文明、人类文明新形态的学术理论和政治话语表达。

中华民族文明的新文化形态，是在现代科学技术发展条件下发展起来的新文明。现代化大浪潮最早是由第一次工业革命推动的，从英国开端然后向西欧扩散的工业化进程。19 世纪下半叶至 20 世纪初电的广泛应用，继蒸汽时代之后又开辟了一个新的经济技术时代，开辟了第二次工业革命，形成了推动现代化的第二次大浪潮。20 世纪下半叶出现的高科技、新能源、新原材料与人工智能相结合，使科学直接转化为生产力，大大加速了现代化的世界进程。

建设中华民族现代文明新形态，要立足中华民族当代实践，也就是要立足当代中国人民在参与和推进文明创造实践中对文明形态的丰富和完善。这种文明新形态是建筑在中国式现代化基础上的。中国式现代化赋予中华文明以现代力量，中华文明赋予中国式现代化以深厚底蕴。在新的起点上继续推动文化大发展大繁荣、建设文化强国、建设中华民族现代文明，是我们在新时代的文化使命。在现代化建设中，中华文明发生了深刻变革，并在深刻变革中得到创造性转化和创新性发展，形成了并在继续创新发展着以中国式现代化为主要标志的人类文明新形态。文化软实力建设不仅成为提升国家综合国力的重要战略，而且也成为提升中华民族现代文明影响力、传播力的动力。中国人民在文明的生产、生活和生态保护实践中，从不同方面、不同层次丰富中华民族现代文明的形态。中华民族现代文明为世界贡献人类文明新形态。这一新形态，将随着中国式现代化道路的进一步拓展、中国式现代化理论的进一步发展，日益散发中华民族现代文明的光芒。

人类文明新形态的内在核心是坚持“五大文明”全面协调发展的整体文明，包括物质文明、政治文明、精神文明、社会文明、生态文明等方面，是凸显全面均衡、宏观谋划、整体发展的新文明形态。中国式现代化道路所创造的人类文明新形态，坚持“五大文明”整体协

调推进，注重社会发展的全面性、整体性、协同性，在整体协调发展中推动和实现社会全面进步。

“五个文明”相辅相成、辩证统一，共同构成了人类文明新形态的有机体，推动着经济社会的全面发展。人类文明新形态体现了“五个文明”的全面构建。从整体性、协同性、全方位的视角去构建和创造人类文明，本质上体现的是和谐共生。同时，人类文明新形态的突出特点，也表现在“五个文明”的宏伟蓝图是与“五位一体”总体布局相互呼应的整体文明，反映出中国式现代化的鲜明特点，为建成富强民主文明和谐美丽的社会主义现代化强国和实现中华民族伟大复兴标注了发展方向。

人类文明新形态的最终目标是实现人民对美好生活的向往。中国所创造的人类文明新形态是坚持人民至上，始终把人民对美好生活的向往作为奋斗目标的崭新文明。人类文明新形态始终把人民对美好生活的向往作为奋斗目标，始终坚持人民利益至上，推动发展成果更多更公平地惠及全体人民，不断满足人民日益增长的美好生活需要，不断推动人的全面发展和全体人民共同富裕。实现共同富裕是社会主义的内在要求和本质特征，是中国特色社会主义的题中应有之义。实现共同富裕体现了坚持“以人民为中心”的根本立场，指明了社会主义发展的价值归旨所在。人类文明新形态所蕴含的人民至上的价值意蕴，对其他国家的社会发展和文明进步，具有重要的借鉴意义。

创新是中华文明生生不息的源泉和动力。创新不仅表现在对原有文化成果的继承、超越和发展，而且还表现在对于外来文化的吸收和借鉴。中华民族现代文明对世界文明兼收并蓄，主张不同文明的交流互鉴。文明共享、互学互鉴、互利共赢的精神，文化的开放精神和包容精神，是人类文明的宝贵精神财富。各民族、各文明间的相遇、对话、交流、互动，是人类文明得以形成的条件，也是人类文明整体的基本内容。

近几十年现代科学技术的发展，互联网和全球化趋势的发展，把整个世界连成了一体。我们生活在一个整体世界之中，全球化的变化已经涉及人们日常生活的各个方面。全球化时代开启了新的世界变革历史进程。在全球化进程中，国家间的相互依存、相互渗透，在政治、经济、军事和文化领域多层次地发展着，整个人类社会正在形成一个相互感应、相互制约的整体，整个人类面临着共同的命运和考验。建设人类命运共同体，就要促进和而不同、兼收并蓄的文明交流。人类命运共同体的建设，是为了保存多样的文明形态，使得每种文明的民众都能享受到自身文明蓬勃发展的成果。而人类命运共同体的最终形成，亦将体现在人类文明的交融发展中。中华民族现代文明就是面向人类命运共同体的人类文明新形态。

当前，各国学者们都在关心着在现代科学技术革命和全球化条件下世界文化走向问题，都在讨论未来的世界文化的可能性。2013 年，习近平总书记提出建设“新丝绸之路经济带”和“21 世纪海上丝绸之路”的倡议，强调要打造互利共赢的“利益共同体”和共同发展繁荣的“命运共同体”。从“丝绸之路”到“一带一路”，是全球化时代对文明交流与互鉴认识的深化，是历史上文明对话与互动的新发展，也是对全人类文明愿景的新展望。互联互通和文化共享，是丝绸之路精神的核心所在。在全球化的大趋势下，在现代世界新的政治经济和文化格局中，“一带一路”为古老的丝绸之路精神赋予了新的时代内涵，使丝绸之路精神获得了新的生机，为中华文化的繁荣发展，为世界文化的繁荣发展，贡献出新的智慧和力量。

经历了现代化的改造与重建，中华文明完成了历史性的蜕变和更新，成为一个用崭新的现代文化装备的、具有现代价值观念和文化精神的中华民族现代文明。而在中国现代文明更新改造的过程中，我们重建着我们的文化精神，重构着我们的意义体系，重塑着我们的民族魂脉，从而，创造着现代中国人的生机勃勃的、丰富多彩的文化世界。与此同时，中华文明经过历史性的嬗变而获得新生和复兴，向世界重现风采和魅力。中华民族现代文明体现了中国式现代化是基于世

界历史规律来实践人类文明的愿景，是以“各美其美，美人之美，美美与共，天下大同”的文明理念来建构“人类命运共同体”的文明愿景。在现代世界的文化交流中，具有悠久历史传统的中华文明，正以全面开放的姿态，为人类文明做出新的更大的贡献。